“十三五”国家重点图书出版规划项目
交 通 运 输 科 技 丛 书
交通运输部重大政策储备性课题

The International Benchmarking Study on
China's Transport

我国交通运输对标国际研究

《我国交通运输对标国际研究》课题组

人民交通出版社股份有限公司
China Communications Press Co.,Ltd.

内 容 提 要

本书是2015年度交通运输部重大政策储备性课题"我国交通运输发展与国际一流水平对标研究"的核心成果。全书共分七章。第一～四章通过与美国、日本、德国等世界交通强国全面对标，系统分析我国与世界交通强国的差距及深层次原因，为我国从交通大国迈向交通强国提供决策参照；第五、六章分别为海运强国对标和东京首都圈与京津冀对标两个实证研究，对比我国在海运业发展和都市圈交通一体化方面与世界交通强国的优势和不足；第七章为我国迈向世界交通运输强国的建议。

本书适合从事交通运输规划管理的政府机关工作人员、关注我国交通运输对标国际的科研人员以及希望拓展国际视野的在校学生阅读。

图书在版编目（CIP）数据

我国交通运输对标国际研究／《我国交通运输对标国际研究》课题组编著．— 北京：人民交通出版社股份有限公司，2016.12

（交通运输科技丛书）

ISBN 978-7-114-12853-0

Ⅰ．①我…　Ⅱ．①我…　Ⅲ．①交通运输业—经济发展—研究—中国　Ⅳ．①F512

中国版本图书馆CIP数据核字（2016）第041008号

审图号：GS（2016）1061号

"十三五"国家重点图书出版规划项目
交 通 运 输 科 技 丛 书
交通运输部重大政策储备性课题
我国交通运输对标国际研究

著 作 者：《我国交通运输对标国际研究》课题组
责任编辑：孙　玺　周　宇　黎小东
出版发行：人民交通出版社股份有限公司
地　　址：（100011）北京市朝阳区安定门外外馆斜街3号
网　　址：http://www.ccpress.com.cn
销售电话：（010）59757973
总 经 销：人民交通出版社股份有限公司发行部
经　　销：各地新华书店
印　　刷：北京新华印刷有限公司

开　　本：720×980　1/16　　**版　　次：**2016年12月　第1版
印　　张：22.5　　**印　　次：**2016年12月　第1次印刷
字　　数：270千　　**书　　号：**ISBN 978-7-114-12853-0

定　　价：80.00元

《我国交通运输对标国际研究》

编委会

编写单位：交通运输部政策研究室
交通运输部科技司
交通运输部科学研究院
交通运输部水运科学研究院
清华大学交通研究所

序　言

Preface

交通运输是经济社会发展的“先行官”，自古以来都是大国崛起的重要支撑，在实现中华民族伟大复兴进程中发挥着重要的基础性和先导性作用。纵观古今中外的大国崛起、民族复兴之路，几乎都以交通运输的发展为肇始和标志。从1～2世纪“条条大路通罗马”的古罗马帝国，到7～9世纪开拓陆上和海上丝绸之路的“盛世大唐”，从15世纪开辟海上新航路的葡萄牙、西班牙，17世纪“海上马车夫”的荷兰，到确立海上霸权并成为最大殖民帝国的英国，再到当前综合交通运输体系相对发达和领先的美国，可以看出，交通运输先行几乎成为大国崛起的必由之路。

翻开新中国成立67年以来的恢宏画卷，交通运输是山水之间浓墨重彩的阡陌纵横。在党中央、国务院的坚强领导下，经过一代又一代交通人的艰苦创业，从“一穷二白”到“瓶颈制约”再到“基本适应”，我国交通运输事业发生了历史性巨变，取得了举世瞩目的成就，为经济社会发展和人民生活水平的提高发挥了重要作用。特别是党的十八大以来，全行业集中力量加快“综合交通、智慧交通、绿色交通、平安交通”发展，全力当好发展“先行官”，实现了交通运输从“初步缓解”到“基本适应”的重大跃升，为国家经济社会持续快速发展提供了坚实支撑。截至2015年年底，我国交通运输现代基础设施网络进一步优化，“五纵五横”综合运输大通道基本贯通，交通运输整体服务水平和效率有了较大提升。尤其是，随着高速铁路、高速公路、民航机场、现代港口等的加快建设，我国交通运输综合实力和国际竞争力大大提升，已经成为名副其实的交通运输大国。

站在新的历史起点上，中华民族正在实现走向伟大复兴的中国梦。在这一历史进程中，交通运输行业肩负着重要的历史使命。立足于更好地服务“两个一百年”目标，在深入分析交通运输发展阶段性特征的基础上，交通运输部提出要瞄准国际一流水平，大力提升交通运输现代化水平，到第二个百年目标实现之前，建成交通运输强国。这不仅需要系统总结我国交通运输发展实践经验，更要以国际视野和战略眼光，客观审视我国交通运输发展所处的阶段，既要看到我们取得的成就，又要清醒认识我们存在的不足，遵循发展规律，借鉴国际先进经验，加快推动我国交通运输向世界一流水平迈进。

他山之石，可以攻玉。为加强交通运输顶层设计和政策储备，自2015年起，交通运输部组织开展了“我国交通运输发展与国际一流水平对标研究”。该研究工作以美国、日本、德国等国家交通运输发展为案例，进行了理论研究与实证分析，提出了交通运输强国的内涵与标志，引入需求层次理论，着重从保障性、安全性、经济性、引领性和可持续性五个价值维度，对我国交通运输现状与国际一流水平进行对比，得出初步结论，指出发展方向和实现路径。我们希望这一研究成果的出版，有助于充分调动行业内外的研究力量，更加关注交通运输改革发展实践进展和未来趋势，集思广益，凝心聚力，协力推动我国由交通运输大国向交通运输强国迈进。

知不足，然后能自反也；知困，然后能自强也。当前，我国交通运输正处在爬坡过坎、由大变强的关键阶段。推进交通运输强国建设，要牢固树立并贯彻创新、协调、绿色、开放、共享发展理念，深化改革，加快追赶，全面推进交通运输治理体系和治理能力现代化，不断完善现代综合交通运输体系，为实现“两个一百年”奋斗目标和中华民族伟大复兴的中国梦提供坚实支撑。

编 委 会

二〇一六年十二月

目　录
Contents

导　论[1]

交通运输业是经济社会发展的基础性和先导性产业。我国交通运输行业经历了新中国成立初期的百废待兴、改革开放以来快速追赶的发展进程，相对于服务经济发展而言，已从早期的整体滞后、全面紧张转入当前的基本适应阶段。截至2015年年底，我国高速公路和高速铁路营业总里程、公路客货运量和周转量、港口吞吐能力、水路货运量和周转量等指标已跃居世界第一，公路总里程、铁路营业里程、航空运输周转量等指标位居世界第二，我国已成为名副其实的世界交通运输大国。

然而，当前我国交通运输业发展仍然存在着"大而不强、结构不优"的问题，在一些方面与发达国家相比尚有较大差距。交通运输业如何转方式、调结构，实现由交通运输大国向交通运输强国的跨越，从而更好地支撑国家"三大战略"，服务"两个一百年"目标，是现阶段我国交通运输发展所面临的一个重大问题。

一、世界交通运输强国崛起的经验

美国、日本、德国是世界公认的交通运输强国，其交通运输发展历程中具有一些共性规律，可概括为：立足本国自然资源禀赋与经济社会发展需求等基本国情，围绕服务经济社会发展、保障国家安全的要求，不断提升交通运输发展的价值理念和目标追求。具体包括：

一是重视体制机制的改革创新。伴随着交通运输从单一运输方

---

[1]本研究课题组长为杨雪英，总报告执笔人杨雪英、王先进、刘晓菲、樊东方、高爱颖、李燕霞。

注：本书中有关我国交通运输现状描述以2015年数据为主，与国外比较中，考虑可比性和国外数据的可得性，以能获取的同一年份最新数据为主。

式到综合运输的发展，相应的国家行政管理体制也在不断革新，其中最明显的特点就是从分散管理转为综合管理。目前，世界上有90%的国家都采取了综合运输管理体制，部分发达国家更是采取了超越交通运输领域的更为广泛的综合管理体制。

二是保持交通运输发展与国家战略的紧密结合。交通运输不仅是经济社会发展的基础，也是国家战略目标的重要组成部分和实现手段之一。例如，美国为了开发西部地区，于19世纪开始大力发展铁路，修建了横贯北美大陆的太平洋铁路，逐步构建了全球最大的铁路网络，加速了美国东西部之间的相互往来。

三是注重法制先行，保障交通运输建设有效开展。在美国、日本、德国三国交通运输发展史上，法制建设始终起到重要的先行保障作用。例如，美国从成立联邦运输部，建立综合运输管理机构，到制定冰茶法案、续茶法案，以及前后50年围绕充分发展多种运输方式而颁布的各类政策，都是以法案形式来确立综合运输体系的地位。

四是充分抓住科技发展新机遇，推动交通运输科技创新。纵观交通运输强国崛起之路，可以发现，其大都充分利用技术革新，推动交通运输快速发展，从而占领交通运输发展的制高点。例如，19世纪初，以蒸汽机为代表的技术革命，促成了美国水路运输的兴起和铁路运输大发展；20世纪初，内燃机技术的应用使汽车广为普及，公路运输得以迅速发展；第二次世界大战以后，航空技术日趋成熟，美国民用航空运输迅速崛起；进入21世纪，信息技术快速发展，美国、日本、欧盟大力发展智能交通，加快推动交通运输科技创新。

五是积极参与国际事务，主导国际运输发展。世界交通运输强国都是国际话语权国，掌握着国际交通运输事务发展的方向。与交通运输紧密相关的国际组织机构、规则标准大多出自于美国和欧盟国家。这些国家凭借其在国际运输领域的话语权，引领着国际运输发展的方向。

六是强调海运的国家战略地位。各国在发展历程中，均高度重视海运在国家战略中的地位。例如，日本因其自身资源短缺，奉行贸易立国政策，将海上运输视为“日本的生命线”，认为“确保海上运输线的安全是日本人民生存的最低需要”。欧盟国家持续实施海运立国、强国战略，主导形成了当今的国际海运规则，最大限度地为本国企业夺取世界市场创造竞争优势。

二、交通运输强国的特征

从美国、日本、德国交通运输发展的历史，可以看出，交通运输强国具有如下特征：

一是具有排名靠前的交通运输保障能力。在基础设施和运输装备、服务水平等方面能够满足国内经济社会发展的需要，能够有效应对各种应急需求，服务国家安全和社会稳定。

二是具有较高的运输生产效率和服务品质。交通运输对国民经济有较大贡献，对经济发展起到先导作用；第三方物流、甩挂运输、多式联运等现代物流组织模式应用广泛；智能交通管理手段广为普及，交通运输工具准点率高；各种运输方式衔接顺畅，枢纽换乘便捷高效，运输服务水平较高。

三是具有较强的科技创新能力。重视交通运输科技发展，拥有丰富的交通运输科技成果，拥有全球领先的交通运输技术、专利等，能够引领世界交通运输科技发展的方向。

四是具有较强的可持续发展能力。交通运输组织优化高效，公共交通系统发达；交通运输工具绿色节能，拥有先进的燃油经济效率标准等节能环保法律规范。

五是具有较强的国际影响力。在国际组织中占有一席之地，在相关标准、规范制定等国际事务中掌握较大的话语权；有一定数量的交通运输建设标准、规范等被世界各国认可；有一批全球排名靠前、竞争力较强的交通运输企业。

因此，交通运输强国均具有位居世界前列的交通运输综合实力，处于领先地位的生产效率，交通运输在国家经济社会发展中发挥着重要的战略作用，能够实现高效、安全、可持续的高品质运行，具有很强的国际竞争力、影响力和创新能力。

三、我国与世界交通运输强国的对标分析

对标美国、日本、德国三国，以交通运输发展所追求的“保障性、安全性、经济性、引领性、可持续性”作为分析的价值维度，我国交通运输发展与国际一流水平相比较，既有优势，也存在不足。

（一）保障性

交通运输的保障性，表现为拥有一定规模、等级的基础设施和运输装备，交通运输服务能够有效满足居民出行、经济发展之所需，体现出可达、便捷的价值追求。

从基础设施来看，2015 年我国综合交通运输[1]网络总规模位居世界第二，其中高速公路、高速铁路和内河航道总里程均位居世界首位。但是单位指标与发达国家差距较大，每百平方公里拥有综合交通网里程为 50.1 公里，低于三个对标国家；每万人拥有综合交通网里程为 35.67 公里，仅略高于德国；典型城市人均拥有的道路面积约为 10 平方米，仅为世界主要发达国家水平的 50%。

从运输装备水平来看，我国通过技术引进和自主开发等方式，使运输装备技术与国际先进水平差距不断缩小，高档客车、专业货

[1] 本书中有关综合运输的内容主要依托专题“综合交通国际对标研究”，课题组成员为：李艳红、王显光、杨天军、杨东、聂婷婷、沈诗语。

运汽车、铁路大功率机车、大型专业化远洋船舶、现代支线飞机等装备整体水平不断提高。然而，缺乏对运输装备核心技术的掌握，成为我国运输装备制造业与交通运输强国最主要的差距。

从运输服务效率来看，我国的港口作业效率处于全球领先地位，在2013年全球集装箱港口作业效率排名中，我国天津港、青岛港、宁波港占据前三甲。我国的铁路准点率以95.63%在对标国家中名列第二，仅次于日本（97%），高于美国（75%）、德国（94%）。我国的城市轨道交通❶最小行车间隔比国际最小行车间隔高出50%。

从运输服务品质来看，我国的综合客运枢纽平均换乘时间通常在10~30分钟，客运换乘效率和便捷度与日本、德国等差距较大。在利用互联网、大数据等现代信息手段整合交通运输信息❷、提供出行信息服务方面，相比美国、日本、德国三国，我国城市出行信息资源整合尚处于起步阶段，信息资源单一，尚未形成综合、连续的信息服务，城市交通支付方式有待进一步多样化。

综合来看，我国交通运输行业在基础设施硬件建设上处于相对较高的水平，已具备较强的基础保障能力，但是运输服务效率和服务水平整体不高，运输服务软实力与对标国家相比差距较大。

（二）安全性

安全❸是交通运输发展的本质要求，是现代交通运输业发展的首要目标。世界各国把“安全第一”作为国家发展的首要战略目标：美国联邦运输部提出“安全是最高价值”，日本国土交通省提出

---

❶本书中有关城市交通的内容主要依托专题“城市交通国际对标研究”，课题组成员为：陈徐梅、赵屾、刘向龙、李香静、冯旭杰、贾文峥。

❷本书中有关交通信息化的内容主要依托专题“智慧交通国际对标研究”，课题组成员为：刘方、狄小峰、曹剑东、王胜男、张为、刘娜。

❸本书中有关交通安全的内容主要依托专题“平安交通国际对标研究”，课题组成员为：彭建华、陈建业、孙建伟、姜一州、李志强、马楠、陈轩。

“安全、安心”的交通运输发展理念，欧盟国家把交通“零死亡”作为发展愿景，彰显各国对交通运输安全的重视。

从交通运输事故死亡率来看，2011 年，我国道路亿车公里死亡 2.03 人，是对标国家的 3 ~4 倍，是全球死亡率最低的瑞典的 5.3 倍；我国平均一年发生的道路危险品运输事故是美国的 28 倍；我国水上交通运输事故年死亡人数总量约为美国的 4.69 倍，英国的 48.5 倍，挪威的 36.38 倍。超载运输、疲劳驾驶、缺乏安全意识等“人祸”是造成我国交通运输安全事故的重要因素。

从安全应急能力来看，以水上交通运输安全急救装备为例，目前我国每百公里岸线飞机数，约为美国的 1/9；每百公里岸线船艇数量，约为美国的 2/3；我国专业从事海上救助人员约为美国的 1/5；我国还有 50% 的海域没有配备直升救援机。我国虽已基本建立了全国交通运输应急体系，但是应急设备不足、应急资源分散、人员应急经验欠缺、对国际救助规则不熟悉等问题突出。例如，2014 年马航 MH370 救援，暴露了我国交通运输应急救援力量方面存在的不足。

综合来看，我国交通运输安全度较低，安全事故带来的人员伤亡较多、经济损失较大，安全问题是我国交通运输强国之路上的一大短板。

（三）经济性

交通运输的经济性，表现为交通运输作为国民经济生产部门之一，为国家经济发展所做的贡献，以及交通运输作为一个产业部门，在产业发展内部的经济效率。

从交通运输产出水平来看，2012 年，我国交通运输业（含仓储及邮政业，不含交通建筑业）增加值为 3771 亿美元，约为美国的 1/4。交通运输对 GDP 的贡献仅为 4.4%，低于日本的 5.0%，美国的 8.8%。

从人均交通消费水平对经济社会发展的拉动作用来看，2013 年，我国人均交通消费支出 256.5 美元，仅为美国的 1/14。从人均交通消费占个人全年收入比这一指标来看，我国为 9.6%，高于日本（5.69%）、德国（8.25%）的水平，低于美国（14.12%），高于国际平均水平（8%）。

从交通运输物流[1]绩效水平来看，2015 年，我国全社会物流总费用占 GDP 比重为 16%，大大高于对标国家 8% ~ 10% 的平均水平。以全球物流绩效指数（LPI）综合衡量我国物流发展水平，2014 年全球排名第 28 位，在海关通行效率、交通及 IT 等基础设施、国际货运便利性、当地物流企业能力、货物可追溯性、到达目的地及时性等主要指标中，我国与发达国家还有不小差距。

综合来看，我国交通运输的经济效率较低，无论是交通运输产出还是物流绩效，都与发达国家存在较大差距。

（四）引领性

交通运输发展的引领性，对内表现为交通运输不断应用先进科技，从而为经济社会发展提供更便捷、多样的现代运输服务；对外表现为借助交通运输技术、标准、人才等要素，不断扩大在国际上的影响力，强化中国的国际地位。

从企业竞争力来看，我国已拥有中远海运、中交等一批世界知名交通运输企业，规模位居世界前列，但与美国、日本、德国相比，我国品牌企业在盈利能力、创新能力和可持续发展能力等方面还存在诸多差距。2015 年，我国最大的综合型航运企业中远海运集团销售收入和资产规模分别为 230 亿美元和 556 亿美元，远低于丹麦

[1]本书有关物流的内容主要依托专题“现代物流国际对标研究”，课题组成员为：孙东泉、李汉卿、黄翔、丁然、李玮。

A·P 穆勒·马士基集团的 403 亿美元和 634 亿美元。在世界港口开始步入第四代港口的背景下，我国很多港口企业仍以传统的装卸业务为主，而在同期国外港口增值利润中，装卸业务所占比例已经非常小。在企业创新方面，国际航运巨头马士基集团一直引领着集装箱班轮运输技术和商业模式创新以及集装箱船舶大型化趋势，并主导经营联盟化，而我国航运企业在竞争中往往处于被动跟随状态。

从科技创新能力来看，世界先进的无人驾驶技术和全球导航系统，我国均已进行相关研究，与对标国家差距并不大。2012 年，我国完成了无人驾驶智能车辆实路测试工作。我国自主研发的北斗导航系统与美国的 GPS、欧洲的伽利略、俄罗斯的格洛纳斯水平相当，目前已覆盖亚太大部分地区，并在海事系统推广应用。

从国际影响力来看，目前我国仅有“集装箱 RFID 货运标签系统（ISO18186）”“船载北斗系统接收机设备性能标准”两项标准获得相关国际机构的认可。据统计，目前还没有一家重要的国际组织落户我国，我国在国际组织中任职人数也较少，在重要国际组织较高层面担任主要领导职务的更是屈指可数。目前，我国在国际海事组织（IMO）秘书处工作的人员仅 9 人，担任 IMO 理事会副主席 1 人，担任 IMO 分会主席 1 人。

综合来看，我国交通运输企业的全球竞争力较弱，行业国际影响力不高，缺乏国际话语权是我国实现交通运输强国目标迫切需要解决的一个重大课题。

（五）可持续性

当前，国内外对于交通运输可持续发展[1]主要聚焦于绿色发展方面，如：减少碳排放、加强对环境的保护等。

---

[1]本书有关交通可持续的内容主要依托专题“绿色交通国际对标研究”，课题组成员为：陈建业、毕清华、陶双成、郭杰、王云、欧阳斌、刘学欣。

从交通运输可再生能源利用比来看，世界各国以石油为主的消费结构尚未改变。2012 年，我国交通运输能源中石油仍然是能耗主体，占 91.8%；可再生能源占交通运输总能耗的 2.4%，其中，电力占1.9%，生物燃料占 0.5%，与对标国家差距不大。各国积极推进“去石油化”发展战略，对发展清洁能源、提升可再生能源比重已形成共识。

从交通运输的碳排放占比来看，我国交通运输碳排放比为 12.19%，与对标国家相比该指标较低。但是我国交通运输碳排放总量高达926 亿吨，仅次于美国，位居世界第二，比日本和德国高出 4~5倍。

此外，美国、日本、德国三国的交通生态环境保护法规政策和管理制度更加完善，在生态恢复和景观营造方面更加注重对原始自然景观风貌的保护，我国在这些方面有待进一步加强。

综合来看，在清洁能源使用、交通运输碳排放以及环境保护方面，我国与国际一流水平差距并不大。同时，这一领域也是我国有可能与世界各国平等竞争，占领制高点，争取交通运输国际话语权的领域。

四、我国从交通运输大国迈向交通运输强国的对策建议

通过与世界一流交通运输强国发展水平的对比分析，可以看出，我国交通运输发展既有良好的基础——总体靠前的交通运输基础设施总规模，庞大的运输总需求，高速铁路、港口作业等部分领域的技术优势，也有从交通运输大国迈向交通运输强国的“短板”和“障碍”。如何缩小差距、建设交通运输强国，将是一项长期性任务和系统工程，需要客观审视我国交通运输发展所处的阶段，系统总结我国交通运输发展实践经验，以国际视野和战略眼光，深入推进

交通运输转型升级，提质增效，全面提升现代治理能力，加快推动我国交通运输向世界一流水平迈进。

一是深化交通运输大部门制改革。深刻认识当前交通运输管理体制不适带来的矛盾和问题，不断建立健全适合国情的综合运输管理体制；通过深化改革，建立责权分明的管理机制，加强综合运输规划、建设、运营等方面的统筹，切实做到规划建设一盘棋、运行管理一张网、出行服务一张图；坚持综合协调和部门联动相结合，健全综合交通运输工作协调机制。

二是制定交通运输发展战略。尽快把建成交通运输强国作为国家现代化建设的一项战略任务，引入战略管理思想，借鉴美国等发达国家经验研究制定“中国交通 2030”“中国交通 2049”战略计划；树立全球战略思维与国际空间思维，制定交通运输强国目标，强化战略协同，明确交通运输现代化的战略重点与实施机制；运用价值管理和绩效管理方法，将保障性、安全性、经济性、引领性、可持续性作为价值导向，确立战略目标和战略任务。

三是制定“全链条”交通运输产业政策。全面把握产业政策结构，制定交通运输布局政策、结构政策、组织政策和技术政策；系统把握产业政策链条，不仅包括交通运输业自身的建设、管理、养护、运营、服务、安全、环保等管理重点，还应覆盖交通运输关联产业；正确把握产业政策载体，借鉴美国、日本、欧盟的做法，每年发布增补性、调整性、修正性的《交通运输政策白皮书》。

四是提高“软实力”建设的精细化水平。高度重视交通运输行业法规、标准、文化、新闻舆论等软实力建设；提高精细化管理水平，形成一整套相对成熟稳定的法规制度体系；加强行业智库建设，着力培养一支专业精、业务强的决策支撑队伍。

五是聚焦“短板”持续深入推进发展。针对区域差异，继续实施交通建设扶贫工程；适应城乡一体化建设，努力提升城乡交通服务品质；提高交通运输安全生产能力和水平，扎实做好各项安全生产工作；切实做好行业节能减排工作，继续推进交通运输绿色发展；抢抓新一轮科技革命机遇，推进行业转型升级，提质增效；培育高层次人才，积极参与国际事务。

第一章　我国交通运输发展历程与现状

交通运输业是国民经济的基础性、先导性产业，在经济社会发展中具有重要的支撑引领作用。新中国成立以来特别是改革开放以来，我国交通运输经历了新中国成立初期的百废待兴、改革开放后的快速追赶，整体面貌发生了翻天覆地的变化，取得了举世瞩目的重大成就。回顾总结我国交通运输发展的历程，准确分析当前交通运输发展的现状，是我们对标先进，加快交通运输强国建设的基本前提。

第一节　我国交通运输发展历程

新中国成立以来我国交通运输的发展历程，相对于国民经济而言，大体经历了整体滞后、瓶颈制约、总体缓解和基本适应四个阶段。

一、整体滞后阶段（新中国成立后至改革开放前）

（一）总体概况

新中国成立之初，交通运输面貌十分落后，设施设备数量少、质量差、能力低，广大内陆地区普遍处于交通闭塞状态。全国铁路总里程为2.18万公里，有一半处于瘫痪状态；具有通车能力的公路只有8.08万公里，民用汽车5.1万辆；内河航道处于自然状态；民航航线只有6条；邮政服务网点较少。主要运输工具还是畜力车和木帆船等，运输效率低下。

新中国成立后，中央政府把“恢复交通、发展交通”作为重要任务，明确提出首先要创造一些基本条件恢复交通。经过三年的国民经济恢复期，被破坏的交通运输设施设备迅速修复，水陆空运输恢复。从1953年起，中央政府开始有计划地进行交通运输建设。在第一、二个五年计划和国民经济调整期间（1953—1965年），国家投资向交通运输倾斜，改造和新建了一批铁路、公路、港口码头、民航机场等交通运输基础设施，提高了西部和边远地区的交通运输基础设施覆盖程度，疏浚了主要航道，新开辟了国际、国内水路和空中航线，扩大了邮政网络，增加了装备数量，提升了技术水平和服务能力。“文化大革命”期间，交通运输业发展一度受到严重干扰，但交通设施和装备规模、运输线路仍在增加。随着对外关系的逐步正常化，对外贸易迅速扩大，沿海港口货物通过能力不足，船舶压港、压货、压车情况日趋严重，周恩来总理于1973年初发出了“三年改变我国港口面貌”的号召，开启了第一次建港高潮。

由于这一时期的经济基础薄弱，各行各业都急需发展，交通运输被归属于非物质生产部门，投资严重不足，交通运输发展无法满足国民经济和社会发展需要。总体上看，这一时期，我国交通运输发展仍未摆脱落后面貌。

（二）发展思路和主要做法

这一时期，国家将工农业发展列为国家经济发展战略的重点，尚未从理念和行动上认识到交通运输的基础性、先导性作用，仅将其作为一种辅助产业来看待。交通运输发展的总体思路尚不明确，从实践看，主要以恢复国民经济、改善人民生活和巩固国防为导向。

交通管理体制经历多次变动。铁路、民航、邮政系统与公路、水路系统经历了多次合并和分设的过程。新中国成立后，在政务院设立了铁道部、交通部，分别作为国家行政机构对全国铁路、公路、水路实行统一归口管理。1949 年年底设立邮电部，统一管理全国邮政和电信事业，开始了邮电合一、政企合一的经营模式。1950 年 1 月，邮电部邮政总局成立。1970—1975 年期间，交通部、铁道部以及邮电部的邮政部分合并成立交通部，1975 年 1 月又恢复了铁道部和交通部。民航体制因当时政治、经济、社会发展的形势而变迁频繁。管理体制的不断变动，给交通协调发展带来不利影响。

交通发展缺乏长期稳定的政策支持。这一时期的交通运输发展尚未有战略规划指导，也缺乏稳定资金来源。我国交通基础设施的投资建设模式均按照计划安排，由政府投资建设。铁路、机场、主要港口由国家投资建设，公路由地方政府负责投资建设，国家仅对边防公路有少量投资安排，地方政府由于缺少资金来源，主要靠投工投劳、民办公助的方式实施建设。运输企业基本上为国有企业，公路、水运少数企业为集体企业。交通运输的总投资额很小，占 GDP 的比重在 1.2% ~2.4% 之间。交通运输发展的主要任务是增加数量、扩大覆盖面、支持工业布局开展和巩固国防需要，除少数干线外，主要以通达为目标，线路技术等级普遍比较低。

（三）主要成效

这一时期，交通基础设施建设取得了巨大成就。到 1977 年，全国各种交通运输方式线路总里程达到新中国成立之初的 5.9 倍（图 1-1），全社会完成的客、货运量分别是新中国成立之初的 16.4 倍和 13.8 倍，全国铁路网骨架基本形成。但交通运输行业基础薄弱，网络基础设施规模小、密度低，运输装备数量不足、技术落后，整体发展水平低下，仅初步解决了人员出行和货物运输问题。

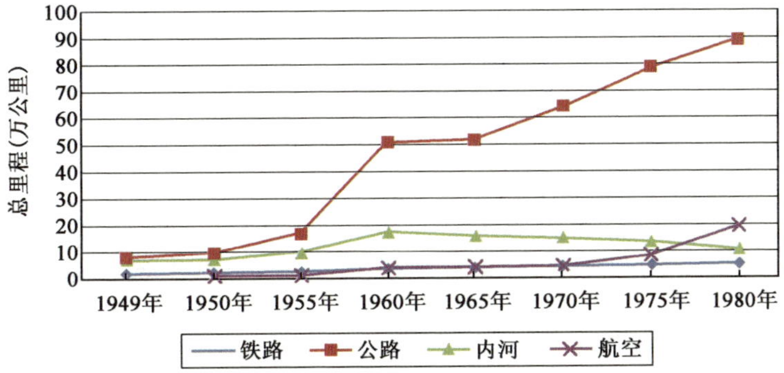

图 1-1 交通基础设施建设发展规模示意图

公路建设技术等级结构低。这一时期，公路里程有了较大提高，30 年增长了 10 倍；但是公路等级提高很慢，全国二级及以上公路里程还不足 2 万公里，四级和等外公路占公路总里程的 90%左右。

港口建设以恢复、调整为主。从 1973 年开始“三年大建港”，大型化、专业化泊位不断增加到 1980 年全国新建深水泊位 80 多个，新增通过能力 1.5 亿吨，初步满足了沿海能源、原材料运输的需求。

内河航道以利用河道自然条件发展为主。航道里程由 1949 年的 7.36 万公里增长到 1962 年的 16.2 万公里，内河航运货运量由 1949 年的 760 万吨增长到 1962 年的 1.5 亿吨，之后到 1977 年一直处于徘徊和基本停滞阶段。

铁路建设成绩与问题并存。除了第一个五年计划时期较为平稳外，长期以来铁路基本建设未能按正常秩序进行。截至“五五”计划（1976—1980 年）结束，铁路总投资 675.79 亿元，占同期全国基本建设总投资（7056.56 亿元）的 9.6%。路网扩展迅速，初步改变了中国过去偏重在东北地区和东部沿海地区的铁路布局，使各省省会和自治区首府（除西藏拉萨外）均有铁路同首都北京相连。但铁路发展的速度赶不上运量增长的需要，铁路少，路网密度低，既有铁路得不到及时改造，运量与运能之间的矛盾越来越突出。

民航事业发展取得一定成效。新中国成立初期，民航仅开辟了以北京为中心，经过东北和西北地区，分别通往苏联的赤塔、伊尔库茨克和阿拉木图的3条国际航线和天津—北京—汉口—重庆和天津—北京—汉口—广州的2条国内航线，民用机场数量仅有36个。到1976年年底，我国民航运输业拥有国际航线8条，通航里程4万余公里，国内航线也增加到123条。

运输服务水平较低。这一阶段，我国经济发展相对缓慢，人员、物资流动频率不高，对交通运输的需求不大，加上经济上的“左倾”错误等因素，交通运输服务水平普遍较低。铁路运输一直在各种运输方式中占相对主导地位，其他运输方式基本处于从属或辅助地位（图1-2）。

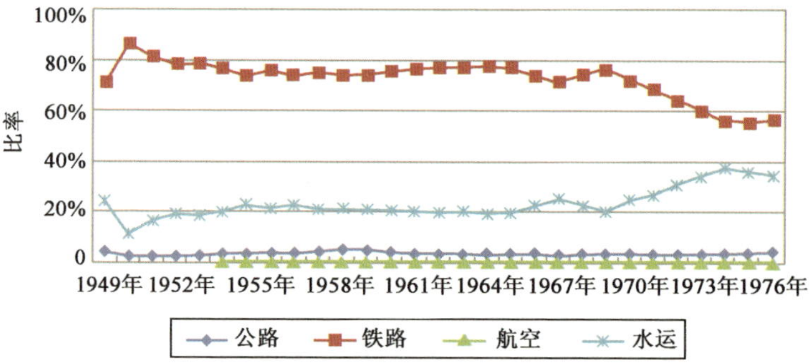

图1-2 货物运输结构演变示意图

二、瓶颈制约阶段（改革开放后至“八五”时期末）

（一）总体概况

改革开放以后，我国经济开始步入持续、快速、健康发展的轨道，商品经济空前活跃，国民经济发生了深刻变化，反映到交通运输上表现为：外贸运量急剧增长，货源结构发生了很大变化，百杂货和短途运输运量显著增加，客运量大幅提升，各行各业对交通运输都提出了新的要求，交通运输显得更加不适应。在基础设施方面，港口泊位少，疏运能力不足，通信导航、船舶维修等设施不配套，内河没有得到充分开发利用；公路里程少，标准低、路况差、断头路多、通过能力不足；客货营运汽车数量少、车型老、车况差。交通运输成为当时国民经济发展中的突出薄弱环节，严重制约了国民经济的发展。

为缓解交通对国民经济的瓶颈制约，交通运输部门加快了基础设施建设的步伐。1988 年，沪嘉高速公路通车实现中国大陆高速公路零的突破，高速公路建设开始大规模兴起。沿海港口开始了大型专业化码头的建设，步入高速发展阶段，但内河航道建设进展缓慢。铁路建设因受到国家严格管制，投资主体单一，直到 20 世纪 90 年代初，铁路建设资金才趋于稳定。民航也由军队管理改为国务院直属机构，开始了企业化改革过程。

（二）发展思路和主要做法

这一阶段，是我国计划经济和市场经济并存，并逐步向市场经济挺进的阶段。随着经济体制改革的推进，交通部门开始打破新中国成立以来中央集中管理的坚冰，转变政府职能，加强行业宏观管理，推进交通基础设施建设，努力提升交通运输能力，交通事业发展进入新的历史阶段。

加快推进交通运输管理体制改革。1982 年和 1988 年，交通部进行了两次大的机构改革，特别是 1988 年的改革，为实现政企分开、简政放权、转变职能、加强行业管理提供了条件。1984—1989 年交通部逐步将 15 个直属沿海港口中的 14 个、直属的长江干线 26 个重点港口全部下放到当地政府，实行“双重领导、地方为主”的港口管理体制。1986 年 12 月，交通部向国务院办公厅上报《关于我部部属企业下放问题的报告》，7 个工业企业于 1987 年完成了下放。铁路管理体制开始发生变化，1986 年，国务院批转国家计委等五个部门《关于铁道部实行经济承包责任制方案的通知》（国发〔1986〕40 号），打破了延续 30 余年铁路收支两条线的财政投资体制。自 20 世纪 80 年代中期开始，民航加快了政企分开的步伐，初步放松准入管制，允许地方政府和国内企业创办航空公司和投资建设机场。1985 年 1 月 7 日，国务院决定现行民航管理体制要按照“政企分开、简政放权”的原则进行改革。1987 年，中国政府决定对民航业进行以航空公司与机场分设为特征的体制改革，将民航系统由四级管理改为两级管理，组建 6 家骨干航空公司，并将机场和航务管理分开。1993 年 4 月 19 日，中国民用航空局改称中国民用航空总局，属国务院直属机构。邮政管理体制改革加快实施，1980 年成立中国速递服务公司，1986 年邮政储蓄正式恢复开办。1995 年 10 月 4 日，邮电部邮政总局正式注册为法人单位，即“中国邮电邮政总局”，简称“中国邮政”。

交通运输业战略地位在认识和实践中逐步深化。党的十二大报告和人大五届五次会议批准的“六五”计划中，明确把交通列为国民经济建设的战略重点之一，提出“集中必要的资金，加强能源、交通等的重点建设”。党的十四大报告进一步指出“加快交通、通信、能源、重要原材料和水利等基础设施和基础工业的开发与建设，这是当前加快经济发展的迫切需要，也是增强经济发展后劲的重要条件”。1993 年 3 月中共中央十四届二中全会通过的《中共中央关于调整“八五”计划若干指标的建议》指出“要集中力量发展铁路，要加强港口、公路、内河航运、民航、通信的建设”。

交通运输开始在战略与规划指导下发展。十一届三中全会后，交通部提出“全面规划，加强养护，积极改善，重点发展，保证畅通”和“普及与提高相结合，以提高为主”的建设方针，并着手国道网的规划工作。1989 年提出“三主一支持”（公路主骨架、水运主通道、港站主枢纽和交通支持保障系统）的总体设想，描绘了后三十年交通发展的宏伟蓝图，为交通运输快速发展奠定了坚实基础。为加强内河发展，交通部先后设立了长江、珠江、黑龙江航务（航运）管理局及长江、珠江、黄河、黑龙江及松辽水系航运规划办公室，组织编制了各水系内河航运规划。20 世纪 80 年代初，为适应国民经济发展需求，铁路部门确立了发展战略目标，即：保证能源运输；适应沿海城市和经济特区的发展需要；加快西南、西北地区的开发；加强旧线改造、扩能；适当修建新线，促进地方经济和边远地区经济的发展。为了实现这一目标，提出的战略措施是：前 10 年打基础，后 10 年振兴；“六五”渡难关，“七五”有缓和，“八五”争主动，“九五”趋适应，这为这一时期铁路建设的迅速发展提供了坚实保障。

交通运输政策供给更加灵活多样。1984 年 12 月，在国务院支持下，连续出台了提高养护费征收标准、开征车辆购置附加费、允许贷款或集资修建的高等级公路和大型桥梁隧道收取车辆通行费（“贷款修路、收费还贷”政策）、征收港口建设费（1985 年）、中外合资建设港口码头优惠待遇（1985 年）、公路客货运附加费（1988 年）等政策，形成了“国家投资、地方筹资、社会融资、利用外资”的多元化结构，使公路、港口等基础设施建设投资得到了飞跃式增长。铁路建设资金方面，1991 年 3 月，国务院批准设立铁路建设资金，对国家铁路运输的货物征收一定费用，使铁道部有了一条稳定的资金来源渠道，并可用其作为担保进行发债和银行贷款。1992 年国务院批转了《国家计委、铁道部关于发展中央和地方合资建设铁路意见的通知》（国发〔1992〕44 号），对充分发挥中央和地方两个积极性，拓宽铁路建设资金渠道，加快铁路发展起到了重要作用。民航发展资金来源趋于稳定，1992 年国务院同意收取国内航班旅客机场建设费，1993 年同意民航局向航空公司收取“民航基础设施建设基金”。1984 年 10 月，财政部对邮电部所属企业的利润实行倒一九分成，即 10% 上缴财政，90% 留邮电部门用于发展邮电事业，外汇收入继续按 90% 留存。道路运输方面，政府更多地通过改革让市场在资源配置中发挥基础性作用，全面放开道路运输市场，下放旅客运输审批权限，取消货运运力额度控制，鼓励非公有资本在道路运输业中的发展，为道路运输生产力的增长拓展了空间。

（三）主要成效

这一时期，在长期滞后的发展背景下，围绕解决总量严重不足的问题，国家加大了基础设施建设力度，资金保障政策不断完善。从 80 年代中期开始，我国交通运输业进入快速增长期，公路、铁路、港口、机场、邮政等基础设施建设取得巨大成就。截至 1995 年年底，我国铁路营业里程达 6.24 万公里、公路里程115.70万公里、内河航道里程 11.06 万公里，定期航班航线里程112.90万公里，分别是 1978 年的 1.21 倍、1.30 倍、0.81 倍和 7.58 倍。

公路基础设施结构开始得到改善。20 世纪 80 年代末，我国组织开展了国道网、国道主干线、公路主枢纽的建设规划，以此为基础开展了公路系统建设。公路交通行业开始进入了有重点、分层次建设、分级管理的阶段。“八五”期间，全国公路新增 10.5 万公里，其中高速公路为 1600 多公里。

沿海港口开始了大型专业化码头的建设，我国港口发展进入了第二次建港高潮。沿海港口的建设步入高速发展阶段，明确了全国枢纽港布局，提出重点建设煤炭、集装箱、客货三大运输体系。内河建设受到资金制约的困扰，发展仍然缓慢。“八五”期间是我国港口建设发展较快的时期，共建成中级以上泊位 150 个，新增吞吐能力 1.25 亿吨。沿海主枢纽港建设了一批为能源、外贸物资运输服务的深水泊位，新建和改造了 28 个全集装箱泊位，新增集装箱吞吐能力 323 万 TEU。到 1995 年年底，全国沿海港口共有万吨以上深水泊位 400 多个，中小泊位 900 多个，港口吞吐能力达 7.21 亿吨。

铁路建设进入快速发展期。国家加大了对铁路建设的投资力度，并在土地征用和信贷等方面给予大力支持。1991 年，铁路货运运费中设立铁路建设专项基金，铁路建设和发展获得了新的转机，新建的许多铁路工程量之大、技术难度之高，都是我国筑路史上罕见的。“八五”期间，新增铁路营业里程 3000 公里，复线 3848 公里，电气化 2973 公里，基本建成京九、宝中、集通新线和兰新复线，增强了铁路干网运输能力。全国铁路大提速获得成功，一大批“夕发朝至”的列车受到欢迎。

民航领域通过市场化改革，进入新的快速发展期。1987 年至 1992 年间，陆续组建国航、东航、南航等 6 家国家骨干航空公司和中国通用航空公司，允许有条件的地方组建地方航空公司。截至 1990 年年底，有民航航班运营的机场总数达到 110 个，1995 年末增长到 139 个，航线总数接近 800 条。

邮政事业发展成就令人瞩目。“八五”期间，邮政业务总量和业务收入大幅度增长。1995 年，邮政业务总量达到 112.7 亿元，比 1990 年增长 145.3%，年均增长 19.65%；邮政业务收入达 147.3 亿元，比 1990 年增长 314.7%，年均增长 32.91%。到 1995 年年底，一级干线邮路达到 76.29 万公里，全国邮电局所达到 62883 个，设局所的乡镇占比已达到 78.6%。

运输服务供给出现一定紧张。尽管此阶段基础设施建设初见成效，各种运输方式的运能和运力都得到一定的扩充，但货物运输的增长在多数年份都没有超过GDP的增长（图1-3）。面对经济持续高速增长带来的运输需求的大幅提高，基础薄弱的交通运输尚未摆脱全面紧张的状态。

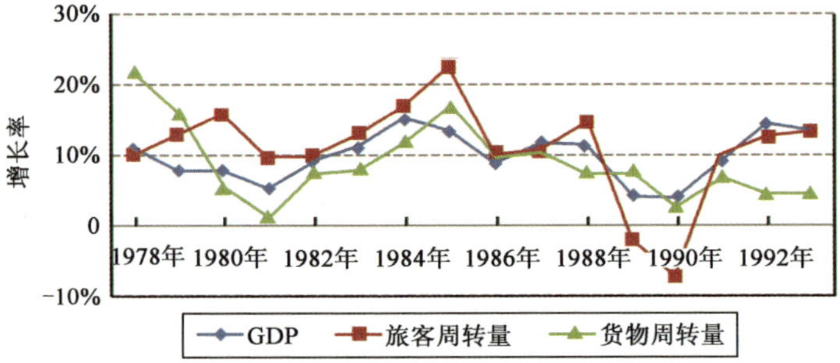

图1-3 运输周转量增长与GDP增长图

三、总体缓解阶段（“九五”时期至“十一五”时期末）

（一）总体概况

这一时期历时三个“五年计划”，是我国交通运输深化改革、加快发展的关键时期，也是中国交通发展史上规模最大、发展最快、持续时间最长的黄金时期。随着社会主义市场经济体制的逐步建立和完善，经济社会持续稳定快速发展，人员、货物的流动明显加剧，出现了多样化和快速增长的各类运输需求。其中，快速客运需求上升，高附加值的短小轻薄产品在货物运输需求结构中的比重逐渐加大，西部地区和农村地区运输需求呈现大幅增长势头。

这一阶段，公路里程规模快速提高，技术等级明显改善，农村公路建设管理成效显著。大规模铁路建设形成高潮、逐步进入收获期，高速铁路建设取得突出成就。港口建设市场全面放开，沿海港口掀起又一轮建设高潮，深水泊位增加，吞吐能力增强，专业化水平不断提高，沿海主要港口的进港航道等级明显提高。随着内河航运建设基金的设立，内河水运投入力度显著增强，以“两横一纵两网”、内河主要港口外贸和专业化码头为重点的基础设施建设取得了显著成效。民航服务能力快速提高，具备了先进的安全理念、技术水平和基本完善的管理体制机制。邮政普遍服务业务量下降，快递业保持快速增长势头。运输服务发展较快，公路运输承担的市场份额逐步加大，水上运输专业化水平不断提高。

（二）发展思路和主要做法

这一阶段，“加快发展”成为行业共识，交通运输发展战略、长远规划、方针政策、改革试验等都围绕着该理念展开。1998 年亚洲金融危机，交通运输部门积极响应中央号召，加快基础设施建设拉动经济发展，提出“把握历史机遇，加快建设步伐”的理念，我国交通基础设施特别是高速公路建设、铁路建设取得了跨越式发展。进入 21 世纪，为响应社会主义新农村建设的号召，交通部提出“修好农村路，服务城镇化，让农民兄弟走上油路和水泥路”的理念，为全国范围的农村公路建设高潮奠定了基础。进入“十一五”时期，交通运输部在发展宗旨上提出做好“三个服务”（服务国民经济和社会发展全局、服务社会主义新农村建设、服务人民群众安全便捷出行），发展现代交通业，在发展视野上提出“四个审视”（要站在世界交通发展趋势、发展规律的角度审视中国交通发展水平；要站在我国国民经济发展全局的角度审视交通适应能力；要站在人民群众对交通需求的角度审视交通服务水平；要站在行业以外的角度审视交通存在的问题），在发展战略上提出加快发展现代化交通运输业、推进交通发展方式的“三个转变”（由主要依靠基础设施投资拉动向建设、养护、管理和运输服务协调拉动转变；由主要依靠增加物质资源消耗向科技进步、行业创新、从业人员素质提高和资源节约环境友好转变；由主要依靠单一运输方式发展向综合运输体系发展转变），在发展模式上坚持建设资源节约型、环境友好型交通运输行业。

持续推进管理体制改革。铁路、公路、水路、民航运输管理部门在原有改革的基础上，进一步调整了管理体制、转变政府职能。1998 年国务院机构改革，重新确定了交通部职能。从 2000 年开始，铁道部在试点成功的基础上，迈开了实质性的改革步伐。2002 年，国务院批准《民航体制改革方案》，标志着民航新一轮市场化改革正式启动。2002 年 3 月，中央政府决定对民航业再次进行重组，10 月 11 日正式挂牌，组成六大集团公司，与民航总局脱钩。公路、水路管理部门在前期改革的基础上，对现有管理体制中尚不适应市场经济体制的环节进行进一步改革。1998 年 3 月 10 日，第九届全国人大一次会议通过国务院关于机构改革方案，决定实行邮电分营，成立国家邮政局。2006 年 8 月，国务院批准邮政实行“政企分开”，成立中国邮政集团公司。2007 年，邮政实现政企分开，重组国家邮政局，1 月 29 日中国邮政集团公司成立并举行揭牌仪式，同年 3 月 20 日，中国邮政储蓄银行成立。2008 年，交通运输领域实施大部门制改革，加快推进综合交通运输体系建设已经成为普遍共识。

交通运输在国民经济发展中的战略地位凸显。20 世纪 90 年代初，中央明确把加快交通发展作为事关国民经济全局的战略性、紧迫性任务。国家在“九五”计划和“十五”远景规划中，仍然把发展交通运输业列为经济建设的重点。“十一五”规划中更是提出了“优先发展交通运输业”，指出要“加快发展铁路运输”“进一步完善公路网络”“积极发展水路运输”“优化民用机场布局”“优化运输资源配置”等。在国民经济高速增长的背景下，我国实现了交通基础设施的跨越式发展，交通运输的全面紧张局面得到逐步缓解，为经济社会发展提供了有力支撑。

更加注重中长期规划引导。这一时期，国务院相继批准了《道路运输业发展规划纲要（2001—2010 年）》《全国农村公路建设规划》《国家高速公路网规划》《全国沿海港口布局规划》《中长期铁路网规划》（2008 年国家发改委批准了《中长期铁路网规划（2008 年调整）》）《综合交通网中长期规划》《全国内河航道与港口布局规划》《国家水上交通安全监管和救助系统布局规划》等。在一系列规划的引导下，交通运输实现了科学发展、跨越式发展，大大提高了交通运输与经济社会的协调发展。

政策供给更加丰富。交通建设尝试各种投融资模式，投资结构发生较大变化。外资、民资、贷款和地方自筹成为交通建设最重要的资金来源。行业政策开始强调有序发展，这一时期是各地出台规章办法最多的时期。前期政策的主导思想是有利于融资和放开建设、施工、运输市场，推进市场化改革；后期则是逐步加强规范性政策的出台。这一时期实行更加灵活的港区政策。20 世纪 90 年代初，国务院先后在上海、天津、深圳、大连等沿海港口城市批准设立了 15 个保税区。中国加入 WTO 之后，又相继建设了多个区港一体化的保税物流园区、保税港区，分批次设立了上海、天津等港口自由贸易实验区等。

（三）发展成效

这一阶段，延续了自改革开放以来交通运输快速发展的势头，尤其是从 1998 年开始，全社会交通基础设施建设投资保持了近 10 年的快速增长，各项发展指标不断上新台阶，交通基础设施建设实现了跨越式发展。

公路建设大发展。1993 年以来，公路建设借力收费公路政策和中长期规划引导，抓住了 1998 年中央加快基础设施建设的政策机遇，不仅实现了公路里程规模快速增长，技术等级也得到明显改善。

在投资带动下，公路基础设施投资规模、建设规模达到新中国成立以来的最高水平。截至2010年年底，全国公路网总里程达到398.4万公里，5年增加了63.9万公里。国省干线公路里程达到46.22万公里，其中国道16.39万公里、省道29.83万公里，比“十五”末分别增加了3.12万公里和6.44万公里。2007年年底，“五纵七横”12条国道主干线提前13年全部建成，西部开发8条省际通道基本贯通，全国公路网密度由“十五”末的每百平方公里34.8公里提升至40.2公里。农村公路在2003—2005三年间的建设规模超越了过去50年的总规模，极大地改善了农村地区的交通运输条件。

港口基础设施建设结构有所调整。“十一五”期间，沿海港口五年建成深水泊位661个，达到1774个，新增通过能力30亿吨，达到55.1亿吨，基本建成煤、油、矿、箱、粮五大专业化运输系统。内河建设开始起步，结构有所改善。“十一五”期新增及改善内河航道4181公里，全国内河通航里程达12.4万公里，其中三级及以上航道9085公里，初步形成了国家高等级航道网络。2010年，规模以上港口完成货物吞吐量80.2亿吨，比上年增长15.0%，其中外贸货物吞吐量24.6亿吨，增长13.6%。港口集装箱吞吐量14500万TEU，增长18.8%。

铁路建设、管理取得新成效。1997—2007年铁路运输历经六次大提速，使中国进入了高级普铁和快速铁路时代，高速铁路技术达到世界一流水平。“十一五”期间，全国铁路基本建设投资完成1.98万亿元，是“十五”期投资的6.3倍；新线投产1.47万公里，是“十五”期的2倍；复线投产1.12万公里、电气化投产2.13万公里，分别为“十五”期的3.1倍和3.9倍。全路复线率、电气化率分别达到41%、46%。截至2010年年底，全国铁路营业里程达到9.1万公里，其中，高速铁路营业里程达8358公里，高居世界第一。铁路运输服务水平不断改善，客运服务的多样性、舒适性和便捷性日益增强，货运服务能力不断提升。铁路科技创新能力明显提高，逐步形成具有自主知识产权的技术体系。

民航规模实力显著增强。2002 年民航业实施新一轮的全面改革，推动民航产业进入新的高速增长阶段。“十一五”期间，民航基础设施投资 2500 亿元，相当于前 25 年民航建设资金的总和。截至 2010 年年底，运输机场达到 175 个，5 年新增 33 个；改建了一批机场，初步形成了规模适当、功能完善的机场体系，覆盖了占全国 91% 的经济总量、76% 的人口行政地区。民航航线里程和网络进一步完善。截至 2010 年年底，民用航空航线里程达 276. 5 万公里，比 2005 年增长 38. 4%，年均增长 6. 7%。

邮政服务能力水平明显提升。2007 年邮政实现政企分开，国家邮政局重组、中国邮政集团公司成立，2008 年邮政金融改革基本完成，2009 年中国邮政速递物流公司组建完成。邮政业依托综合运输体系，充分发挥整体优势和组合效率，进入了健康发展的新阶段。“十一五”期间，我国邮政业持续快速发展，市场秩序进一步规范，信息化水平逐步提升，服务能力和服务水平稳步提高，总体规模迅速扩大。2010 年，邮政业务总量累计完成 1286 亿元，年均增长 17%。业务收入累计完成 1280 亿元（不含邮政储蓄直营收入），年均增长 15%。从业人员达 116. 5 万人，比“十五”期末增长 33. 5 万人。全国邮政局所总数达 4. 8 万个，邮政普遍服务业务量达到 260 亿件，比“十五”期末增长 10%。

交通运输服务水平不断提升。公路运输承担的市场份额越来越大，承担了许多本应由铁路和内河承担的长距离和大运量运输，造成了运力结构布局的不合理。沿海港口吞吐量快速增长、水上运输专业化水平不断提高，其中煤、油、矿、箱四大货类吞吐量的增长尤为突出。同时，港口功能逐步拓展，对经济的带动作用进一步增强。随着腹地经济的持续发展，内河运输也开始发挥特有优势，落后运力被强制淘汰，运输安全有所提升，但总体运能增长不突出。

四、基本适应阶段（“十二五”期以来）

（一）总体概况

“十二五”以来，我国工业化、信息化、城镇化、市场化、国际化深入发展，人均国民收入稳步增加，经济结构转型加快。2014年5月，习近平总书记在考察河南的行程中说：“中国发展仍处于重要战略机遇期，我们要增强信心，从当前中国经济发展的阶段性特征出发，适应新常态，保持战略上的平常心态。”认识新常态、适应新常态、引领新常态是当前和今后一个时期我国经济社会发展的大逻辑，也是这一时期乃至今后一段时期交通运输加快转型发展、提质增效的基本前提。

对交通运输发展而言，既有新常态下经济发展步入中高速增长的一般特征，也有其自身的发展规律和不同特点：首先，交通运输总体发展速度换挡，但仍保持着适度超前于经济发展。其中，交通运输投资仍将高位运行，投入将更加精准；货运需求增长缓中有进，航空运输呈快速增长态势；客运需求不断深化，公路水路客运量增速放缓。第二，交通运输发展结构进一步优化，逐步实现从“总体缓解”向“基本适应”经济社会发展转变。“三大战略”推进实施为交通运输发展提供了更广阔的空间；坚决打赢“扶贫攻坚战”促进交通运输公共服务均等化水平大幅提升；多种运输方式加快融合推动了综合交通运输体系的建立完善。第三，交通运输发展由依靠增加物质资源向深化改革、科技创新、对外开放转换，多元动力机制正在形成。第四，交通运输惠民生的要求日益提高，改进和提升服务品质成为一项重要而长期的任务。

面对新形势、新任务，交通运输行业以科学发展为主题，以调整结构、转变发展方式为主线，始终坚持“人民满意交通”的根本宗旨，加快“四个交通”建设，全力当好发展先行官，为我国由“交通运输大国”迈向“交通运输强国”奠定坚实基础。

（二）发展思路和主要做法

这一时期，交通运输发展思路清晰明确，认真抓好党中央、国务院关于交通运输各项方针政策和决策部署的落实，切实发挥交通运输对经济社会发展的支撑保障作用。一是坚持以发展“四个交通”为主攻方向。立足服务“两个百年目标”，集中力量推进综合交通、智慧交通、绿色交通、平安交通。二是坚持把当好“先行官”作为责任使命。坚持适度超前、稳中求进，使交通运输在实现经济稳增长、实施国家发展战略、“新四化”同步发展、保障和改善民生中当好先行，切实担负好支撑和引领国家发展的重要责任。三是切实落实安全生产责任制，确保人民群众安全出行，确保交通不出现重大施工事故和豆腐渣工程，促进行业全面协调可持续发展，确保干部职工队伍清正廉洁。四是确立建设交通运输强国奋斗目标。瞄准世界一流水平，大力提升交通运输现代化水平，到第二个百年目标实现之前，建成交通运输强国。

建立交通运输大部门体制格局。重点围绕转变政府职能和理顺职责关系，稳步推进大部制改革。2013 年 3 月，十二届全国人大一次会议通过了《国务院机构改革和职能转变方案》，提出实行铁路政企分开，将铁道部拟订铁路发展规划和政策的行政职责划入交通运输部；交通运输部统筹规划铁路、公路、水路、民航发展，加快推进综合交通运输体系建设。2013 年 11 月，《中央编办关于交通运输部有关职责和机构编制调整的通知》正式印发，明确了交通运输部有关调整和加强的职责。铁路管理体制实现政企分开，组建了国家铁路局、中国铁路总公司。至此，形成了由交通运输部负责管理国家铁路局、中国民用航空局、国家邮政局的交通运输大部门管理格局，在国家层面建立了综合交通运输管理体制，标志着我国综合交通运输改革向前迈进了一大步。

交通运输地位和作用更加突出。国务院发布《国家公路网规划》《物流业发展中长期规划》，出台促进铁路建设、普通公路、民航业、快递业健康发展等意见，“海运强国”“公交优先”等上升为国家战略，交通运输在国民经济和社会发展全局中的地位进一步提升。“十二五”规划纲要明确要求：按照适度超前原则，统筹各种运输方式发展，基本建成国家快速铁路网和高速公路网，初步形成网络设施配套衔接、技术装备先进适用、运输服务安全高效的综合交通运输体系。“先行官”成为引领行业发展的新旗帜，交通运输在实现经济稳增长、服务国家“三大战略”、新四化同步发展、加快转方式调结构、保障和改善民生等方面发挥了重大作用。

综合交通运输体系建设成为行业发展的重点任务。2013 年年底，交通运输部立足交通运输发展的阶段性特征，提出当前和今后一个时期要集中力量加快推进综合交通、智慧交通、绿色交通、平安交通“四个交通”发展，其中，明确将“综合交通”作为核心任务来抓。交通运输系统坚持适度超前、改革创新原则，做到量力而行、尽力而为，合理布局不同区域、不同层次、不同方式的运输网络，合理配置和优化整合交通运输资源，更加注重发挥公路、水路、铁路、民航等运输方式的技术经济优势和交通网络的整体效能。

智慧交通、绿色交通建设成为行业转方式主攻方向。大数据、云计算、物联网、移动互联网等在行业积极应用，国家物流公共信息平台、长途客运联网售票、12328 服务监督电话开通、12306 铁路购票系统等信息化惠民惠企服务措施广受好评。重点标准规范制修订加快推进，综合交通运输标准体系日趋完善。黄金水道能力提升、跨海集群工程建设、沥青路面新材料、智能化水面溢油处置、饱和潜水成套技术、船舶废气洗涤脱硫技术等重大技术攻关取得新突破。深入贯彻生态文明理念，行业节能环保水平稳步提升，运输通道、枢纽、装备等资源集约利用效果明显，交通运输环境友好程度逐步改善。

更加重视改革推进和法治保障。这一时期，交通运输各项改革工作全面推进，综合交通运输改革向前迈进一大步。公路建设养护、长江航运、界河航道、救助打捞、武警交通、铁路政企分开、民航管理等体制改革稳步推进，交通运输综合改革、区域港口一体化、综合行政执法等改革试点扎实推进。法治政府部门建设不断深化，《航道法》《邮政法（修订）》颁布施行，《铁路安全管理条例》《公路安全保护条例》《国内水路运输管理条例》等完成制（修）订，新出台部门规章近百件，综合交通运输法规体系框架基本形成。建立管理权力清单制度，事中事后监管能力不断提升，交通运输简政放权、放管结合、优化服务取得积极进展。

（三）发展成效

这一阶段，我国交通运输在服务稳增长、推动实施“三大战略”、加快基础设施成网、强化交通扶贫攻坚等方面全力当好“先行官”，取得了突出的成就。综合交通发展进程加快，运输服务水平显著提升，转方式调结构成果较为显著，交通运输对外开放不断向纵深拓展，人民群众的获得感和幸福感明显增强，为国民经济和社会发展提供了强有力的支撑和保障。

综合交通基础设施网络加快形成。“十二五”期间，完成交通固定资产投资超过12.5万亿元，是“十一五”期的1.6倍，为稳增长、扩内需做出了积极贡献。“五纵五横”综合运输大通道基本贯通，综合交通网络初步形成，综合枢纽建设明显加快，各种运输方式衔接效率显著提升。铁路网络规模扩大，全国铁路营业总里程达12万公里，快速铁路4.2万公里，高速铁路1.9万公里。公路网络不断延伸，全国公路总里程达457万公里，高速公路里程突破12万公里，“7918”国高网基本建成，农村公路里程突破397万公里，西部地区81%的建制村实现通畅，国省干线公路技术等级逐步提升，全国96%的县城实现二级及以上等级公路连通。水运基础设施网络布局更加合理，沿海港口万吨级以上泊位超过2100个，总通过能力达79亿吨，其中集装箱1.88亿TEU，港口大型化、专业化、现代化水平进一步提升。“两横一纵两网十八线”内河航道建设取得积极进展，内河高等级航道达标里程1.36万公里。机场布局不断完善，全国民航运输机场达210个，通勤和其他通用机场发展加快。邮政网点密度明显提高，完成8840个空白乡镇邮政局所补建，实现“乡乡设所”，全国网点总数达到5.3万处，快递营业网点达14.5万处，重点快递企业乡镇网点覆盖率达70%。

综合运输服务水平不断提升。经过两轮大部制改革后，综合运输服务体系建设进程大大加快，各种运输方式竞合融合发展。客运舒适性、快捷性明显提升，高铁、民航客运量年均增速达10%和9%，高等级客车比例超过25%。城乡客运基本公共服务均等化水平稳步提升。定制公交、快速公交、新能源公交车、城市轨道交通等快速发展，公交优先战略扎实推进。货运转型升级步伐加快，船型标准化比重不断提升，多式联运、甩挂运输、城乡物流配送等取得积极进展。2015年全社会客、货运量分别达到194亿人和410亿吨，高铁旅客周转量超过全球其他地区总和，港口集装箱吞吐量持续高居世界首位，民航运输系统规模位居世界第二，快递业务量达 206 亿件，跃居世界第一，全社会物流总费用占 GDP 的比重从 2014 年的 16.6% 下降到 2015 年的 16%，综合运输网络购票服务占比达到 70%。公路运输成为综合运输体系中服务范围最广、承担运量最大、从业人员最多的运输方式，对经济社会发展的贡献越来越大，在保障和改善民生方面的作用越来越显著。2015 年，公路客、货运量分别达 161 亿人和 315 亿吨，在综合运输体系中分别占 83.0% 和 76.8%。

交通运输对外开放不断向纵深拓展。交通运输国际产能合作不断深化，高铁成为“走出去”的新亮点，高速公路建设、深水筑港、轨道及港口装卸设备加快走出国门，中国交通运输工程建设、技术装备阔步走向世界。国际话语权和影响力不断提高，“北斗”成为国际海事组织认可的第三个全球卫星导航系统。

第二节　我国交通运输发展现状

自改革开放以来，我国交通运输网络规模迅速扩大，结构不断优化，实现了由“瓶颈制约”到“总体缓解”到“基本适应”的三级跃升。到“十二五”末，我国综合交通运输体系已经初步建成，基础设施、技术装备和运输服务水平不断提升，总体适应经济社会发展需要。

目前，我国多项主要交通指标位居世界前列（表 1-1），高速公路总里程、高速铁路总里程、公路客货运量和周转量、港口吞吐能力、水路货运量和周转量、铁路主要运输指标、城市轨道交通运营里程等多项指标均已跃居世界第 1 位，公路总里程、铁路营业里程、航空运输周转量等指标居世界第 2 位。从这些指标来看，中国已经成为名副其实的世界交通大国。

2015 年我国交通运输主要数据指标的世界排名 表 1-1

分 类	指 标	数 据	全球排名
基础设施	公路总里程	457 万公里	2
	高速公路里程	12.3 万公里	1
	内河通航里程	12.6 万公里	1
	沿海港口万吨级深水泊位数量	1807 个	1
	铁路营业里程	12 万公里	2
	高速铁路总里程	1.9 万公里	1
	民用航空机场数量	210 个	15
	城市轨道交通运营里程	3195 公里	1
	管道运输里程	10.6 万公里	—
运输装备	船舶净载重量	2.72 亿吨	—
	动车组	1883 组/17648 辆	1
	在册运输机队	2650 架	—
运输服务	公路客运量	161.91 亿人	1
	公路旅客周转量	1.07 亿人公里	1
	公路货运量	315.00 亿吨	1
	公路货物周转量	5.80 亿吨公里	1
	港口货物吞吐量	127.50 亿吨	1
	港口集装箱吞吐量	2.12 亿 TEU	1
	水路货运量	61.36 亿吨	1
	水路货物周转量	9.18 亿吨公里	1
	铁路旅客周转量	11960.60 亿人公里	1
	铁路货物周转量	23754.31 亿吨公里	1
	民航旅客周转量	7270.66 亿人公里	2
	民航货邮周转量	207.27 亿吨公里	2

资料来源：2015 年交通运输行业发展统计公报、2015 年民航行业发展统计公报等。

一、交通运输基础设施建设

目前，“五纵五横”综合运输大通道基本贯通，快速铁路网、高速公路网基本形成，城际铁路稳步推进，西部地区高速铁路从无到有，东、中、西、东北“四大板块”之间实现高速铁路连通，区域发展渐趋协调。代表交通建设成效的主要指标呈现跨越式增长(表1-2)。截至2015年年底，全国综合交通网络总里程达到494万公里，其中铁路营业里程12万公里（含高铁1.9万公里），公路总里程457万公里（含高速公路12.3万公里），沿海港口万吨级深水泊位1807个，内河航道12.6万公里，建成通航的民用运输机场210个，管道10.6万公里，城市轨道交通运营里程3195公里。

2015年与1949年、1978年交通运输基础设施建设情况对比

表1-2

分　类	指　标	1949年	1978年	2015年
公路	总里程（万公里）	8	89	457
	路网密度（公里/百平方公里）	0.8	9.27	47.6
	高速公路里程（万公里）	0	0	12.3
港口水运	内河航道里程（万公里）	7.36	13.6	12.6
	生产性码头泊位（个）	—	—	31259
	沿海港口万吨级深水泊位（个）	0	0	1807
铁路	营业里程（万公里）	2.20	5.20	12
	复线里程（万公里）	—	0.763	6.4
	电气化里程（万公里）	—	0.103	7.4
	高速铁路营业里程（万公里）	0	0	1.9
民航	民用机场（个）	36	70	210
	定期航班航线（条）	5	162	3326
	重复航线里程（万公里）	—	5.53	786.6
城市交通	城市轨道交通运营里程（公里）	—	—	3195
管道运输	管道里程（万公里）	—	—	10.6

资料来源：“发展改革委解读：交通运输领域积极引领经济新常态”。

（一）公路

截至2015年年底，全国公路总里程达到457万公里（包括2006年开始纳入统计的村道），较新中国成立初期的8万公里和1978年的89万公里有了显著增长。公路密度达到47.6公里/百平方公里，约为1949年的60倍，为1978年的5倍。公路等级大幅提升，全国等级公路占公路总里程87.4%，其中二级及以上公路占公路总里程的12.2%。高速公路从无到有，至2015年年底已突破12万公里，跃居世界第一位，高速公路基本覆盖全国20万人口以上城市。公路网的通达程度不断提高，"7918"国高网基本建成，全国96%的县城通二级以上公路，农村公路里程突破397万公里，农村公路基本覆盖所有乡镇和建制村，全部乡镇和92%的建制村通班车。一个干支衔接、布局合理、四通八达的公路网已初步形成。

专栏1-1 我国高速公路发展成就

自1988年我国建成第一条高速公路——沪嘉高速公路以来，高速公路在我国发展步伐逐步加快，成为拉动经济最为有效的载体之一。我国高速公路从零起步，到建成第1个一万公里，用了12年时间；建成第2个一万公里，只用了3年时间；建成第3个一万公里，用了2年时间。尤其是为应对世界金融危机，2008年预计年初新开工高速公路6300公里，实际新开工超过一万公里，2009年达到新的峰值1.8万公里。截至2015年年底，我国高速公路里程超过12万公里。

据测算，2014年，每公里高速公路平均造价7700万元（西部山区有的超过1亿元），要消耗500~1500吨钢材，4000~12000吨水泥及1900吨左右沥青等。高速公路每投入1亿元，可直接创造

1800 个就业岗位，间接创造 2100 个就业岗位。高速公路有力支撑了中国经济的快速发展，支撑了工业化、城镇化的快速发展，在促进区域开发、扩大就业等方面发挥了重要作用。

专栏 1-2　我国农村公路发展成就

要致富，先修路。农村公路的发展是改变农村面貌的重要标志。我国农村公路大规模建设始于 2003 年，主要是落实中央提出的新农村建设。当时，交通主管部门提出“让农民兄弟走上油路和水泥路”的奋斗目标，集中力量加快推进农村公路发展。2013 年，又提出“小康路上，绝不让任何一个地方因交通落后而掉队”的目标，把集中连片特困地区作为重点，每年新建改建农村公路超过 20 万公里。“十二五”时期，中央对农村公路的投入达 3266 亿元，解决了 3.1 万个贫困村出行难问题。截至 2015 年年底，我国农村公路总里程已达 397 万公里。

2014 年 3 月 4 日，习近平总书记就农村公路发展做出重要批示，充分肯定了农村公路建设为改善农民生产生活条件做出的重要贡献，更坚定地要求通过创新体制、完善政策，进一步把农村公路建好、管好、护好、运营好，逐步消除制约农村发展的交通瓶颈，为广大农民致富奔小康提供更好地保障。现在，很多人回到老家，最直观的感受是，城乡面貌变化大，路更好了、楼更高了。总的来看，农村公路的大发展，本身就是我国农村社会变迁的重要标志，不仅有效缓解了广大农民群众“出行难”问题，而且深刻改变了农村面貌，促进了城镇化的发展，使我国从一个传统的农业大国加快向新型工业化国家转变。

（二）水运

经过50多年的建设，特别是改革开放30多年的加速建设，中国的水运基础设施有了很大发展，网络布局日趋合理。1949年以前，我国内河航道长期失修失养，通航里程只有7.36万公里，其中能通机动船的航道仅2.42万公里。2015年，内河航道里程达到12.7万公里，相比1978年航道质量显著改善。我国由改革开放初期大量的自然河道，发展到目前仅高等级航道就达到1.36万公里。"十二五"以来，我国"两横一纵两网十八线"内河航道建设取得积极进展，内河水运为支持沿江沿河城市群、产业带及城市群协调发展起到了重要的纽带作用。

专栏1-3 长江南京以下12.5米深水航道建设情况

该工程是打造长江黄金水道、建设长江经济带的重点项目，也是国家"十二五"发展规划的重点工程，被称为"水上高速公路"。深水航道从太仓至南京，全长280公里。一期工程2012年8月开工，至2014年7月交工验收（历时整整两年），实现了5万吨海轮可直接由海入江，直达南通。2015年6月，二期工程开工，预计2019年建成（历时4年），届时5万吨级海轮可从长江口直达南京港，10万吨级以上海轮也可减载乘潮抵达。二期工程建成后，航道通过能力将提高50%以上。

港口大型化、专业化、现代化水平逐步提升，全国港口拥有生产用码头泊位超过3.1万个，沿海港口万吨级以上深水泊位从无到有，目前已发展到1807个，总通过能力达到79亿吨，通过能力适应度达1.0。其中，煤炭、原油、铁矿石、集装箱等专业化泊位达到1114个，集装箱通过能力达1.88亿TEU。

（三）铁路

1949 年，我国的铁路仅有 2.2 万公里，其中能够勉强通车的仅有 1.1 万公里。到 1978 年，铁路里程增长到 5.2 万公里。“十二五”期间，我国铁路基础设施建设成效显著，完成固定资产投资 3.5 万亿元。截至 2015 年年底，我国铁路营业里程已达到 12 万公里，位居世界第二位，快速铁路 4.2 万公里。高速铁路从无到有，2015 年，营业里程已达到 1.9 万公里，占全球 60% 以上，位居世界第一位。高铁服务覆盖大部分省份，“四纵四横”主骨架基本建成；中西部铁路网进一步扩大，西部地区铁路总长 5.2 万公里；20 万人口以上城市铁路覆盖率达到 96%。

专栏 1-4　我国高速铁路发展成就

高铁的发展深刻改变着人们的生产生活方式。从 2008 年第一条高速铁路——京津城际铁路开通以来，高速铁路已在全国绝大多数省区市开通，营业里程已达 1.9 万公里，超过世界高速铁路总里程一半以上。京津城际铁路通车后，北京、天津的时空距离缩短到了 30 分钟以内，“同城效应”日益明显。京沪高铁开通后，北京至上海最快不到 5 小时，可以实现当日往返。2014 年，京沪高速铁路客票收入约 300 亿元，全成本核算（包括提取折旧）首次实现盈利，利润约 12 亿元。目前，高速铁路日均发送旅客 249 万人，约占铁路旅客的 40%，成为铁路客运的主力军。此外，“高铁外交”也是中国经济外交的一个关注点。习近平总书记指出，高速铁路已成为中国装备制造一张靓丽的名片。李克强总理讲，他每次出访推销中国高速铁路时心里特别有底气。在美国、印度尼西亚、阿根廷等国家，我国企业就一些高速铁路项目签订了合作协议，高速铁路“走出去”取得了积极成效，大大提升了中国制造的层次和国家形象。

（四）民航

新中国成立以来，我国民用航空事业取得了快速发展。全国建成通航的民用运输机场数量从1950年的36个，增长到2015年年底的210个，初步建成了布局合理、功能完善、层次分明、安全高效的机场体系。民航开辟的定期航班航线总数达3326条，定期航班通航遍布全球341个城市，重复航线里程786.6万公里，形成了国内四通八达、干线与支线相结合和连接世界主要国家、地区的航空运输网络。

“十二五”期间，全国民航客运量年均增速达9%，2015年累计完成旅客周转量7270亿人公里，同比增长14.8%。尤其是在国际运输方面，受国外旅游市场需求急剧增大、国际直航航线不断增加、签证更加便利等因素影响，国际民航旅客运输增速全面快于国内运输的态势愈发明显，2015年国际民航旅客运输量是国内同指标的3.6倍。随着空域管理体制的改革，通用航空作为通勤、商务、旅游等方面的高端客运方式，具有巨大的发展潜力。

（五）城市公共交通

城市交通的发展与城市社会、经济的发展总是相伴相生、互相促进。改革开放以来，随着我国城市和区域经济的快速发展、城镇化率显著提升，城市交通发展也取得了世界瞩目的成就。

“十二五”期间，全国各地积极推进城市公共交通发展。截至2015年年底，全国城市公共汽电车线路总长度达89.43万公里，与2011年相比增长了21.5%；公共交通运营车辆数63.29万标台，增长22%；公交专用车道长度8569.1公里，增长55.9%；全国25个城市开通了城市轨道交通线路，运营线路总长度达到3195.4公里；全国23个城市开通城市快速公交线路（BRT）；城市公共交通客运总量1303.17亿人。

专栏1-5 我国城市轨道交通发展成就

我国最早开始规划和建设地铁的是北京市，1953年规划，1965年开工建设，1969年竣工第一段线路，1971年开始试运营，且须凭介绍信方可乘坐，1981年正式向公众开放。1976年，天津市第一条地铁线路开始运营，天津成为国内第二座营运城市轨道交通的城市。北京和天津这两条线路都具有战备色彩。1993年，上海市第一条线路开始运营，上海成为内地第三个营运城市轨道交通的城市，以此为标志，我国真正开始了以交通运输为目的的地铁建设。

2000年年底，我国内地仅有北京、天津、上海和广州（第一条线路1997年开通）4个城市开通了城市轨道交通。到“十五”期末，开通城市轨道交通的城市数增加至10个，新增的城市为长春（2002年）、大连（2003年）、武汉（2004年）、深圳（2004年）、重庆（2004年）和南京（2005年）。“十一五”期末，开通城市轨道交通的城市数量增加至13个，新增沈阳（2010年）、成都（2010年）和佛山（2010年）。

截至2014年年底，全国内地已有北京、上海、天津、重庆、广州、深圳、武汉、南京、沈阳、长春、大连、成都、西安、哈尔滨、苏州、郑州、昆明、杭州、佛山、长沙、无锡、宁波22个城市开通了城市轨道交通线路；共开通城市轨道交通运营线路92条，运营线路总长度2816.1公里，其中地铁运营线路76条，长度为2418.0公里，轻轨运营线路9条，长度为303.5公里；有轨电车运营线路6条，长度为65.5公里；磁悬浮列车运营线路1条，长度为29.1公里。到2015年年底，我国已有25个城市通地铁，城市轨道交通运营里程达到3195.4公里，位居世界第一。

专栏 1-6 我国城市快速公交 BRT 发展成就

我国于 2004 年 12 月在北京首次引进 BRT 系统，于 2005 年 12 月成功运营之后，国内许多城市也开始投建 BRT 系统。截至 2015 年底，全国共有 25 个城市开通城市快速公交线路，总长度达到 3081 公里。2005—2015 年全国 BRT 建设情况如图 1-4 所示。

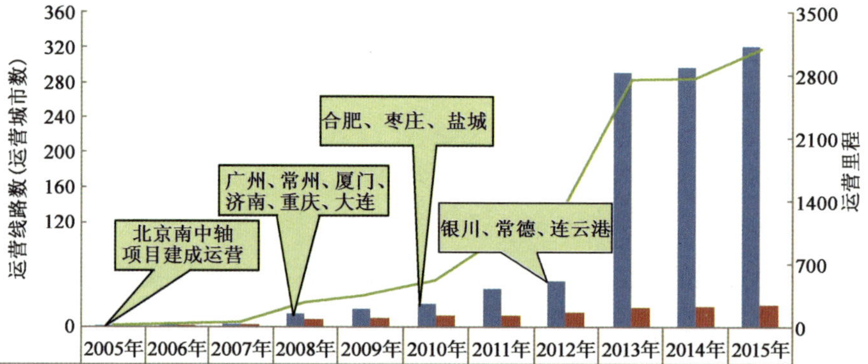

	2005年	2006年	2007年	2008年	2009年	2010年	2011年	2012年	2013年	2014年	2015年
运营线路数	1	2	3	15	21	26	44	52	291	297	321
运营城市数	1	2	3	9	10	13	13	17	22	23	25
运营里程(公里)	16	43.5	53.5	262.5	366	514	988	1383	2753	2761	3081.2

图 1-4 2005—2015 年全国 BRT 建设情况

（六）邮政快递

近年来，我国邮政快递业发展迅猛。“十二五”期间，邮政快递业保持了 54.05% 的年均增长速度，累计新增就业岗位 100 万个以上，成为拉动中国经济的一匹“黑马”。覆盖城乡、惠及全民、水平适度、可持续发展的邮政普遍服务体系基本建成，邮政普遍服务局所总数达到 5.3 万个，基本实现“乡乡设所、村村通邮”。

2015 年，邮政企业和全国快递服务企业业务收入（不包括邮政储蓄银行直接营业收入）累计完成4039.3亿元，同比增长26.1%；业务总量累计完成5078.7亿元，同比增长37.4%。其中，快递服务企业业务量累计完成206.7亿件，同比增长48%；业务收入累计完成2769.6亿元，同比增长35.4%。

二、交通运输装备发展

（一）交通运输装备数量不断提高，服务能力显著提升

新中国成立初期，我国约有一半左右的货运量是由人力和畜力车及木帆船完成。1949年全国拥有民用汽车5.1万辆，民用运输轮驳船4525艘、40万载重吨。截至2015年年底，全国公路营运汽车达1473.12万辆；其中，载客汽车83.93万辆、2148.58万客位，载货汽车1389.19万辆、10366.50万吨位。全国拥有水上运输船舶16.59万艘，净载重量27244.29万吨。全国铁路机车拥有量2.1万台，其中，电力机车占56.8%，内燃机车占43.2%，主要干线全部实现内燃、电力机车牵引。全国铁路客车拥有量6.5万辆，其中空调车5.21万辆，占85.9%。代表高铁能力的“和谐号”动车组1883组、17648辆。全国铁路货车拥有量72.3万辆。民航全行业运输飞机在册架数2650架，比上年增加280架。

（二）交通运输装备结构不断改善，服务质量显著提高

先进技术的开发和广泛应用，大大提高了交通运输装备水平，运力结构显著改善，运输能力不断提高。我国交通运输业从缺车少路的落后状况，一跃成为由多种运输方式构成的比较完整的运输系统，基本保证了国民经济发展的需要。交通运输装备技术水平与国际先进水平的差距也大为缩小。

汽车安全性和智能化日益提升，商用汽车质量不断提高，部分车型技术性能已达到世界先进水平，中高级营运客车比例接近40%。高速铁路列控技术自主化和产业化取得重大突破，取得了一系列科技创新成果，高速铁路已成为中国装备制造的名片。船舶大型化、专业化和标准化发展趋势明显，净载重吨上升，我国超大型专业运输船舶建造取得进展。民用飞机保持在国际先进水平，机队规模迅速扩张，国产大型飞机和支线飞机研制取得突破。城市轨道列车自动控制系统等技术装备发展迅速。

专栏1-7　我国海运船队规模全面提升，船队结构不断优化

新世纪以来，我国海运船队得到了全方位的发展。海运船队规模国际地位进一步提升。截至2014年年底，我国共拥有千吨级以上船舶4720艘，载重吨达1.90亿吨，占世界总量的11.5%。2000年以来，我国控制船队数量增长136.9%，运力规模增长376.1%，占全球船队总运力比重从5.2%上升到11.5%，排名由世界第5名上升为第3名。

分船型看，2000—2014年，我国液体散货船队吨位年均增速达14.2%，排名由2000年的世界第14位上升为2014年年末的第3位；同期，我国干散货船队和集装箱船队规模也得到了较快发展，年均增速分别达13.0%和11.0%，规模均上升到世界第3位（表1-3）。

在规模增长的同时，我国海运船队结构不断优化。一是船舶专业化水平不断提高。干散货船、专用液体散货船（含LNG运输船）、集装箱船吨位比重由2000年的81.0%上升为2014年的94.3%。二是船舶大型化趋势明显。船舶平均吨位已由2000年的2万载重吨/艘提高到2014年的4万载重吨/艘。三是高技术、特种功能船舶种类更为丰富。为满足大型装备运输，我国形成了较有实力的半潜船队和重吊船队；为适应能源结构调整，我国大型LNG船队快速发展；伴随汽车产业发展，我国专业滚装汽车船队得到了发展。新型船舶的不断涌现对服务我国经济发展，满足市场多样化需求起到了重要作用。

我国海运船队结构　　表 1-3

船队类型		中国			世界		
		2000 年	2014 年	年均增速	2000 年	2014 年	年均增速
液体散货船	数量	289	909	8.5%	6951	13647	4.9%
	载重吨（万吨）	609.5	3902.3	14.2%	32427.9	57920.5	4.2%
干散货船	数量	553	2037	9.8%	5533	10696	4.8%
	载重吨（万吨）	2254.6	12439.7	13.0%	27757.5	73861.2	7.2%
集装箱船	数量	180	383	5.5%	2554	5097	5.1%
	载重吨（万吨）	365.3	1564.9	11.0%	6869.9	22767.4	8.9%
杂货船	数量	881	1226	2.4%	12602	16916	2.1%
	载重吨（万吨）	736.2	1028.9	2.4%	9462.5	10913.9	1.0%
客船	数量	89	165	4.5%	2076	4066	4.9%
	载重吨（万吨）	20.8	43.5	5.4%	500.6	637.8	1.7%

数据来源：Shipping Statistics Yearbook 2015，ISL.

三、交通运输服务效率

从客运服务来看，随着近年来现代化交通运输管理理念、方式和运输装备的广泛普及，我国交通运输的客运服务效率不断提高，尤其表现在铁路客运和城市公交服务等领域。2008 年 8 月 1 日我国第一条高铁线——京津线的开通运营，标志着我国高铁时代的来临。很快，高铁成为公众出行的重要方式，因其快速、准点等高效率特征而广受青睐。“公交优先”发展理念广泛普及，行业“公交都市”创建工作有序推进，全国越来越多的城市积极发展大容量快速公交 BRT，加快建设轨道交通，并通过设置公交专用道等方式提高地面公交运输速度，大大加速了城市交通的运行效率。综合交通枢纽在全国得到科学布局，换乘效率、换乘的便捷性也在不断提升，百姓出行体验更加良好。

从货运物流效率方面来看，长期以来粗放的发展模式，导致我国货运物流效率一直不高。2015 年，我国全社会物流总费用为 10.8 万亿元，占 GDP 的比重为 16%，相比世界发达国家 10% 左右的水平有一定的差距。其中运输费用 5.8 万亿元，占社会物流总费用的比重为 53.7%。公路物流业“小、散、乱、差”的局面制约了物流效率的提升。我国公路车辆空驶率高，部分路段空驶率达 40% 以上；产业的组织化水平较低，90% 以上的运力掌握在个体运营驾驶员手中，行业集中度仅为 1.2% 左右。此外也应看到，随着现代化的运输组织方式、新技术、新装备在货运领域的推广，我国货运物流服务效率正在逐步提升。近年来，我国积极鼓励铁水联运新型装备的研发应用，创新铁水联运经营、组织、运输模式，“十二五”期间，我国以集装箱铁水联运为代表的多式联运合作机制初步建立，示范项目积极推进，有力促进了国际、区域间的资源要素快速流动，大大提升了物流运输效率。

四、交通运输科技进步

改革开放以来，我国交通运输事业的快速发展为交通运输科技提供了广阔的舞台。交通运输科技面向交通运输生产建设主战场，紧密结合基础设施建设、运输生产中的重大关键技术问题，积极推进科技创新，关键技术取得重大突破，自主创新能力显著提升，充分发挥了科技创新在交通运输全面创新中的支撑和引领作用。

（一）关键技术取得重大突破

高等级公路建设养护技术的突破保障了公路的跨越式发展，形成了以冻土、膨胀土和沙漠等筑路成套技术为代表的特殊地质地区公路建设关键技术，解决了西部地区复杂地质地形和恶劣气候条件下公路建设等众多世界级难题。桥梁关键技术创新推动了我国由桥梁大国迈向桥梁强国，形成了千米级斜拉桥、钢管混凝土拱桥和多塔连跨悬索桥等设计施工成套技术，有力支撑了以苏通大桥、港珠澳大桥为代表的一批世界级高难度桥梁建设工程。技术进步为隧道建设解决了重大技术难题，以秦岭终南山隧道、雀儿山隧道为代表的公路隧道建设技术水平进入世界前列。港口建设技术创新为港口大建设注入了持久动力，离岸深水港建设等技术达到世界领先水平。航道整治技术发展促进了航运资源的开发利用，深海高精度碎石整平船、特大型耙吸挖泥船等重大装备实现了国产化。港口装卸技术达到世界先进水平，增强了港机工业的国际竞争力。甩挂运输、多式联运、分节驳顶推等新型运输技术的开发应用，提高了水路运输的整体效能。基于物联网的交通信息化技术提升了交通运输智能化水平。大深度饱和潜水、溢油应急处置、废旧材料循环利用等安全环保技术的进步增强了交通可持续发展能力。

（二）科技创新体系不断完善

交通运输行业充分发挥政府的引导作用，发挥企业在技术创新中的主体作用，发挥科研机构、高等院校在科技创新中的主力军作用，发挥科技中介机构的桥梁和纽带作用，使科研开发与交通生产建设的结合更加紧密，逐步形成以市场为导向、以企业为主体、产学研相结合的多形式、多层次的交通运输科技创新体系。截至“十二五”期末，交通运输行业重点实验室已达到50个，行业研发中心18个，基本形成了功能明确、布局合理的行业重点科研平台体系。依托大型骨干企业，整合高等院校、科研机构等创新资源，建设了10个以企业为主体和9个以高校为主体的协同创新平台。依托重大科研项目、重点科研基地和专项培训计划，培养、锻炼和汇聚了一批交通科技人才。交通运输行业重点科研基地分布如图1-5所示。

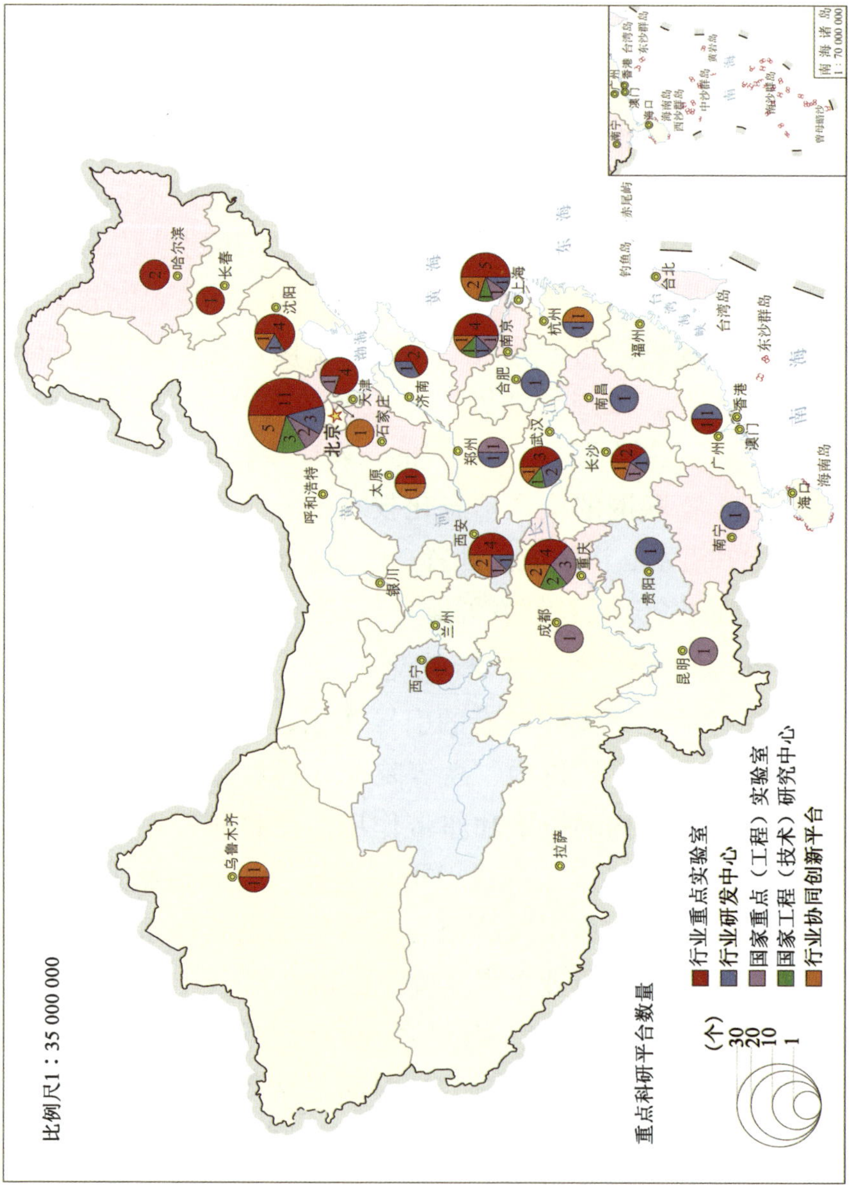

图1-5 交通运输行业重点科研基地分布图

（三）科技管理水平显著提升

行业科技管理工作更加重视科技公共服务，加强政策研究和制度建设。围绕科技创新、能力建设、标准化、信息化等重点工作，完善交通运输科技管理制度，不断营造有利于交通科技发展的制度环境。在不同历史时期，适时制定交通运输科技发展规划（计划），有力地推动了交通运输科技发展。建立健全科技成果推广体系和成果转化机制，通过科技成果推广计划、科技示范工程、专项行动计划和科技成果推广目录、科技成果公开等方式，促进了科技成果向现实生产力的有效转化。积极探索以企业为主体的新型技术创新和研发组织模式，交通企业在重大科技研发、成果推广应用等方面投入加大，在技术创新中的主体作用进一步发挥，涌现出一批自主创新能力较强的交通企业。

虽然近年来交通运输科技发展取得了引人注目的成就，但也存在一些薄弱环节和深层次问题。主要体现在：基础性、前瞻性研究深度不够，前沿性技术储备不足；科技创新全链条设计不足，基础研究、技术研发、成果转化之间的通道不够畅通，成果的工程化和产业化程度不高；科技创新能力有待提升，项目、基地、人才的结合不够紧密，领跑科技创新的重点科研平台、科技领军人才和卓越创新团队创新能力相对缺少；新技术、新材料、新装备的研究开发与推广应用不足，部分领域关键技术创新缺乏原创性、引领性成果，对标国际先进水平还存在较大差距。

五、交通运输安全水平

近年来，交通运输系统紧紧围绕打造“平安交通”的目标，不断深化改革、强化服务，筑牢安全生产防线，安全发展方式逐渐转变，安全生产长效机制逐步建立，安全生产形势稳中趋好，为人民群众安全便捷出行、国民经济社会健康发展提供安全、可靠的交通运输保障。2015 年，铁路领域未发生特别重大、重大铁路交通运输事故，铁路交通运输事故路外死亡人数同比下降 15.8%。全年全国共发生运输船舶水上交通运输事故 212 件，比 2014 年下降 18.3%。全国海上搜救成功率达到 93.4%。公路水路交通运输建设领域全年共发生生产安全事故 35 起，死亡 49 人，分别比上年下降 22.2% 和 40.2%，未发生死亡 10 人及以上重特大事故。道路运输领域安全事故总体呈下降趋势。

尽管交通运输安全生产形势总体趋好，但形势依然严峻。一是行业原有安全风险依然存在。重特大事故多集中在道路危险品运输、道路客运、水上客运领域。道路危险品运输和道路旅客运输车辆发生碰撞导致的事故，水上客运发生的突遇自然灾害或者沉船事故，后果非常严重，风险巨大。二是新增安全职责，安全监管任务艰巨。港口危险品罐区安全监管职责，作为交通运输行业新增职责，成为“平安交通”建设的重大挑战。三是轨道交通安全风险日益增加。近年来，我国轨道交通也发生多起运营事故，在轨道交通大量投入运营的环境下，轨道交通安全问题将成为交通运输系统安全监管工作的重点。

六、交通运输绿色发展

“绿色交通”概念于 20 世纪 90 年代被提出，其本质是实现交通运输体系的可持续发展，以最小的能源消耗满足人们的交通运输需求，以最少的社会成本实现交通运输效率的最大化。近年来，我国交通运输行业在节能减排、生态环保等方面都取得了显著进展。

（一）交通运输节能减排体系逐步建立

行业绿色发展战略框架及政策体系基本形成。从“十一五”开始，交通运输主管部门针对节能减排和绿色循环低碳发展等领域提出引领行业发展方向的指导性文件，2008 年印发了《资源节约型环境友好型公路水路交通运输发展政策》，2013 年印发了《加快推进绿色循环低碳交通运输发展指导意见》，逐步摸索形成了交通运输行业的低碳发展战略框架。

低碳规划体系初步形成并发挥引领作用。《公路水路交通运输节能中长期规划纲要》《公路、水路交通运输实施〈中华人民共和国节约能源法〉办法》《民航节能减排规划》《公路水路交通运输节能减排“十二五”规划》等绿色低碳规划的实施，使绿色交通引领作用逐步显现。

交通运输节能减排标准规范逐步完善。交通运输部发布了一系列国家和行业节能减排相关技术标准，制（修）订了《营运客车燃料消耗量限值及测量方法》等20余项公路、水路节能减排相关的标准和规范，这些标准规范的制（修）订及实施，对进一步规范交通运输行业节能减排工作发挥了基础指导作用。

行业绿色监管能力大幅提升。“十二五”期间，交通运输行业强化了交通运输能耗与碳排放统计监测与考核能力，在重点用能单位的监测方面，优化扩充了能耗监测重点企业范围，逐步将36个中心城市的重点公交企业纳入了节能减排监测范畴；提升了节能减排项目管理能力，开展了节能减排项目的第三方审核试点工作，通过节能减排资金和项目管理模式的持续创新，引导企业开展节能减排工作。

（二）交通运输生态环保取得进展

生态环境保护从理念到技术都取得较大进展。环境影响评价、水土保持制度日益完善，通过典型示范工程的实施，转变设计理念，注重以人为本，增强环保意识，提高设计水平，力求社会经济、环境、景观持续协调发展。特别是在生态恢复方面经过十余年的发展和不断完善，目前已形成多样的植被护坡技术；恢复选用植物也从过去单纯采用进口草坪草籽发展到重视乡土植物的应用，从草本植物发展到乔灌草花立体植被群落的建植；近年来又加强公路建设中对路域原生植被的保护和利用，实现了公路景观与自然环境的融合。

高度重视交通运输大气污染防治。交通运输行业通过加强交通运输管理、缓解城市交通拥堵、控制机动车保有量、鼓励绿色出行、淘汰黄标车和老旧车辆、推广新能源汽车、着手部署船舶排放控制区等措施，防治交通大气污染，保护大气环境。

专栏 1-8　我国交通运输行业能源消费量和碳排放量变化

"十一五"以来，随着我国经济社会的快速发展和人民生活水平的提高，交通运输客货运输量大幅增加，交通运输能耗总量也相应持续快速增长，我国交通运输能源消费量由 2005 年的 2.17 亿吨标准煤增加到 2012 年的 4.54 亿吨标准煤，增长了 109.04%；交通运输活动引起的 CO_2 排放量从 2005 年的 4.55 亿吨增加到 2012 年的 9.26 亿吨，增长了 103.5%（图 1-6）。

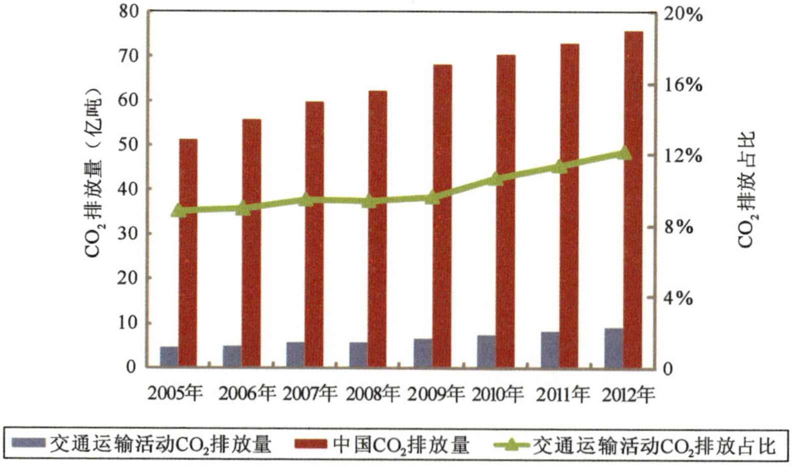

图 1-6　中国交通运输行业 CO_2 排放量占比

总体来看，我国交通运输经历了新中国成立初期的恢复重建，尤其是改革开放以来的快速建设，实现了跨越式发展，相对于社会经济发展而言，已经从新中国成立初期的整体滞后、改革开放初期的瓶颈制约、21 世纪初的总体缓解进入到当前的基本适应阶段，交通运输在经济社会发展中的“先行官”作用日益突出。

第二章　我国交通运输发展面临的形势

第一节　我国经济社会发展的总体趋势

经过改革开放三十多年来的高速发展，我国在经济、社会、科技、文化等多方面取得了举世瞩目的成就。我国经济总量已稳居世界第二位，人均国内生产总值达到7800美元左右。第三产业增加值占国内生产总值比重超过第二产业，基础设施水平全面跃升，农业连续增产，常住人口城镇化率达到55%，一批重大科技成果达到世界先进水平。公共服务体系基本建立、覆盖面持续扩大，新增就业持续增加，贫困人口大幅减少，生态文明建设取得新进展，人民生活水平和质量不断提高。[1]

根据世界银行和国务院发展研究中心于2013年联合发布的《2030年的中国》报告预测：未来30年，现代科技将突飞猛进，科学技术对现代社会生产力的发展越来越具有决定性的作用；经济全球化趋势不断发展，产业结构调整步伐加快，国际竞争也将更加激烈。中国有潜力在2030年成为一个现代、和谐、有创造力的社会。

未来20～30年，我国将迎来全面实现工业化的关键时期，人民小康生活将更加宽裕，届时将达到目前中等收入国家的水平，具体表现为：

---

[1]《中共中央关于制定国民经济和社会发展第十三个五年规划的建议》。

国民经济仍将保持较快增长。到2020年，我国GDP总量将比2010年（按不变价格）翻一番；到2030年，我国有望超过美国，成为世界最大的经济体；到2050年，我国将实现社会主义现代化，人均GDP将赶上发达国家的平均水平，我国将跻身发达国家的行列。

国民经济的国际化趋势不断增强。我国将大大推进对外开放进程，更加融入世界经济，参与国际经济大分工，中国成为世界制造业中心的倾向日益明显，我国的国际经贸活动将更为活跃，经济社会生活的国际性特征将愈加显著。

产业结构深刻调整、转型升级加快。这一时期的国民经济总量中，第一产业比重将继续下降，第二产业比重基本保持不变或略有下降，第三产业比重将会进一步提高。产业迈向中高端水平，农业现代化进展明显，工业化和信息化融合发展水平进一步提升，先进制造业和战略性新兴产业加快发展，新产业新业态不断成长。

经济增长方式将从粗放式数量扩张型向集约式质量效益型转变。随着经济总量的不断扩大，我国人均自然资源占有水平较低与生态环境脆弱的矛盾将更为突出，粗放式增长难以为继、经济增长方式加快转变，经济社会与资源环境的协调发展进一步增强。创新驱动发展战略的深入实施，将推动科技与经济深度融合，进一步增强经济发展活力和质量。

区域协调发展和城镇化水平明显提高。国家三大战略的实施，将加快我国区域协调发展步伐，形成相互衔接、互为支撑、东中西联动的区域发展新格局。城市化进程将会加快，到2030年我国的城市化水平将达到70%左右，平均年增长1.0~1.2个百分点，城乡差距进一步缩小。❶

---

❶胡鞍钢，等：《2030中国：迈向共同富裕》，北京：中国人民大学出版社，第71页。

经济体制改革将进入建立比较完善的社会主义市场经济体制的新阶段。全面深化改革的推进，将进一步破除影响社会生产力发展的体制机制障碍，形成与国际经济接轨的比较完善、成熟的新体制，从而进一步增强经济发展的活力和动力。

人民生活将从低水平的小康向比较宽裕的小康转型升级。城乡居民收入将上升到较高的水平，生活质量得到进一步提高，消费结构也将发生较大的变化，城乡居民恩格尔系数持续下降且进一步趋同，城镇居民家庭恩格尔系数将接近30%，达到国际公认的富裕型消费结构。以“住”“行”和文教消费为主的新一轮消费将会进一步升级。

第二节　我国交通运输发展的宏观环境

一、经济社会持续发展，要求交通运输保持适度规模与速度

进入21世纪，我国国民经济仍将保持较快的增长速度，进入以高加工度工业为主的加快实现工业化发展的阶段。国民经济的持续快速发展，必然导致旺盛的运输需求。产业结构升级和产品结构变化，机械加工工业、电子工业以及日渐兴起的高加工度、高新技术产业迅速发展，第三产业在国民经济中的比重不断上升，需要运输的农副产品、附加值较高的工业品、家用消费品以及高新技术产品等质轻、价高、高附加值货物越来越多，小批量、多品种运输的需求增加，大众化、常态化旅游的需求增加，都在规模、速度和质量上对交通运输提出了新的要求。

为实现到2020年全面建成小康社会的目标，我国经济需保持年均6.5%以上的中高速增长，经济稳增长任务繁重，交通运输仍需

要继续发挥有效投资对冲经济下行压力的关键作用，满足国内消费新需求，推动第三产业发展，满足人民群众多样化的出行需求，提供大运量、高品质、差异化的运输服务。另外，深入实施“三大战略”，实现城镇化率达到60%左右的目标，应对好“三个1亿人”的问题，解决好区域性整体贫困，中国经济走出去步伐加快，都将为交通运输发展不断拓展新空间。因此，交通运输要不断适应市场经济和产业结构变化带来的新需求，充分发挥不同运输方式的独特优势，在基础设施规模和运输服务上保持适度的发展速度和合理的发展规模。

专栏2-1 旅游业发展及对交通运输的需求

当前，旅游已经从少数人的奢侈行为，发展成为大众化、经常性消费的生活方式。国内旅游人数从1984年约2亿人次增长到2014年约36亿人次，增长了17倍；入境游客从1978年的180.92万人次增长到2014年的1.28亿人次，增长了70倍。旅游业已经从接待型的事业，发展成为全民广泛参与就业、创业的民生产业和综合性的现代产业，对相关产业贡献大幅提升。旅游市场已从入境游为主，发展到入出境旅游并重，旅游外交功能凸显的新阶段。

交通运输是沟通旅游者和目的地的桥梁和纽带，是旅游业发展的先决条件。从旅游客源地来说，旅游交通运输连接着旅游目的地和景区，帮助游客实现外出旅游；从旅游目的地来说，旅游交通运输联系着客源地和组合旅游产品，使旅游接待和景点旅游得以实现。旅游业在新阶段的新特征，必然对交通运输发展提出新的巨大需求。

二、区域经济一体化加速推进，要求交通运输迎接新的机遇与挑战

当前，经济全球化的深入发展使国际贸易规模扩大，国际资本、技术、人才等要素流动加快，世界范围内的产业结构调整趋于深化，国际竞争也更加激烈。一方面要求政府管理经济的方式以及法制化、市场化建设尽快实现与国际接轨，引导企业增强自身实力、提高市场竞争能力；另一方面也为交通运输提供了发展机遇与挑战。因此，我国交通运输必须抢抓机遇、加快发展，才能适应世界经济发展的新要求、新变化。

同时，随着我国城镇化、城市圈、城市带的发展，形成了京津冀、长三角、珠三角等围绕中心城市的城市群。未来随着长江经济带、京津冀一体化等国家战略的深入实施，将会形成若干经济圈。这些经济圈的地理分布将使交通运输的运量、流向、质量要求等发生变化，对交通运输网络布局提出了新的要求。为实现运输与经济社会的协调发展，必须从区域经济发展的需求出发，根据区域经济特点及运输需求，依靠市场和政府的双重作用，统筹考虑基础设施、运输服务、交通运输管理等要素，突破行政区域限制，在合理分工基础上优化交通运输资源配置，强化各种运输方式衔接、城际轨道交通发展、运输服务一体化，适应客流、物流快速增长的需要。要进一步促进交通运输城乡协调发展、区域协调发展，服务城镇化进程，建立农村交通基础设施投入的长效机制，加快城乡交通运输一体化，推动东、中、西部地区交通运输协调发展，更多地将交通运输资源向革命老区、民族地区、边疆地区、贫困地区倾斜。

专栏2-2 轨道上的京津冀

"轨道网"是京津冀综合交通运输网络的重要组成部分，是京津冀交通运输一体化的重要基础。因此，在研究京津冀交通运输一体化战略时，交通运输部就提出要促进干线铁路、城际铁路、市域（郊）铁路、城市轨道"四网融合"，打造"轨道上的京津冀"。规划的轨道交通建设总里程达到3700公里。到2017年，客运专线将覆盖所有地级以上城市，京津保（保定）地区将实现1小时交通运输圈。

京津城际铁路一辆列车能载客1000多人，相当于27辆巴士的载客量。2013年，京津城际铁路发送旅客2500多万人，平均上座率72%。2014年2月，实施新运行图后，早晚高峰时段发车间隔仅10分钟，全程仅33分钟，轨道交通在京津冀一体化中发挥了突出的骨干通道作用。

三、人民群众生活水平不断提高，要求交通运输提高服务品质

2015年我国人均GDP达到人民币49351元（接近8000美元），仍是一个发展中国家。居民恩格尔系数持续下降，从2013年的31.2%下降到2014年的31%，2015年进一步下降到30.6%，居民消费水平持续提高。从总体上讲，目前我国居民在"衣""食"方面已经或基本达到小康水平，而"住""行"相对小康水平差距较大。

21世纪，我国已进入全面建设小康社会的新时期，随着收入水平的提高，当吃穿不愁和一般耐用消费品已趋饱和或已饱和的时候，人们必然将转向"住"与"行"等方面的消费。就

“行”而言，人们探亲、访友等的需求会逐步增加，利用休闲时间外出旅游的次数会显著增多，对旅客运输会有较大的需求；居民耐用消费品的主流消费将由目前“千元级”的彩电、冰箱，逐渐向“万元级”的家用汽车过渡。2014 年我国乘用车销量同比增长 9.89%，未来家用轿车保有量将会快速增长，预计 2020 年我国汽车保有量将超过 2 亿辆[1]。人民生活水平的不断提高，将会直接对交通运输发展产生新的需求，这些需求可能是高速公路规模、运输场站衔接等硬环境方面的需求，也可能是智能化水平、通畅率等软环境方面的需求。人民群众日益增长的多元化、多样化、高层次的交通运输需求，要求我国交通运输业必须更加注重提升运输服务品质，增加高品质、快捷化、差异化、定制化的客运服务供给，扩大更加经济、高效的多式联运货运服务供给。

四、新一轮科技革命浪潮，要求交通运输顺势而为

21 世纪是人类依靠知识创新和高技术创新发展的时代。新一轮的科技革命和产业变革将形成历史性交汇，互联网技术与传统产业呈现加速融合态势，电子信息、生物工程、航空航天、新材料、能源、环保等高新技术的发展，以及自动驾驶汽车、智慧地球、智慧城市、车路协同等新理念的不断涌现，将改变人们的工作、学习和生活方式。

专栏 2-3　新一轮科技革命的特点

新一轮科技革命具有明显的特点：一是学科交叉融合明显加快，重大科技创新不断涌现，科学发现、技术创新到商业应用的周期越来越短，科技对经济社会发展的引领作用愈加显著；二是网络和信

[1] 交通运输部：《交通运输业智能交通运输发展战略（2012—2020 年）》，2012 年 7 月 13 日。

息技术的深度应用，为人们提供了一种全新的生产和生活方式，并深深地影响着人类社会的各个领域；三是新型节能环保技术、新能源技术等加速突破，将快速推动世界进入绿色、清洁、低碳发展的新阶段。

当前及今后一个时期，研发应用现代技术、维护交通运输资产存量、保障交通运输安全、提高运输服务水平等，是世界交通科技发展的主攻方向。我国交通运输发展必须把握世界科技发展的趋势，主动迎接科技革命挑战，抓住新的网络信息技术、新材料技术、先进制造技术、低碳技术、生物技术发展和商业模式创新机遇，突出科技创新的引领作用，深入实施创新驱动发展战略，释放新需求，创造新供给，以科技创新引领交通运输的全面创新。应更加注重以技术创新和进步改造提升传统比较优势，促进运输装备提档升级，提高运输装备的现代化水平，推进货运车型、船型及多式联运等装备设施标准化，积极发展新能源和清洁能源运输装备，引导高端化、智能化的先进运输装备推广应用。同时，把智慧交通建设作为主战场，把握数字化、信息化、网络化、智能化的时代特征，充分运用“互联网+”思维，推动现代信息技术与交通运输的全面融合，以信息化、智能化引领交通运输现代化。

值得注意的是，“互联网+交通运输”将成为交通运输发展的新业态，借助移动互联网、云计算、大数据、物联网等的先进技术与理念，依托互联网的“云”“网”“端”基础设施，将互联网产业与传统交通运输行业进行有效渗透融合，形成具有“线上资源合理分配，线下高效优质运行”典型互联网特征的新业态与新模式，将为交通运输转型升级注入了强大动力，助推交通运输传统产业向现代服务业的转型升级。

专栏2-4　“互联网+”在交通运输领域的应用

当前，“互联网+”已在交通运输某些领域产生“化学效应”。12306等已经实现了航空、铁路的网上便捷购票；电子地图已成为出行者路线导航的首选；物流已初步实现互联网化。长途客运、实时公交、城市内停车、车辆维修等方面的“互联网+交通运输”实践已深刻影响着人们的生活。

五、大力推进生态文明建设，要求交通运输提升综合效益

作为发展中的大国，我国人均资源占有量不高，生态环境问题已日益突出，可持续发展已成为基本国策。在后国际金融危机时代，全球经济增速的放缓以及发达国家重振制造业的举措将使我国的工业化面临竞争更为激烈的发展环境，而低碳经济成为全球共识，产生的压力也迫切要求我国的工业化模式实现根本转型。我国国内的发展环境也在发生改变，一些深层次的矛盾正在积累。资源和环境约束加剧等问题，已经成为进一步推进我国工业化进程的重要制约因素。

交通运输是资本、资源密集型产业，土地资源的占用较多，对国家资源供给造成很大压力；空气污染、交通运输噪声，对自然环境也造成了较大影响。必须看到，当前及今后一个时期，土地利用、资源使用和生态环境保护的现实条件将会发生深刻变化，资源要素驱动力日渐衰减，交通运输传统粗放式发展模式越来越难以为继。因此，交通运输在为社会发展提供便利和为社会经济发展创造条件的同时，还必须提高对土地等资源的有效利用程度，

推行适应节约土地要求的工程技术，建设生态型基础设施，大力推进资源全面节约和高效利用，提升土地和岸线等资源的利用效率，加大对环境的保护力度，实现可持续发展，以满足国家生态文明建设的要求。

第三章　交通运输强国标志辨识

放眼历史长河，世界交通运输强国跌宕起伏，古罗马帝国、中国唐朝、西班牙、荷兰、英国等都曾是昔日的世界交通运输强国。以当前的眼光来看，美国、日本、德国无论是在交通运输能力、技术创新能力，还是在国际影响力方面都是公认的世界交通运输强国。本章重点追溯这三个国家的交通运输发展历程，总结其走向交通运输强国的主要经验，辨识世界交通运输发展的总体趋势，分析交通运输强国的主要内涵与价值取向；在此基础上，结合我国国情，探讨中国交通运输发展的价值目标，建立我国由交通运输大国迈向交通运输强国的对标体系。

第一节　交通运输强国发展历程

一、美国

（一）历史回顾

美国交通运输发展自18世纪开始，随着经济、技术、体制的发展，经历了从水运、铁路、公路、航空等单一运输方式主导向综合运输转变的发展历程。美国交通发展史上，发生过两次交通革命：第一次发生在19～20世纪，完成了交通基础设施硬件建设；第二次是自20世纪90年代以来的新交通革命，实现了交通运输发展理念由重基础设施建设向可持续、综合协调的转变，以1991年签署“冰茶法案”为里程碑。回顾美国240多年的发展历史，在交通运输管理体制上经历了从分散管理向综合协调模式转变的过程，政府职能也从全面的基础设施建设向具有公共服务属性的运输供给和维护转变。

1. 分散管理时期

美国政府对交通运输的最早管理可追溯到1774年美国建成第一条收费公路。受技术条件的限制，美国当时的交通运输尚处于起步阶段，交通运输发展主要出于政治需求，意在抵抗英法等国的航运垄断，政府对国内交通运输的发展基本处于放任管理状态。这一时期，伴随着交通建设和运营的需求变化，相应的政府管理机构开始出现。但是，美国交通运输在整个社会经济发展中的地位仍从属于其他经济部门，早期的交通管理机构主要分散在各类经济管理部门之中。

美国最早的交通运输管理机构起源于对海运的管理需求。1789年8月7日成立的“灯塔服务”（Lighthouse Service）隶属于财政部，是国会成立的第一个与交通有关的管理机构。随后，1790年8月4日，为打击海岸走私者，华盛顿总统签署一项法案，成立了海上海关执法机构，后来称为“缉私船服务”（Revenue Cutter Service），1878年6月1日，美国成立了“救生服务”（Life-Saving Service），同样隶属于财政部。1915年，威尔逊总统签署了相关法案，将缉私船服务机构和救生服务机构合并，成立了最早的海岸警卫队。

美国联邦公路管理局的创始人罗伊·斯通将军1892年向议会提出成立国家公路委员会。1893年1月两院通过议案，于1894年的农业拨款中，增加1万美元的特殊款项，用于公路研究及公路信息服务。当时新上任的格罗弗·克利夫兰总统委托斯通将军成立不良公路调查办公室，这便是今天美国联邦公路管理局的鼻祖，并指出公路所需资金应由所在州提供。1914 年，美国各州公路联合协会相继成立。1915 年，公路调查办公室更名为公路和乡村工程办公室，在此之后，先后更名为公路局、公路安全管理局。1949 年，公路安全管理局划归商业部。

19 世纪初，美国铁路开始了建设热潮，到 1860 年美国铁路运营里程达到了 4.9 万公里。为了规范铁路运输管理，1887 年 2 月 4 日，克利夫兰总统签署了《州际商务法》，成立了一个由 5 人组成的州际商务委员会（Interstate Commerce Commission，ICC），负责管理铁路、利率和关税，这是美国历史上第一个由政府成立的对铁路进行管制的官方机构。这个机构一直延续到 1995 年，克林顿总统签署了《ICC 终结法案》，由国会通过立法成立了地面运输委员会（Surface Transportation Board，STB），全面接管原州际商务委员会的监管职能，负责管理铁路、公路、水运、管道等各运输子行业。

随着航空技术的发展，1926 年 5 月 20 日，美国政府通过了《航空商务法案》，明确由商务部负责商务航空管理。1938 年，《民用航空法》通过，创立了民用航空局，确立了联邦政府对航空运输的全面管制。1940 年，民用航空委员会（Civil Aeronautics Board，CAB）成立，负责航空公司的运价管制、准入控制及安全管制。1958 年 8 月 23 日，依据《联邦航空法》，美国成立了联邦航空署，并将 1940 年成立的民用航空委员会独立出来。

2. 交通运输基础设施建设时期

20 世纪 30 年代的经济大萧条及各种运输方式内部的无序竞争，是促使交通运输管理体制改革的主要背景。为缓解经济危机，罗斯福总统实施了历史上著名的“罗斯福新政”，大大加强了政府对经济的干预力度，扩大政府职能，制定了许多规范美国现代经济的重要法律和制度。在促进交通运输发展方面，注重提高运输效率，开始寻求综合运输发展。

经过多年酝酿，1966 年，约翰逊总统向国会提出设立运输部的法案，约翰逊总统认识到虽然美国的交通运输系统是世界上最先进的，但是存在着资源浪费的问题，交通运输发展已经难以满足时代发展的要求。为了确保国家经济（包括就业、生活水平、环境和国防）的健康发展，不断更新的交通运输系统是必不可少的。

1966 年，约翰逊总统签署《公法 89-670》（Public Law 89-670，俗称《运输部法》）。1967 年 4 月 1 日，依法正式成立了内阁级别的运输部，把联邦政府中原来管理交通运输事务的 8 个部委、30 多个局处的业务纳入了同一管理部门。运输部成立之后，美国的运输管理职能机构并非就此到位。随着不断出现的安全、应急、社会管理等需求，运输部内又重新整合了有关职能机构，并且新设了不同机构。

1967 年，运输部整合了原隶属于商务部的国家交通安全局和国家公路安全局，成立了联邦公路管理局，专门负责道路交通安全，确立了道路运输部门统管道路交通安全的地位，完成了道路交通安全管理的主体由警察部门向交通部门的转变。1981 年，《海运法》实施，将隶属于商务部的联邦海事局划归运输部。20 世纪 90 年代后，美国逐渐将运输部与其他相关主管机构合并，运输部职能更趋综合。

1966 年的《运输部法》正式明确了由美国联邦运输部统管当时的公路、水路和铁路运输，在历史上首次把分散在联邦政府各部委的交通运输业务纳入运输部管理。之后，美国一直秉承大交通发展模式，与交通相关的机构不断整合、集中，最终形成了现在 5 种运输方式综合管理的联邦运输部。

在综合运输发展的市场导向方面，美国政府的初步措施就是放松对运输业的市场管制。1979 年，美国州际商务委员会放松了对COFC/TOFC 的运价、线路、货类等管制，使得铁路公司能够对公铁联运制定更有竞争力的价格。从 20 世纪 80 年代开始，美国国会通过了一系列法案，放松了对运输业的经营管制，鼓励拓展跨运输方式的联运，包括《汽车承运人规章制度改革和现代化法案》《斯泰格斯铁路法》《协议费率法》《机场与航线改革法》和《卡车运输行业规章制度改革法案》等。法律与制度改革减少了国家对运输业的控制和约束，推动了运输业更接近于自由市场的体系。放松管制使集装箱班轮公司建立起各自的联运路线，提供单一提单及单一费率，从而使承运人和货主双方都得益于联运协作和经营效率的改善。美国政府在运输业市场管制上的放松政策有利于多种运输方式之间的竞争，促进了综合运输体系的形成与发展，并提高了经济的流动性。

3. 可持续、综合协调的交通运输发展时期

如果说 1966 年的《运输部法》从行政管理角度确立了美国联邦运输部的综合运输管理机构的地位，那么 1991 年的《综合地面运输效率法案》（Intermodal Surface Transportation Efficient Act，ISTEA，简称“冰茶法案”）标志着美国在对交通运输发展的认识有了革命性的转变。

由于长期以来公路交通的大发展消耗了大量资源和能源，带来了交通拥堵、环境污染加重，以及土地和公共空间被大量占用等问题，交通能源环保政策开始得到重视和发展。同时，20 世纪七八十年代美国经济动力的不足也迫使美国人在经济竞争领域重视高科技在交通系统中的应用，从而提升整体运输的效率。

1991年12月18日，布什总统签署了《综合地面运输效率法案》，明确要求联邦运输部将工作重点转移到如何使用当前的高新技术来解决交通拥挤、环境污染、交通运输的协调与发展以及如何与生态和环境相适应等问题，将城市轨道交通管理局转变为联邦运输管理局，并且新成立了运输统计局和多式联运办公室。

签署“冰茶法案”同年，美国颁布了在交通环保政策上具有里程碑意义的法律文件，即《清洁空气法》（1990年）的修正案，美国政府采取了征收汽车及汽油消费税、城市和交通高峰期拥堵费、高停车费等经济政策，以及强制共乘、设城区通行许可证等行政干预手段来抑制公路使用需求，并出台了节能汽车使用公路共乘车道的立法方案。

“冰茶法案”颁布以后，美国开始全面发展多式联运，向建立一个统一、无缝、有效、经济、安全和环保的综合运输网络迈进。至此，美国交通运输发展进入了以可持续发展为目标的综合运输发展阶段。

在“冰茶法案”的基础上，1998年，克林顿政府签署了《21世纪运输平等法案》（Transportation Equity Act for the 21st Century，简称TEA-21，又称“续茶法案”）。1998年的“续茶法案”是1991年的“冰茶法案”在交通运输发展政策的延续和深化。“续茶法案”将改善交通运输安全摆在美国交通运输发展的首要位置，并且一直作为美国交通运输发展的第一目标。“冰茶法案”与“续茶法案”标志着美国对国家交通运输发展的认识产生了革命性转变。

2001年“9·11事件”发生后，为了应对新形势下的恐怖主义，美国联邦运输部加强了运输安全方面的管理。2001年11月19日，《航空和运输安全法案》要求联邦运输部成立运输安全管理局，以提高机场和其他民用运输设施的安全性。2002年，美国国会通过

《国土安全法》，成立内阁级别的国土安全部，接管了隶属于联邦运输部的海岸警卫队和美国运输安全管理局。

2012 年 7 月 6 日，奥巴马政府签署了《美国新运输法案——在 21 世纪中前进》（简称 MAP-21）。这是一份自 2005 年以来首次颁布的长期公路授权。MAP-21 创建了一套合理简化、基于绩效和多式联运的计划，致力于应对美国运输系统所面临的众多挑战。其核心是重组公路计划，包括国家公路绩效计划、地面运输计划、缓解拥堵和空气质量改善计划、公路安全改善计划、铁路—公路道口计划和大城市计划。

2014 年 10 月 1 日正式颁布实施的《美国成长法案》（Grow America Act）是继 MAP-21 后又一联邦交通运输法案，也是进入 21 世纪以来美国的第 3 部交通运输法案，以“创造机会、更新修复、高效工作、加速移动、修复重建全美基础设施和社区”为总体发展目标。其所确立的发展方向也是《美国联邦运输部 2014—2018 年战略计划》的主要战略重点，核心是改善现有地面运输系统的运行状况和安全性能，提升系统运输服务效能，鼓励创新融资机制。两者从内容和执行期上相互配合，共同勾画了美国未来 5 年交通运输的发展蓝图。

经过 50 年的发展和完善，美国已经形成了成熟的综合运输管理体制。从其发展历史来看，机构改革一直在进行，而且可以预见，美国联邦运输部的机构改革将与社会矛盾的焦点相伴相生，正如《运输部法》阐明的一样：联邦运输部设立的目的就是有效解决运输发展中的问题，包括不断产生的新的社会矛盾。

（二）发展现状

1. 交通基础设施和运输服务发展

美国拥有世界上最为庞大的铁路、公路、航空运输网络系统，运输工具和手段多样化，是世界公认的综合运输发达国家。美国拥有超过400万英里❶的公路网络，约2万个公共和私人机场，接近9.54万英里的一级铁路，2.5万英里的水路通航里程。当前，尽管中国的交通运输体系客运量远超美国，但是美国在机场数量、公路总里程和货运铁路总里程方面仍居世界首位。

根据美国联邦运输部的统计数据，2014年，美国交通运输体系共运送了3.16亿美国居民以及7000多万访美游客。2012年，美国货运总量为196.62亿吨，货物总价达到17.4万亿美元，其中，公路货运量为131.82亿吨，占比最大，其次是铁路货运和多式联运（表3-1）。

2012年美国货运量分运输方式构成　　表3-1

运输方式	货运量（亿吨）	占比
公路	131.82	67.04%
铁路	20.18	10.26%
水运	9.75	4.96%
航空	0.15	0.08%
多式联运	15.88	8.08%
管道	15.46	7.86%
其他	3.38	1.72%
总计	196.62	100.00%

资料来源：美国联邦运输部，《交通运输统计年鉴》，2013年。

（1）公路运输

2012年，美国公路总里程达到409万英里；其中，州际公路里程为4.74万英里，仅占美国公路总里程的1%（表3-2），但州际公路却承担了17%以上的交通运输量。

❶1英里＝1.609公里，后同。

美国公路总里程构成（单位：英里）　　表 3-2

公 路 类 型	2005 年	2011 年	2012 年
州际公路	46608	46960	47432
其他高速公路和快速路	10560	11495	11469
其他主干线公路	156959	156262	156613
次干线公路	237081	242942	243426
收费公路	790495	797645	796997
地方公路	2753932	2814925	2828809
公路总里程	3995635	4077756	4092730
车道总里程	8371718	8567618	8606003

资料来源：美国联邦运输部，《交通运输统计年鉴》，2013 年。

1990 年以来，美国的公路里程增长较为平缓。1990—2005 年，车辆行驶里程（VMT）实现了高速增长，此后基本保持稳定（图 3-1）。2012 年，美国公路旅客周转量达到 42739 亿人英里，与 2005 年的 49012 亿人英里相比有所下降；公路车辆行驶里程达到 29688 亿车英里。

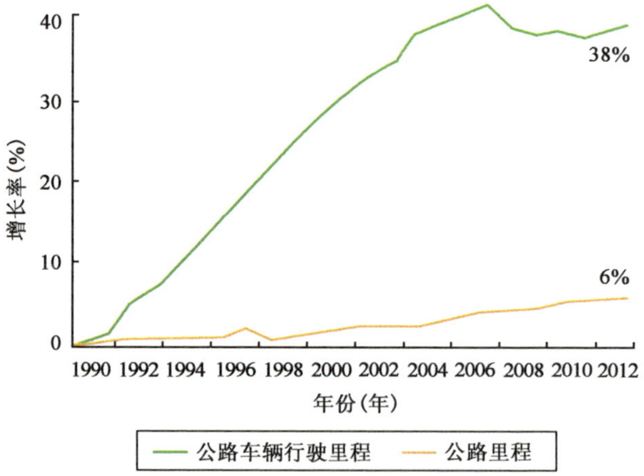

图 3-1　美国持续增长的车辆行驶里程和公路里程（1990—2012 年）

资料来源：美国联邦运输部，《超越 2045 年的交通运输：趋势和选择》，2015 年。

（2）水路运输

2012 年，美国沿海可停靠 25 万吨级船舶的深水港共计 180 个，货物装卸码头共计 8200 个，全年港口吞吐量达到 23 亿吨。美国有 70% 的进出口贸易依赖于沿海深水港口，美国联邦运输部认为深水港口是经济全球化中至关重要的环节。海湾滨海地区的港口，例如南路易斯安那、休斯敦、新奥尔良和博蒙特港，主要用于石油、天然气、钢铁、煤矿和谷类的进出口。洛杉矶港、长滩港和纽约—新泽西港 3 个港口占据 49% 的国外公司集装箱进出口量。另外 10 个港口主要承担 85% 的美国公司的集装箱国际贸易。高度集中化为美国提供了机会，使美国可以集中资源去扩大重要港口的吞吐量。2012 年，美国内河通航里程为 2.53 万英里，与 2005 年相比略有下降。

（3）铁路运输

美国铁路网拥有 7 个Ⅰ级铁路公司（Class Ⅰ Railroads）[1]、数百个Ⅱ级区域性铁路公司和Ⅲ级短途铁路公司。2012 年，铁路运营里程超过 14 万英里，其中，9.54 万英里由Ⅰ级铁路公司拥有和运营，美国国铁（Amtrak）、地方和区域铁路公司运营其余的 4.46 万英里。

2012 年，美国 7 个Ⅰ级铁路公司共拥有营运机车 2.5 万台，货运车辆 36 万台。过去 50 年，这些Ⅰ级铁路公司通过使用双层集装箱铁路机车、发展铁水联运等方式，大大提高了运输效率，减少了铁路车辆的使用。2011 年，Ⅰ级铁路运营里程不足 1960 年的一半，而货物周转量增长了近两倍（图 3-2）。

---

[1] 年收入大于 4 亿美元的 7 个铁路公司，包括 Union Pacific（联合太平洋公司）、BNSF、CSX、Norfolk Southern（诺福克南方公司）、Kansas City Southern（堪萨斯市南方公司）、Canadian Pacific（加拿大太平洋公司）和 Canadian National（加拿大国家公司）。

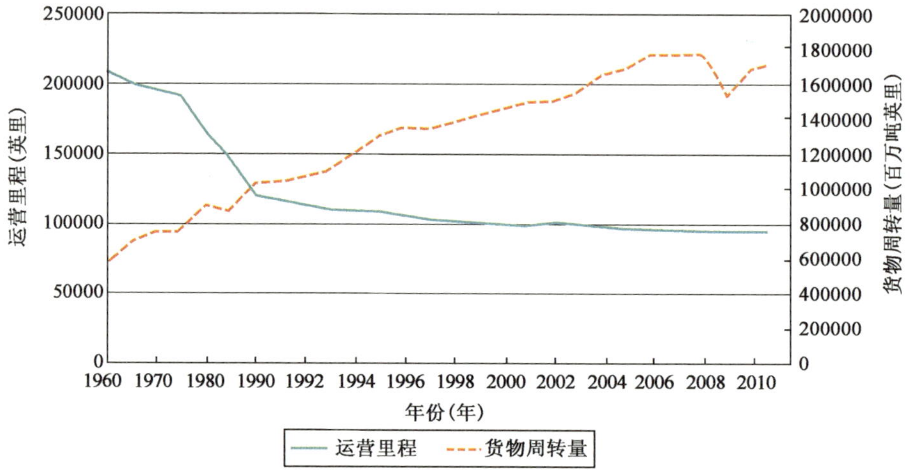

图 3-2　美国Ⅰ级铁路运营里程和货物周转量

资料来源：美国联邦运输部，《交通运输统计年鉴》，2013 年。

美国国铁主要负责长途和城际铁路客运。2012 年，该公司经营的铁路里程达到 2.13 万英里，管辖 500 多个铁路场站，遍及美国 46 个州和地区。2013 年，客运量达到 3160 万人，比 2000 年的 2090 万人增长了 51%，旅客周转量达到 68 亿人英里。

（4）航空运输

美国联邦运输部认为，一个完善的航空运输系统对确保美国的经济增长与提高国民生活质量有很大的促进作用。作为航空系统的重要组成部分，美国民用航空平均每天为 200 万旅客和 21000 吨货物提供超过 29000 架次的国内与国际航班；航空系统的另一个重要组成部分是专用航空，它在民用航空无法或者不方便使用的情况下发挥着重要作用。

据统计，2012 年，美国共拥有各类机场 19711 个，包括 5171 个公共机场，14269 个私人机场以及 271 个军用机场。航空客运量达到 8.13 亿人，其中国内航空运送 6.42 亿人（占 79%）。航空旅客周转量 11279 亿人英里，货物周转量 623 亿吨英里。

美国的航空运量巨大，但其运行效率却不尽如人意。每年航班的延误和堵塞会造成约 200 亿美元的经济损失。2014 年，只有 76% 的美国国内航班准时，天气状况不佳是航班延误的最主要原因。美国最繁忙的机场中的纽约州区域的机场（肯尼迪、拉瓜迪亚和纽瓦克机场）以及旧金山、费城、亚特兰大、芝加哥奥黑尔机场，都有较高的航班延误率（表 3-3）。

美国延误率最高的机场（2013 年航班准时率）　　　　表 3-3

机　　场	准　时　率
纽瓦克，新泽西州	70.4%
纽约，纽约州	72.2%
旧金山，加利福尼亚州	72.7%
芝加哥，伊利诺伊州	73.5%
劳德代尔堡，佛罗里达州	75.3%
费城，宾夕法尼亚州	76.0%
丹佛，科罗拉多州	76.8%
芝加哥，伊利诺伊州	77.2%
华盛顿，华盛顿州	77.5%
达拉斯—沃斯堡，得克萨斯州	78.1%

资料来源：美国联邦运输部，《超越 2045 年的交通运输：趋势和选择》，2015 年。

（5）城市公共交通

近年来，美国城市公共交通重新受到重视，公共交通运量已达到 50 多年来的最高点。在过去 20 年里，以城市轨道交通增长为主导，公共交通运量增长了近 25%，超过同期美国人口和车辆行驶里程的增长率。美国各地积极发展公共交通服务，既包括传统的以公共交通为主的东北部城市，如纽约和波士顿，也包括曾经完全以小汽车出行为主的洛杉矶和菲尼克斯等。

自1995年以来，美国通勤铁路运量增长了近50%，轻轨运量增长了1倍以上，电召式辅助运输服务增长了2倍。2005年以来，美国公共交通客运里程持续增长（表3-4），增速显著超过同期公路车辆行驶里程。

美国城市公共交通分方式客运里程统计（单位：亿人英里）

表3-4

运输方式	2005年	2011年	2012年
公共汽车	194.25	198.83	212.72
轻轨	17.00	21.98	24.31
重轨	144.18	173.17	176.29
有轨电车	1.73	1.60	1.63
通勤铁路	94.70	113.14	112.57
电召式辅助运输	7.38	8.79	8.92
渡轮	3.59	3.89	4.05
其他	8.42	21.89	14.57
总计	471.25	543.28	555.06

资料来源：美国联邦运输部，《交通运输统计年鉴》，2013年。

专栏3-1 纽约地铁的快慢线设置

纽约地铁作为其城市交通系统的重要组成部分，独具特色。其快线慢线并行的模式，有效提高了运输能力。快线较慢线而言速度相同，但停靠站较少。慢线站站停，或者分段停站。快慢线多线并行的模式，既满足了乘客的不同需求，又提高了轨道交通系统的效率和运能，特别是能够满足高峰时段的大运能需求，设在快慢线中间的站台，还能满足乘客同站台换乘两类不同列车的需要，使乘客享受实实在在的便利。

在站台的布置方面，快慢线的轨道设置有两种方式（图3-3）：第一种是在双向流量较均衡的市中心采用四轨模式。两条供快车行驶、两条供慢车行驶，以便在早晚高峰满足大客流需求，并且夜间行车和施工、维护可并行，以满足24小时不间断运营的要求。第二种是服务于早晚高峰客流的三轨模式，高峰时期为客流主方向同时提供快慢线服务。

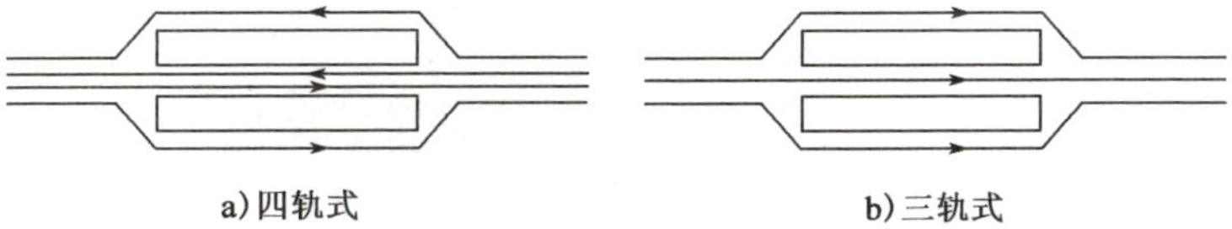

图3-3 纽约地铁快慢线站台及线路铺设方式

专栏3-2 纽约的城市交通支付方式

（1）纽约公共交通乘车费

①城市交通一卡通 MetroCard（图3-4）

图3-4 纽约城市交通一卡通

②移动支付（智能手机、信用卡、借记卡）

目前美国大纽约市交通运输局（MTA）已选择Masabi公司为其提供移动售票及检票方案，用于地铁北市郊铁路（Metro-North）和长岛铁路（LIRR）。Masabi公司将采用其JustRide平台，一个端对端的售票、检票系统，允许乘客使用智能手机、信用卡或借记卡购买车票。车票以电子车票或是一个加密条形码的形式被发送到用户的手机上，售票员可以使用手持设备进行扫描验票（图3-5）。

图3-5　纽约电子车票支付

资料来源：《现代城市轨道交通》，2014。

（2）停车费（图3-6）

图3-6　纽约停车收费路标

纽约停车场接受网上预订停车位，所有停车场的地址、价格和停车容量都能从网上查到。纽约停车费支付方式主要有三种：一是可以通过信用卡、银行卡进行网络支付，但有2.5%的手续费；二是选择邮寄支票；三是营业大厅缴纳停车费。

纽约市目前正在考虑升级现有的停车收费系统，市民可以扫描停车收据上的条形码，或者拍摄收据的照片，通过 Apple Pay、PayPal 或第三方银行应用等现代移动支付方式进行停车费的支付。

（6）管道运输

2012 年，美国的管道运输系统运送了约 15 亿吨货物，占所有货物运输量的 8%，占全部能源供给的 65%。每年经管道运输的货物价值超过 1 万亿美元。美国的天然气管道总长达 213.8 万英里，2012 年共运输天然气 23.4 万亿立方英尺[1]。输油管道总长 18.56 万英里，2012 年共运输 1.09 亿桶原油和危险液体。

美国运营管道运输的公司大约有 3000 家，这些公司的规模和类型都不尽相同，既有小型的地方公用煤气公司，又有大型的跨国公司。直接参与管道运输管理的产业部门有 4 类，分别是：危险液体管道运营商、天然气运输管道运营商、储存气体的 LNG 设备公司、为住宅用户和小型企业提供天然气的公用煤气公司。

2. 美国综合运输发展评价指标体系

为全面跟踪统计美国交通运输体系的发展情况，及时向公众提供最新的数据信息，美国联邦运输部统计局于 2003 年建立了综合运输指标体系（Multimodal Transportation Indicators），每两个月更新一次指标统计报告。其指标主要分为两大类，一类是与交通运输密切相关的经济和社会发展指标；另一类是交通运输业自身的发展指标。

2015 年 12 月，美国联邦运输部统计局公布的综合运输指标体系及统计结果如表 3-5 所示。

---

[1] 1 立方英尺 =0.028 立方米，后同。

美国联邦运输部综合运输指标体系及统计结果（2015年12月）

表3-5

分类	指标	指标值（月度或季度数据）
安全	公路死亡人数（人）	8800（2015年第二季度）
	航空死亡人数（人）	42（2015年9月）
	铁路死亡人数（人）	70（2015年7月）
经济	交通运输服务指数（以2000年为基准100）	123.30（2015年9月）
	个人交通运输消费支出（2009年美元不变价，10亿美元）	416.70（2015年第三季度）
	交通运输从业人员数量（万人，2015年11月）	公路货运：146.63
		公共交通和地面客运：48.56
		航空：45.29
		其他运输方式：34.51
	美国与加拿大的地面运输贸易额（10亿美元，2015年9月）	公路：28.55
		铁路：7.29
		管道：4.43
	美国与墨西哥的地面运输贸易额（10亿美元，2015年9月）	公路：32.74
		铁路：6.13
		管道：0.29
燃料价格	机动车燃料价格：汽油零售价格（现值美元/每加仑，含税）	2.05（2015年7月）
	机动车燃料价格：柴油零售价格（现值美元/每加仑，含税）	2.38（2015年7月）
	国内航空飞机平均燃料价格（现值美元/每加仑，2015年10月）	国内非定期航班：2.09 国内定期航班：1.63
	铁路燃料价格指数（以1990年7月15日价格为基准100）	318.60（2015年9月）

续上表

分　类	指　　标	指标值（月度或季度数据）
最终消费者价格	平均国内机票价格（美元）	388.32（2015 年第一季度）
	美国国铁平均票价（美元）	66.85（2015 年 8 月）
	美国国铁票价收益率（美分/人英里）	29.40（2015 年 8 月）
	一级货运铁路收益率（美分/吨英里）	4.10（2015 年第三季度）
客运	定期航班（国内和国际）客运量（万人）	7284.37（2015 年 8 月）
	航空旅客周转量（十亿人英里）	85.23（2015 年 8 月）
	航空上座率（%）	86.65（2015 年 8 月）
	美国国铁客运量（万人）	247.20（2015 年 9 月）
	美国国铁旅客周转量（百万人英里）	611.80（2015 年 8 月）
	美国国铁上座率（%）	54.50（2015 年 8 月）
	公共交通客运量（百万次出行，2015 年 10 月）	公共汽车：406.30
		轨道交通：387.60
		其他公共交通：64.80
货运	航空货物周转量（百万吨英里，2015 年 8 月）	国际：1775
		国内：1057
	一级铁路货物周转量（十亿吨英里）	445.80（2015 年第三季度）
交通运输系统性能	公路车辆行驶里程（十亿车英里）	259.89（2015 年 9 月）
	主要航空公司航班准点率（%）	87.73（2015 年 9 月）
	美国国铁准点率（%）	71（2015 年 8 月）
基础设施投资	全国公路建设成本指数（以 2003 年第一季度为基准 1.00）	1.14（2015 年第二季度）
	州和地方政府交通运输建设投资额（亿美元，2015 年 10 月）	公路：100.61
		公共交通：16.29
		航空：10.52
		水运：1.25

资料来源：美国联邦运输部统计局。

二、日本

（一）历史回顾

第二次世界大战后，日本经济飞速发展，1955—2015 年的60 年间 GDP 增长了 11 倍，经济规模接近600 万亿日元。当今，作为仅次于美国、中国的世界第三大经济体，日本在亚洲乃至全世界经济领域发挥着极其重要的作用。日本的交通运输肩负着支撑庞大经济规模以及近 1. 3 亿人口社会活动的重任。60 年间，日本的旅客运输量增加了 10 倍，货物运输量增加了 7 倍，日本出国人数增长了 100 倍，赴日外国人数增长了近 40 倍，对外贸易额增长了 45 倍。截至 2015 年，日本的交通基础设施总规模比 60 年前增长了近 20 倍。

1. 战后恢复期（1945—1955 年）

1945 年，第二次世界大战结束后，战争善后和恢复经济成为日本两项最主要的工作。到 1950 年朝鲜战争爆发，日本以朝鲜战争战时特需经济为契机，迎来了战后经济的快速复苏和发展，为 20 世纪 50 年代以后经济的高速发展奠定了基础。日本 1945 年的全国生产能力不到战前的 1/10，1951 年恢复到战前水平。在交通运输领域，1950—1955 年间，日本国内货运量增长了 26. 2%（图 3-7），客运量增长了 41. 5%（图 3-8）。

这一时期，日本政府扶持企业重建远洋运输船队，积极推进港口现代化建设，努力恢复铁路运输功能。1949 年，日本成立运输省，国有铁路（国企）从政府中剥离。

为推动经济健康发展，防止交通运输产业的垄断和过度集中，日本政府制定了一系列与交通运输相关的法律法规和具体措施，成立运输审议会，确保交通运输相关审批的公平性、合理性。为改善日本国际收支情况恶化的局面，日本政府还积极扶持国际旅游业的发展。

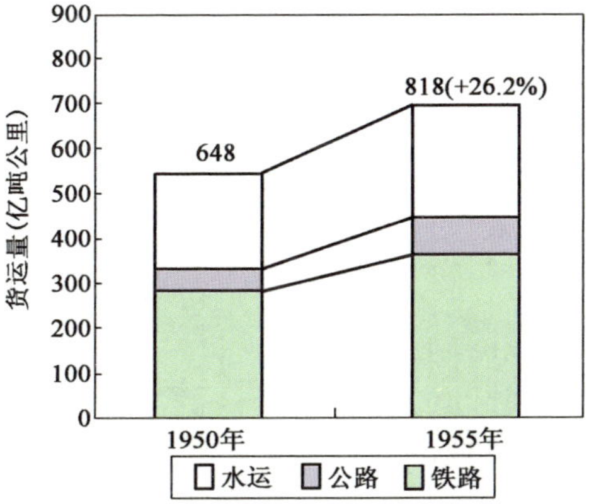

图 3-7 日本国内货运量变化（1950—1955 年）

资料来源：日本运输省。

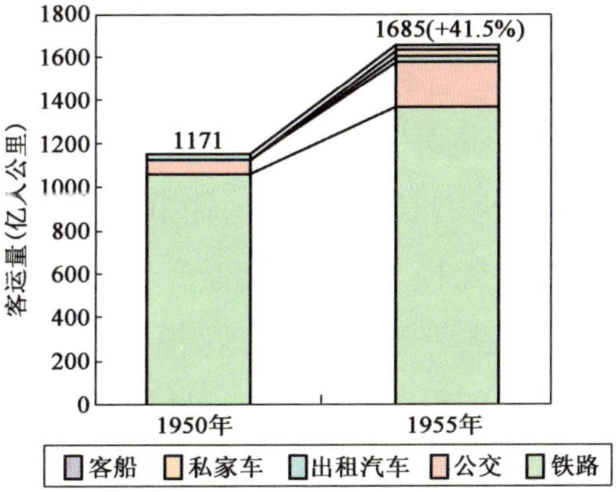

图 3-8 日本国内客运量变化（1950—1955 年）

资料来源：日本运输省。

2. 经济高速增长前期（1955—1965 年）

日本在 1956—1957 年以及 1959—1961 年间，分别经历了神武景气和岩户景气两次经济超高速增长时期。在此期间，日本积极推进贸易自由化，并向开放型经济转型。这一时期，日本的农村人口大规模涌入城市（图 3-9），导致农业与工业之间、大企业与中小企业之间、城镇与农村之间的贫富差距不断扩大。

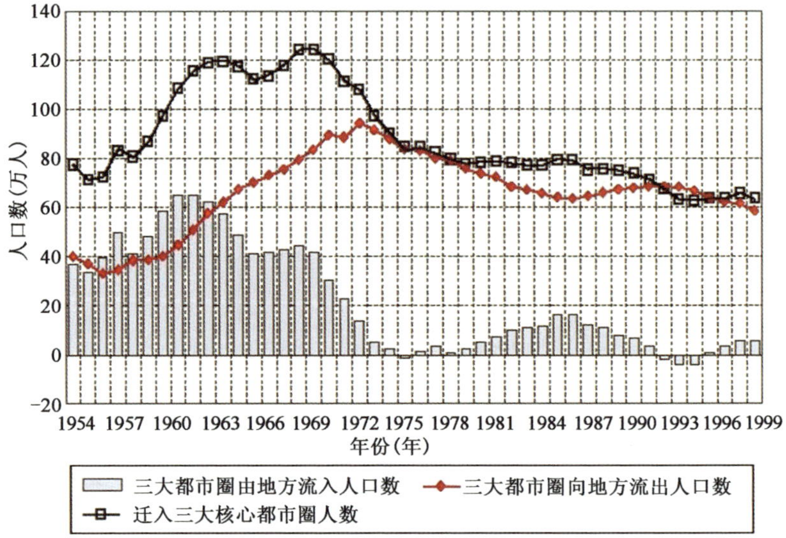

图 3-9　日本三大都市圈流入、流出人口数

注：截至 1972 年的数据，不包括冲绳县。

伴随着经济的高速增长，货物运输和旅客运输需求大幅增加，日本进入“人、物大规模流动、流通”时代。需求的大幅增长，使得港口、公路、铁路等出现了大规模拥堵、货物积压等问题，交通基础设施建设迫在眉睫。在这一时期，日本的工业由四大工业区域向环太平洋工业区域转移。在海运领域，汽船取代机帆船成为主流（图 3-10），海运取代铁路运输成为日本国内货物运输主力。

随着日本人口向三大都市圈快速集中，交通运输量不断增加，交通运输事故激增，交通安全、高峰期交通拥堵等问题成为当时日本严重的社会问题。

为了解决上述问题，提高运输能力，日本政府实施了一系列交通基础设施建设措施，如：以东海道新干线、首都圈地铁为代表的铁路建设；根据《港口建设五年规划》实施的港口设施建设；根据

《公路建设五年规划》《高速公路国道法》以及《国土开发干线公路建设法》实施的公路设施建设；根据《机场建设法》实施的机场建设，日本的交通运输能力大幅提高。为解决首都圈高峰期交通拥堵等问题，日本政府甚至采用了在世界范围内都很少见的城郊铁路线与地铁线路互联互通的措施。此外，为了推进海运业发展，提高海运企业的国际竞争力，日本政府对国内的海运企业进行了合并、重组（如日本邮船与三菱海运的合并），同时努力提高本国造船业的国际竞争力，为改善日本国际收支平衡打下了基础。

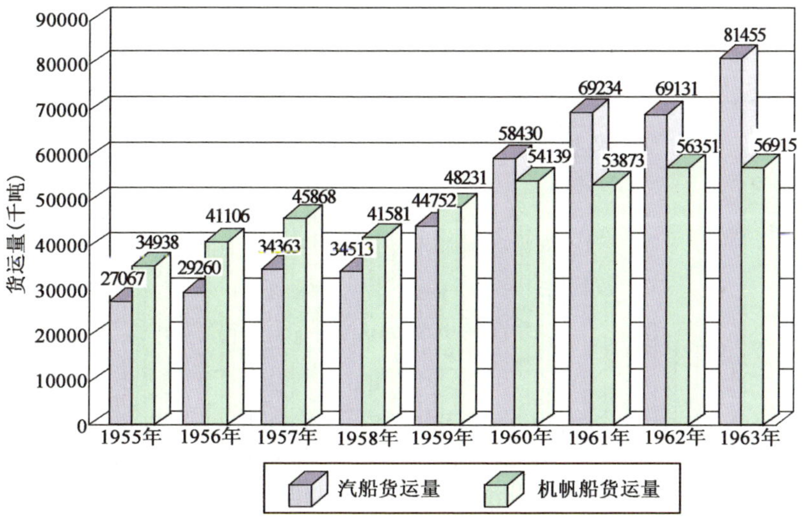

图 3-10　日本沿海海运业汽船、机帆船货运量

资料来源：日本运输省经济年报。

3. 经济高速增长后期（1965—1975 年）

1965 年后，日本经济经历了 10 余年的高速增长，超越西德成为世界第二大经济体，世界影响力日增。然而，公共污染、生活相关的基础设施更新滞后、交通运输事故数量增加等问题日益显现，日本经济进入增长不均衡时期。此外，受第一次石油危机等的影响，日本经济进入调整期。

在交通运输领域，10 年间企业生产、民间消费大幅增加，国内货物运输量增长了 1.3 倍。通勤、商务、旅游观光乘客增多，国内客运量增长了 1.8 倍。在运输需求增长的同时，货物运输由以前的铁路运输向公路、水路运输转移，国际件杂货运输等向集装箱运输转变。运输方式由“大量运输”向“大量、高速运输”转变。

随着客运、货运用汽车的普及以及汽车专用运输船舶航道数的增加，公交、铁路货运、铁路客运的输送量也达到了最高点，之后有所减少。巴士等客运行业面临经营压力，作为交通运输支柱产业的日本国有铁路长期债务余额不断增加。日本国有铁路运输量、设备投资和经营状况变迁如图 3-11 所示。

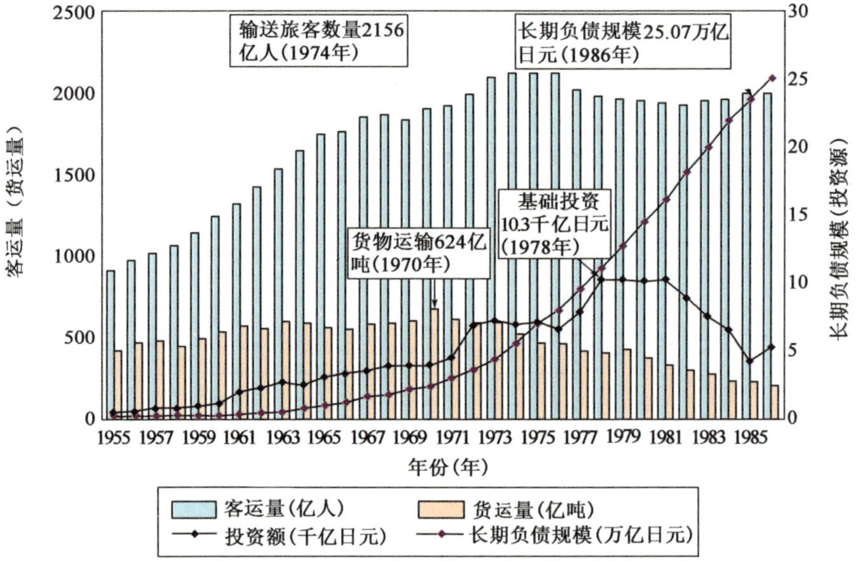

图 3-11 日本国有铁路运输量、设备投资和经营状况变化（1955—1986 年）

资料来源：日本运输省铁路局。

为实现大批量高速运输、缩小地区间贫富差距，日本运输省积极推进交通基础设施大规模改造工程。在客运方面积极推进《机场建设五年规划》，对新东京国际机场（1953 年开始运营）进行改建。积极推进东北、上越等新干线的建设工作，完善干线铁路网络。

在货运方面，根据《港口建设五年规划》，扩建供外贸定期船舶停靠的横滨、名古屋、神户和北九州港。同时，为适应外贸集装箱运输潮流，开始建设集装箱专用码头，并努力提高本国船舶运力。

为了积极应对各种发展不均衡问题，日本政府还提出了一系列交通运输建设、改革措施，如：汽车尾气排放控制措施；大阪机场等产生的交通运输噪声污染问题解决措施（图 3-12）；公路、航空等交通安全问题解决措施；汽车普及所带来的城市交通拥堵问题的解决措施；综合交通运输体系的建设措施等。

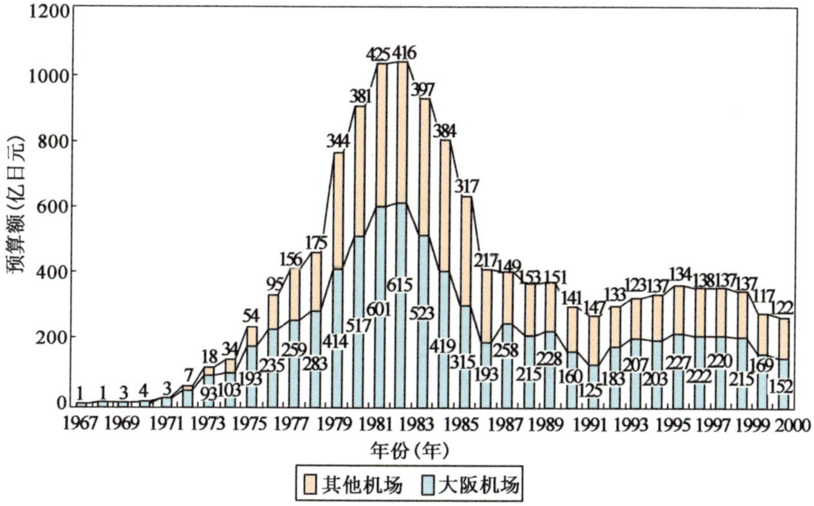

图 3-12 日本航空噪声专项资金预算变化（1967—2000 年）

4. 稳定增长期（1975 年至今）

1975 年后，日本经济开始步入平稳增长时期。一方面，国民收入大幅提高，民众对生活质量更加关注。另一方面，受资源、能源成本问题的制约，节约资源、能源在这一时期已成为日本全社会的共识。日本巨额的经常性收支顺差受到全世界广泛关注。日本的内需不断扩大，逐渐向国际型经济社会发展，国内经济进入调整期。

在交通运输领域，在高速交通网络建设过程中，新干线、航空、公路、港口等交通运输方式间的竞争日益激烈（图 3-13），提高综合服务品质成为各交通运输机构关注的焦点。此外，在日本全面建设资源、能源节约型社会的大背景下，交通运输领域的节能创新也被放在十分重要的位置。

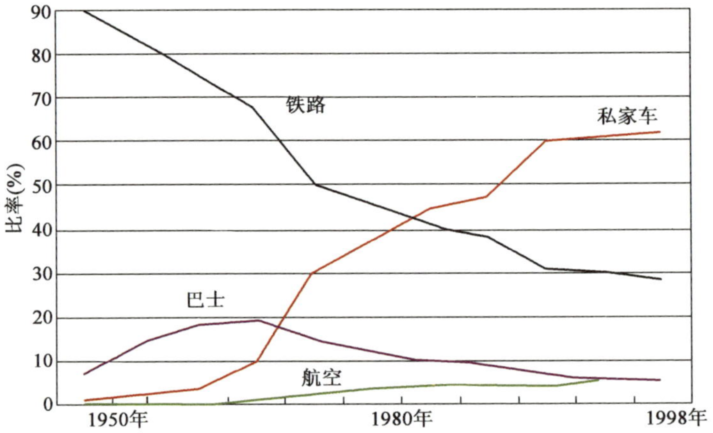

图 3-13　日本国内各客运方式承担占比

资料来源：日本运输省。

注：自 1987 年开始，公路运输统计项中包含轻型汽车运送数据。

1985 年 9 月“广场协议”后，日元快速升值导致国内经济疲软，日本政府为了刺激经济、扩大内需，制定并实施了一系列的经济刺激措施。1990 年，随着日本央行调高存款利率等调控金融手段的出台，社会投机需求萎缩，一举打破了日本社会资产的供求平衡，最终导致泡沫经济崩溃。之后数年，日本泡沫经济崩溃的后遗症长期存在。日本政府提出“社会构造改革，创造充满活力的日本社会”的口号，并开展了一系列行动，以求经济恢复当年的高速增长。

在交通运输领域，随着濑户大桥及青函隧道的通车，日本北海道、本州、四国、九州 4 个大岛间的公路连接工程全部完成。与此同时，关西国际机场一期工程顺利完工并投入使用，东京国际机场完成扩建工程，日本立体化交通运输体系的框架已基本搭建完成。此外，受国际经济大环境严峻以及日元汇率持续高位的影响，日本籍船、船员数量不断减少，海运业出现萎缩。另一方面，日本出国旅行人数大幅增加（图3-14），地方机场增开国际航线数量屡创新高，交通运输压力不断加大。1970—1999年日本航空运输情况如图3-15所示。

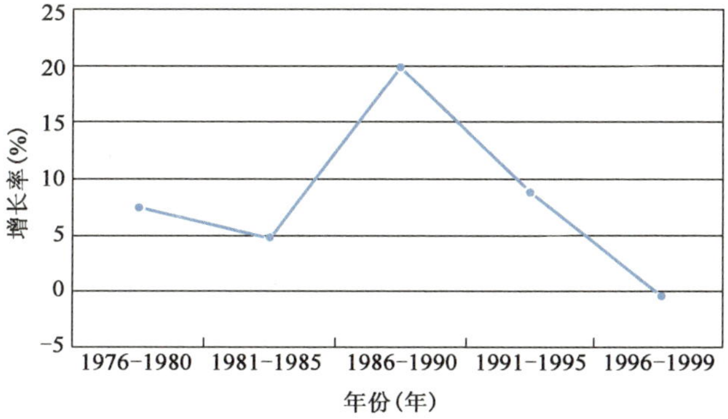

图3-14　日本出国旅行人数增长率

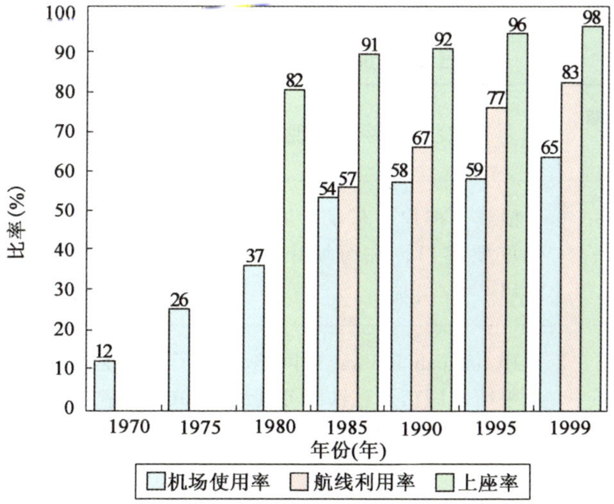

图3-15　日本航空运输情况（1970—1999年）

资料来源：日本运输省。

注：航线利用率无1970—1980年统计数据；上座率无1970—1975年统计数据。

到20世纪末，日本已经完成了航空和国有铁路的民营化改革，并在交通领域实施了一系列改革措施，削减了交通领域的建设、运营成本，高效地完成了国内交通基础设施改造，构建了公共投资事前评价体系，完善了国内信息通信网络。

（二）发展现状

1. 交通运输基础设施和运输服务发展

第二次世界大战以后，经过几十年的大力发展，日本已经形成了快捷、高效的海陆空密切协作的现代化综合运输体系。机场、高速公路、高速新干线、交织如网的电车和地铁线路再加上水上交通运输设施，构成了空中、陆上、水上的立体交通运输网络。目前，日本的交通运输体系以陆上交通运输为主，其中轨道交通尤为发达，地下空间被充分利用，其次便是海上交通运输，同时也形成了较为完善的航空网络，连接了国内主要城市，并与很多国家开通了国际航线，内外部联系十分便捷，如表3-6所示。

日本交通运输体系一览 表3-6

运输方式	交通运输工具	交通运输发展现状	交通运输特点
海运	轮船	横滨、神户、东京、川崎、大阪是重要港口，临海城市设有专门港口	海上交通运输非常便利。拥有强大的船队，与世界各地有航线相通
陆运	铁路	JR（Japan Railway）网络连接了几乎所有城市。私铁服务网络与JR平行或以辅助的形式运行	铁路多分布在沿海一带，是最方便、最有效且安全的交通运输手段
	公路	汽车拥有数量仅次于美国和中国，居世界第3位	高速公路非常发达，以东京至小牧、小牧至西宫、吹田至下关的公路为首，南北纵贯、九州纵贯、北陆中央等都已全线贯通

续上表

运输方式	交通运输工具	交通运输发展现状	交通运输特点
陆运	地铁	东京、大阪、名古屋、横滨、神户、京都、札幌、福冈、仙台等城市都有地铁运行	城市中最为可靠便宜的交通运输手段
	电车（电力动车）	分为特急、急行、通勤快速、普通等种类。时速达 300 公里左右的新干线属于特急，新干线主要运行于各大城市之间，而且直达车较多	急行电车只在主要车站停车；通勤快车为解决高峰期的拥挤问题，只在上下班时间增开，一般在客流量较大的车站停车；普通电车每站必停，乘车时间相对较长
	出租车	东京、大阪、名古屋、京都、横滨等城市均以 2 公里 730 日元起价，之后每公里 320 日元	在日本搭乘出租车是昂贵的出行方式
	家庭汽车	人口 1.27 亿，平均每 1.5 人拥有 1 辆汽车	日本居民上下班很少自己开车，以乘坐公共交通为主，只在假日开车
空运	飞机	国内航空网连接各主要城市	航班频繁，安全准时，购票方便，提前几小时电话、网络预约即可，出入机场手续比较简便

（1）交通运输基础设施建设情况

据统计，截至 2014 年，日本公路总里程达到 129 万公里，其中，高速公路 10061 公里，路网密度高达 3.41 公里/平方公里；铁路运营里程 2.01 万公里，其中，电气化线路达到 1.24 万公里。

（2）运输装备情况

据统计，截至 2012 年，日本汽车数量总计 7962.52 万辆，其中，小汽车数量达到 4000.9 万辆，每千人拥有小汽车 313 辆。2012 年，拥有海上商船 2367 艘，总载重量 2318.8 万吨。拥有铁路车辆 3.88 万辆（台），其中，客车车辆 2.92 万辆，占总数的 75% 以上。

（3）交通运输量情况

据统计，2013 年，日本公路运输旅客周转量为 746 亿人公里，货物周转量为 2141 亿吨公里；水路货物周转量为 1845 亿吨公里；铁路旅客周转量为 4143.9 亿人公里，货物周转量为 210.7 亿吨公里；航空客运量为 841.44 亿人公里，货邮运输量为 9.67 亿吨公里。

2. 日本交通运输规划指标体系

2013 年底，日本通过了《交通运输政策基本法》，明确了交通运输相关政策实施的基本理念，提出了日本长期交通运输发展政策，指明了未来具体政策实施的方向。例如：确保日常生活所必需的交通运输体系，提高国际竞争力，应对大规模自然灾害等。立足于《交通运输政策基本法》中所提出的长期交通运输政策发展方向，2015 年 2 月，国土交通省发布了《日本交通运输政策基本规划（2014—2020 年）》，明确了 2014 年至 2020 年规划期内，日本交通运输相关政策的基本方针、规划期内需完成的目标，以及各目标在推进过程中的具体实施。

该规划提出了日本交通运输发展的三个基本方针：其一，提高国民生活品质，建设便利交通运输；其二，促进经济增长和繁荣，打造国际、地区间的旅客交通运输和物流网络；其三，为安心、安全、可持续发展的交通运输奠定基础。在每个方针下，设有 4 个不同方面的政策目标，每个政策目标之下又有多个具体指标支撑，具体指标共计 50 余项，如表 3-7 所示。

日本交通运输规划的基本方针、目标及指标（2014—2020 年）

表 3-7

基本方针	政策目标	具体指标
提高国民生活品质，建设便利交通运输	政府主导，携手制定小城镇化等城区建设相关的政策措施，重新构建区域交通运输体系	《地域公共交通网形成规划》中的规划项目数量

续上表

基本方针	政策目标	具体指标
提高国民生活品质，建设便利交通运输	政府主导，携手制定小城镇化等城区建设相关的政策措施，重新构建区域交通运输体系	铁路行业重新构建实施规划（铁路上下分离等）所认可的项目数量
		市街道村的预约交通运输项目数量
		确保交通通达的有人孤岛所占比例达到100%
	根据地域状况，对多样化交通运输服务的发展提供支持	LRT模式所占比例（低床式路面电车所占比例）
		引入社区自行车模式数量
	比无障碍出行更加便捷的交通运输体系	车辆（铁路轨道车辆、低底盘巴士、带升降梯巴士、客船、飞机、社会福利出租车辆）无障碍化率
		旅客设施的无障碍化率（台阶清除率、视觉障碍引导用地砖修整率、残疾人卫生间设置率、特定道路的无障碍化率、特定道路外停车场的无障碍化率、在生活相关的主要路径设置信号机等的无障碍化率）
		安全防护门设置数量
	进一步提高旅客交通运输及物流服务水平	东京首都圈轨道交通线路高峰期混杂率
		东京首都圈互联互通运行的线路延长
		由于信号管理系统的完善，缩短的通行时间
		减轻大型货车撞击伤害制动器的安装率
		尚未实现互联互通交通运输一卡通的都道府县数
		安装巴士定位系统数量
为促进经济增长和繁荣，打造国际、地区间的旅客交通运输和物流网络	提升日本国际交通运输网络的竞争力	东京首都圈机场的国际航线城市数量（客机）
		三大都市圈环城道路整修率

续上表

基本方针	政策目标	具体指标
为促进经济增长和繁荣，打造国际、地区间的旅客交通运输和物流网络	提升日本国际交通运输网络的竞争力	日本机场接待的国际航线旅客中，低成本航空（LCC）旅客所占比例
		东京首都圈机场年合计起降班次
		为建设国际集装箱战略港，整修深水集装箱码头数量
		在国际集装箱战略港停靠的国际主要航路船舶数
		国际海上集装箱以及散货运输成本下降率
	扩大地区间人口、货物的流动规模	国内航线中 LCC 旅客所占比例
		开通北陆新干线和北海道新干线，扩大的人口流动
		城市间快速到达保障率
		高速巴士输送旅客人数
		国内海上货物运输成本降低比率（相比 2010 年度）
	外国游客达到 2000 万人次，强化与旅游观光衔接的具体措施	机场、车站的 Wi-Fi 网络覆盖率
		国际机场入境审查等待时间
		乘游轮入境的外国游客数
		尚未使用公交一卡通的都道府县数
	向全世界推广日本在交通运输基础设施、服务等领域技术、信息等方面的优势	交通运输领域日本企业海外订单额

续上表

基本方针	政策目标	具体指标
为安心、安全、可持续发展的交通运输奠定基础	为应对大规模自然灾害和基础设施老化问题做万无一失的准备	主要交通运输设施抗震能力
		航路标识方面的灾害应对措施
		为保护社会经济重要设施所采用的泥石流灾害措施实施率
		道路斜坡、堆土等主要措施地点的措施实施率
		信号机电源附加装置加装台数
		城市街道等干线道路无电线杆化率
		主要交通运输设施使用寿命
		在国际战略港口、国际重要港口、主要港口中，制定港口功能保障计划（港口BCP）的港口比率
		制定《航路开启计划》，设定确保性紧急航路的比例
		制定海啸早期恢复计划的机场数
		在主要救援物资运输据点，特定流通业务设施选定比率
		公路的城市间快速到达保障率
	强化交通运输相关产业基盘，实现平稳运行，确保交通运输安全	运输安全管理普及程度（运输安全管理评价企业数量、运输安全管理研讨会及研讨认证会等的听讲人数）
		大型货车撞击减害装置安装率
		铁道弯曲部分限速装置 ATS 等的安装率
		铁路车辆安全装置安装率
		对汽车事故造成严重后遗症患者的护理工作（探访服务实施比率、可短期入住设施的全国服务比率）

续上表

基本方针	政策目标	具体指标
为安心、安全、可持续发展的交通运输奠定基础	培养、保障交通运输行业所需人才	主要航空公司飞行员人数
		向主要航空公司输送新飞行员人数
		海运业雇佣船员人数
		道路运输女性从业者人数
		运输方式转换相关指标（铁路货物运输量、内河海运货物运输量）
	进一步推进低碳、节能环保措施	新一代汽车占新车销售量比例
		达到一定规模以上运输能力的运输企业节能改善比率
		通过先进信号制动系统抑制的 CO_2 排放量
		运输方式转换相关指标

三、德国

（一）历史回顾

纵观德国历史，自1871年德意志帝国建立，在不足150年内，德国先后历经两次世界大战、东西德分裂及统一等重大历史事件，国家的经济社会各个方面都经历多次剧变。因此，了解德国交通运输发展的历程，可以从以下几个重要时间节点展开。

1. 德意志帝国时期（1871—1918年）

1871年1月建立的德意志帝国是一个联邦制国家，由22个邦国、3个自由市和1个直辖区组成。统一后的德意志帝国经济、科技实力增长迅猛，在20世纪初成为世界第二大经济体。

这一时期，德国交通运输领域最大的成就是铁路的快速发展。早期德意志帝国的铁路是由各个邦国的私人企业自发兴建的。后来，为了支持工业化进程，德国通过对原有的地方铁路公司进行重组和国有化，逐步形成邦国层级的铁路公司（如普鲁士国家铁路公司），推动了铁路的迅猛发展。到1913年，德国铁路总里程已达6.3万公里，超过英国的3.2万公里，成为仅次于美国的世界第二大铁路网络❶。不过独立的铁路监管机构当时尚未成立，监管职责主要还是由企业自身或者商贸部承担。

这一时期，交通运输领域的其他重大进展还包括：1881年，维尔纳·冯·西门子在柏林建造了世界第一条有轨电车；1886年，德国人卡尔·弗里特立奇·本茨发明了世界上第一辆汽车。其中，前者成为20世纪上半叶德国最重要的地方交通运输方式❷，后者则在20世纪下半叶成为最重要的陆地运输工具。

2. 魏玛共和国和纳粹德国时期（1918—1945年）

1918年，德国在第一次世界大战失败后，德意志帝国宣告崩溃。1919年2月，魏玛共和国成立。由于巨额的战争赔款和20世纪20～30年代的严重经济危机，德国社会经济面临巨大的困境。在此背景下，希特勒于1933年上台，建立纳粹德国，开始实行对外扩张的政策，发动了第二次世界大战。

这一时期，德国社会处于剧烈的动荡时期，但是交通运输领域依然取得了长足进展。1921年，德国一家私人公司在柏林建成了世界上第一条高速公路。纳粹德国上台后，出于拉动内需和战备的需要，开始大规模修建高速公路。1935—1942年是德国高速公路的第一个大规模建设阶段。由于当时集中建设以首都柏林为中心向外辐射的高速路网，使得德国东部的高速公路线网密度显著地高于德国西部❸。

❶Feuchtwanger E J. Imperial Germany [M]. London, New York: Routledge, 2001: 1-10.

❷Wikipedia. Peuβische Staatseisenbahnen [EB/OL]. [2013-10-20]. http://de.wikipedia.org/wiki/Preu%C3%9Fische_ Staatseisenbahnen.

❸Entwicklung und Raumwirkung des deutschen Autobahnnetzes [EB/OL]. [2013-10-20]. http://map.ioer.de/website/autobahn/index.htm.

在交通运输管理机构方面，1919年，魏玛共和国成立了帝国交通部，包括汽车交通司和水运司等部门，以及帝国铁路。1932年，帝国交通部被重组为5个部门：空运司、汽车交通和水运司、河道建设技术司、铁路管理司和铁路技术司。1937年年初，帝国铁路被重新归入帝国交通部的直接管辖范围，交通部的部门数目也明显增多，包括交通和资费司、运营和建设司、机械技术和采购司、财务和法律司、人事司、车辆交通司、海洋和内河运输司、河道建设技术司❶。

3. 德意志联邦共和国时期（西德）（1949—1990年）

1945年，第二次世界大战结束后，根据《雅尔塔协定》和《波茨坦公告》，德国被美国、英国、法国和苏联4国占领。1949年5月23日，西部占领区合并成立了德意志联邦共和国，政体为联邦议会共和制国家，历史上又称西德。西德建立了联邦交通部（Bundesministerium für Verkehr），主管公路、水路和航空❷。

作为战后恢复生产的重要一步，自1953年起，德国联邦交通部开始进行大规模的高速公路建设。20世纪60年代中期到70年代中期是其里程增长最快的时期（其中，1975年的通车里程最长，达到近500公里）。到20世纪80年代初，西德境内的高速公路里程已接近8000公里。在20世纪下半叶，德国的公路交通逐渐取代铁路，成为最主要的交通运输方式。

---

❶Wikipedia. Reichsverkehrsministerium [EB/OL]. (2013-07-28) [2013-10-20]. http://de.wikipedia.org/wiki/Reichsverkehrsministerium.

❷1918年，德国魏玛共和国最早处理航空领域的问题，当时职责放在帝国内政部，后来专门成立了帝国民航局。第二次世界大战后，民航事宜由同盟国占领军负责，直到1954年11月30日西德的联邦航空局成立。

4. 德意志联邦共和国时期（1990 年至今）

1990 年，东德整体并入西德，德国实现了统一。东德原有的政府机构通过重组等方式被纳入到西德的政府体系架构下。

在此后的 20 多年里，德国的交通运输行政管理体制又发生了比较明显的变化，其中有 3 个颇具重要意义的时间节点：1994 年铁路改革，1998 年联邦交通部与联邦区域规划、建设与住房部合并以及 2013 年德国交通与数字基础设施部成立。

（1）德国铁路改革

由于公路运输的冲击，从 20 世纪 50 年代中期至 90 年代早期，西德国家铁路公司——德国联邦铁路（Deutsche Bundesbahn）丧失了大量市场份额：客运量从 1960 年的 36% 下降到 1990 年的 6.1%，货运量从 56% 下降到 20.5%[1]。另外，在东西德统一的背景下，东德国家铁路（Dcutsche Reichsbahn）也需要合并重组进来，以提升德国东部的铁路设施水平，重建过去覆盖德国东西部的铁路网。

1994 年，德国铁路正式启动改革。原西德国家铁路和原东德国家铁路重组合并成新的国有独资企业——德国铁路股份有限公司（Deutsche Bahn AG），并实现商业化运作。在德国政府层面，德国联邦交通部新设立专门机构——联邦铁路局（Eisenbahnbundesamt），负责铁路的安全和投资等事项的监管工作[2]，标志着德国交通部的职责开始涵盖公路、铁路、民航、水运这 4 种运输方式。

（2）德国联邦交通和联邦规划建设部门整合

1998 年，基于一体化运输（Integriertes Verkehrspolitik）理念，

---

[1] Benedikt P. Railway Reform in Germany：Restructuring，Service Contracts，and Infrastructure Charges［D］. Berlin：TU-Berlin，2008.

[2] Eisenbahn-Bundesamt［EB/OL］.［2013-10-20］. http：//www. eba. bund. de.

施罗德政府将联邦交通部与联邦区域规划、建设与住房部（Bundesministeriums für Raumordnung，Bauwesen und Städtebau）合并，成立联邦交通、建设与住房部（Bundesministeriums für Verkehr，Bau-und Wohnungswesen，BMVBW）。目的是在推动制定跨运输方式政策基础上，将交通运输与城市和空间规划更紧密地联系在一起。[1]

2005 年，联邦交通、建设与住房部更名为联邦交通、建设与城市发展部（Bundesministerium für Verkehr，Bau und Stadtentwicklung，BMVBS）。20 世纪末的这次整合意味着德国几乎所有与交通运输和规划建设有关的投资和管理职责（包括联邦干线公路、铁路、内河航道、空运、城市规划、建筑行业）都归于一个部门。

（3）德国联邦交通和信息基础设施部门整合

2013 年 12 月，在默克尔政府的第 3 个任期内，德国联邦政府对各部门的职能进行了重新调整，将信息基础设施管理的职能整合进联邦交通部，而将城市规划和建设的职能转移到联邦环境部，更名为联邦交通与数字基础设施部（Bundesministerium für Verkehr，digitale Infrastruktur，BMVI）。[2]

借助这次整合，德国政府希望将交通基础设施、运输服务等传统交通领域与信息化手段进行深度融合，统筹推进物理性的交通网络与虚拟化的信息网络，从而构建一个高度一体化的交通信息网络。

（二）发展现状

1. 基础设施

德国交通基础设施发达，公路、铁路、民航、水运都处于很高的水平，综合交通网情况如表 3-8 所示。

---

[1] Oliver Schöller. Moblität im Wettbewerb-M Möglich keiten und Grenzen einer integrierten Verkehrspolitik im Kontext deregulierter Verkehrsmärkte［M］. Düsseldorf：Setzkasten GmbH，2006：33-48.

[2] Bundesministerium für Verkehr，digitale Infrastruktur［EB/OL］.［2015-06-03］. http：//www. bmvi. de/.

德国交通运输基础设施概况（2013 年）　　表 3-8

运输方式	里程（万公里）	面积密度（公里/万平方公里）	人口密度（公里/万人）	经济密度（公里/亿欧元）
公路网	23.05	6456.60	27.97	8.43
高速公路	1.30	364.15	1.58	0.48
铁路网	4.13	1156.86	5.90	1.51
水路	0.77	215.69	0.93	0.28
输油管道	0.24	67.23	0.29	0.09

公路方面，德国公路共分 4 个等级，即联邦干线公路（包括高速公路和国道）、州道、市县道路和城镇公路。德国是世界上高速公路的诞生地，目前高速公路总里程约 1.3 万公里，位居世界第 3 位。

铁路方面，德国铁路网运营总里程约 4.13 万公里，日通行约 50000 辆载客与载货列车。德国的铁路分为干线铁路和地方铁路。干线铁路包括欧洲城际快车（Euro City，EC）、城际快车（Inter City，IC）和城际特快列车（Inter City Express，ICE）。这些线路共同构成了连接德国主要交通运输枢纽城市的高速铁路网，并且逐步与周边国家的铁路网实现了互联互通。[1] 地方铁路包括地方特快铁路（Regional Express，RE）、地方铁路（Regional Bahn，RB）和城市铁路（Stadtbahn，S-Bahn）。它们构成了德国的支线铁路系统，可以通达德国绝大部分乡镇和社区。

民航方面，德国的机场数量众多，航线密集。中部的法兰克福机场是德国最大的（客货运）机场，同时也是欧洲最重要的枢纽机场之一，其次是慕尼黑机场。其他主要的机场包括杜塞尔多夫机场、

[1] Wikipedia. Transport in Germany［EB/OL］.（2013-08-20）［2013-10-20］. http：//en. wikipedia. org/wiki/Transport_ in_ Germany.

汉堡机场、柏林泰格尔机场、科隆波恩机场、莱比锡哈雷机场（该机场也是德国东部重要的航空货运枢纽机场）。

水运方面，德国的内河和海洋运输都比较发达。目前有约7700公里的内河航道，主要包括莱茵河和易北河。海港主要集中在北部，其中汉堡港是德国第一、欧洲第二大港口。为了加强内河和海洋运输的衔接，德国开凿了北部的北海—波罗的海运河，将波罗的海和北海连接起来，是欧洲大陆与北欧联系的重要人工水道；开通了西南部的莱茵—多瑙运河，将欧洲大陆的莱茵河和多瑙河两大水系连接起来，对东西欧间的货物运输及欧洲内陆国的对外联系均具有重要意义。

2. 主要交通运输政策

（1）综合交通规划[1]

根据《德国基本法》(Grundgesetz，第87e条“联邦铁路设施”、第89（2）条“联邦水路”、第90条“联邦干线公路”）的规定，德国联邦政府负责联邦交通基础设施的建设和维护。

根据联邦交通部制定的联邦交通基础设施规划，联邦议会确定新建和扩建的需求计划，并决定将哪些具体的项目纳入到联邦铁路和干线公路的扩建法案中。根据联邦议会确定的需求计划，联邦交通部再制定出详细的五年计划（投资框架）。另外，联邦交通部会定期（一般为每5年）审查需求计划是否适应经济社会发展的最新情况。审查结果对于之前制定的交通基础设施规划并无影响，但有可能会促使联邦会议确定新的需求计划或促使联邦交通部制定新的交通基础设施规划。德国联邦政府交通基础设施规划的程序如图3-16所示。

---

[1] BMVBS. Bundesverkehrswegeplan 2003［R］. Berlin：Bundesministerium für Verkehr，Bau und Stadtentwicklung，2003.

Entwicklung and Ranumuirkung des deutschen Autobahnnetzes［EB/OL］［2013-10-20］. http：//map. ioer. de/website/autobahn/index. htm.

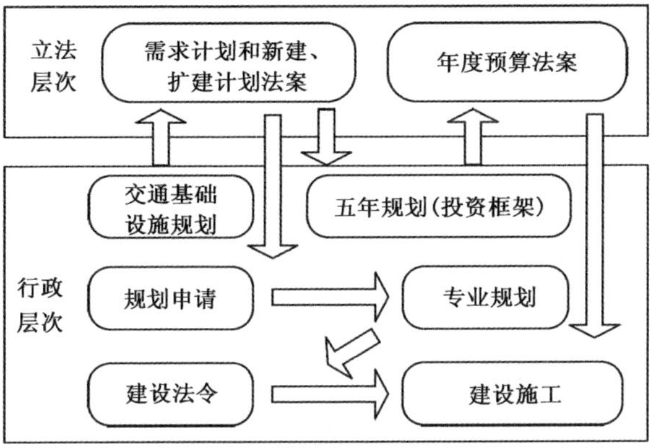

图 3-16　德国联邦交通基础设施规划程序图

目前的基础设施规划是 2003 年联邦交通部基于 2015 年的交通运输流量预测值制定的。这份规划提出了“面向 21 世纪的互通的交通系统”的总体目标，具体包括：

①在欧盟区域不断扩展的背景下，积极参与泛欧交通网络建设。

②在新的联邦州建设高效的交通基础设施。

③促进多种运输方式的衔接，打造一体化的运输系统（Integriertes Verkehrssystem）。

④推进组合运输（Kombinierter Verkehr）❶。

⑤升级内河港口。

⑥提升海运行业竞争力。

⑦提升机场竞争力。

⑧有针对性地解决运输系统的瓶颈环节。

⑨提升现代交通运输技术。

❶UN/ECE, ECMT, EC. Terminology on Combined Transport [R]. New York, Geneva: Economic Commission for European, 2001: 16-18.
根据欧盟的术语定义，组合运输是多式联运的一种特殊形式，具体指货物的主体行程是通过铁路运输、内河水运或者海运完成，只有开始和（或）最后的行程是通过陆路运输完成的，而且这段陆路行程应该尽可能地缩短。

为了支持各种运输方式的协同发展，构建综合交通体系，2006—2007年联邦交通部首次制定了跨运输方式的投资框架计划。在确定投资项目的优先级时，除既有的干线公路和铁路之外，将交通基础设施规划中的水路设施也纳入进来。

在航空领域，由于此前的联邦基础设施规划尚未涵盖机场项目[1]，2000年8月，联邦政府首次提出了一个基于一体化交通的机场建设理念，即在制定基础设施规划时考虑航空运输的现状，确定需要改扩建的机场及其与铁路、公路网络的衔接方式，以及建设的优先级（暂时还不涉及具体的资金项目），如表3-9所示。

德国部分机场与公路、铁路网络的衔接方式 表3-9

机场	现有衔接方式			规划衔接方式
	支线铁路	干线铁路	高速公路	
不来梅	√	—	—	高速公路
多特蒙德	—	—	√	—
杜塞尔多夫	√	√	√	磁悬浮列车
法兰克福	√	√	√	—
汉堡	—	—	—	支线铁路
科隆波恩	—	—	√	干线、支线铁路
慕尼黑	√	—	√	支线铁路、高速公路

注：支线铁路包括有轨电车、地铁和地方快速铁路。

（2）货运与物流政策[2]

货物运输和物流业不仅是德国这样一个出口导向型国家的经济

[1]根据德国联邦政府和州政府的职责划分，州政府负责机场具体项目的规划、批准和实施，联邦政府则从跨区域和跨运输方式的角度协调这些项目规划，并确保提供必要的干线交通运输基础设施进行衔接。

[2]Germany Trade & Invest. Germany: Europe' s Logistics Hub [R]. Berlin: D Germany Trade & Invest, 2010.

BMVBS. Masterplan Güterverkehr und Logistik [R]. Berlin: Bundesministerium für Verkehr, Bau und Stadtent wicklung, 2008.

BMVBS. Aktionsplan Güterverkehr und Logistik-Logisti-kinitiative für Deutschland [R]. Berlin: Bundes ministerium für Verkehr, Bau und Stadtentwicklung, 2010: 8-43.

命脉，而且是德国的第三大经济产业，年营业额超过2000亿欧元，从业人员达到270万人（2009年数据）。德国交通政策的一个重要目标就是提升德国作为物流中心的竞争力。

2008年，德国交通部向其议会提交了《德国货物运输与物流发展规划》，并于2008年9月正式公布实施。该规划分析了德国货物运输与物流业所面临的诸如经济全球化和日益细化的劳动分工、气候变化和环境保护、人口结构变化、持续增长的安全要求等新的发展环境，系统地提出了德国货物运输与物流业发展的总体目标和具体措施：

①交通基础设施的优化利用——运输的有效组织。具体措施包括：在联邦公路的繁忙路段部署更多的交通管理系统；对全国范围内的联邦公路交通管理系统进行标准化改造，并且使之连通；加快“联邦公路服务区和休息区停车场空间的扩建计划”的执行；通过优化道路施工管理减少道路拥堵；建立重型卡车道路收费信息系统；加快在德国货运通道中引入“欧洲铁路列车控制系统”（Europe Train Control System，ETCS）；谋划国家港口战略；谋划国家机场战略；与货主和货物运输方合作，共同缓解货物运输量的压力；在联邦政府层面建立货物运输与物流事项的部委沟通协作机制。

②减少不必要的运输——保证运输的顺畅。具体措施包括：设计科学的城市物流方案，加大运能提升技术的研究投入，优化过境运输，提高近海运输水平。

③更大地发挥铁路和内河水运的作用。具体措施包括：审查妨碍不同货物运输方式公平竞争的法律法规，增大对组合运输中转运设施的资金投入，研究组合运输中的搬运技术和运营组织，促进外部成本的内部化。

④交通运输通道和节点的扩建升级。具体措施包括：推动客货

运交通流的分离；审查现有的交通需求计划；推进 PPP（Public Private Partnership，公私合营）的交通建设投融资模式。

⑤环保、节能、安全的运输。具体措施包括：研究可以根据行驶路线和时间进行灵活变动的通行费率；启动减少铁路车辆噪声的政府支持项目；收紧环保和安全标准（减少废气排放、降低噪声、使用安全技术等方面）。

⑥良好的工作条件和培训水平。具体措施包括：加大公路货运行业法律的执行力度，提高道路交通安全；实施基础和高级培训计划；定期召开货物运输与物流行业职业培训的主题峰会；开展一个旨在提高德国物流培训国际影响力的灯塔项目；将对货物运输与物流行业工作条件的监管纳入到联邦货运局市场监管的职责中；改善船员的工作和生活条件。

2010 年，德国交通部根据社会经济的最新情况制定了《德国货物运输与物流行动计划》，重点强调以下 5 方面内容：

①强化德国作为欧洲物流中心的地位，包括推行国家海洋和内河港口战略，执行 2009 年制定的国家机场战略，在全球范围内推广德国物流产业[1]，在联邦政府层面设立货运和物流事务的专门协调员。

②全面提升各种运输方式的效率，包括在联邦高速公路部署更多的信息管理系统，进行客货运交通运输分流，修订联邦干线公路、铁路和内河航道的需求计划，进行超长货车和多挂车的实地测试，优化长距离运输和装卸平台等。

③优化各种运输方式衔接的基础设施，发挥组合优势，包括改

[1] 作为落实“德国货物运输与物流行动计划”的举措，联邦交通部与德国物流产业界成立了名为“德国物流联盟”（Logistics Alliance Germany，LAG）的组织，在“物流，德国制造”的口号下，提供一个连接德国物流服务提供商与海外物流需求方的沟通纽带，帮助德国物流产业拓展海外市场。参见 Logistics Alliance Germany [EB/OL]．[2013-10-20]．http：//www. logistics-alliance-germany. de.

善组合运输的框架体系，资助多式联运和运能提升技术的研究，制定近海运输战略，分析多式联运的潜能等。

④促进交通运输增长与环境保护的和谐统一，包括降低铁路噪声和货运的尾气排放，提高城市区域的物流水平，通过制定标准的 CO_2 排放计算方法优化货运价值链。

⑤提升货运业工作条件和培训水平，包括在联邦高速公路建造更多的重型卡车停车场地，推进物流领域的基础和高级培训等。

可以说，制定和实施科学合理的货运和物流政策是德国联邦交通部最重要的工作之一，而其中的核心就是推动铁路和内河水运的发展，以及发展以多式联运为代表的现代运输组织方式。

（3）欧洲一体化交通运输战略

作为欧盟的一员，德国联邦交通部积极参与制定欧洲统一的交通运输战略（如2011年欧盟委员会发布的白皮书《建设欧洲运输一体化的路线图——迈向一个更富竞争力、更加高效的运输体系》），并贯彻执行；落实欧洲各国交通部长联席会议确定的欧洲公路网、水路网，以及欧洲联合交通运输网扩建的准则，铁路、航空和海上交通的行动纲领；加强欧盟各国交通领域的合作，建立欧盟范围内统一、开放的交通体系[1]。

德国联邦交通部的欧盟战略聚焦于以下3点：

①强化竞争力。

在目前欧盟开放部分运输市场（如2003年开放空域和2007年开放铁路货运）的基础上，推动欧盟铁路客运市场的自由化，以及在欧盟层面继续推动各国规则体系的统一，如建设一体化的欧盟航空体系（Single European Sky，SES）。

---

[1] European Commission. Roadmap to a Single European Transport Area: Towards a Competitive and Resource Efficient Transport System [R]. Brussels: European Commission, 2011: 1-17.

②确保安全和保护消费者权益。

航空运输安全方面，推动各国航空运输管理部门建立一套统一的应急处置方案。

公路运输安全方面，德国是欧盟重要的交通运输枢纽地，具有高度密集的公路网络，联邦交通部高度重视与其他国家在公路运输安全领域上的协作，如在欧盟推广自动紧急停车等先进技术。

乘客权益方面，随着欧盟范围内跨境旅游、商务活动的增多，联邦交通部积极推动制定欧盟统一的保护乘客权益的法案（如交通运输工具延误或取消时的赔偿标准）。

③基础设施投资。

德国联邦交通部在基础设施投资方面的理念是：控制新建项目，注重弥补缺口和解决瓶颈环节，加大维护投入。在构建泛欧交通网络（Trans – European Transport Network）时，联邦交通部将这一理念在欧盟层面进行推广。在制定国内基础设施规划时，联邦交通部充分考虑整个欧洲交通网络框架体系，注重与邻国交通网络的衔接，如铁路轴线 PBKAL（Paris 巴黎—Brüssel 布鲁塞尔—Köln 科隆—Amsterdam 阿姆斯特丹—London 伦敦）的规划设计。

第二节　世界交通运输强国发展的主要经验

纵观各国交通运输发展历程，世界上并无交通运输强国发展的清晰路径，也没有统一的发展模式。但美国、日本、德国作为世界公认的交通运输强国，其交通运输发展具有一些共性规律，如：立足本国自然资源禀赋、经济社会发展需求等基本国情，围绕服务经济发展、保障国土安全、主导国际事务等，不断提升交通运输发展的价值目标追求。具体包括以下 6 个方面。

一、重视交通运输管理体制机制的改革创新

随着各种运输方式的逐步完善，交通运输不再是单一运输方式的自我发展，各种运输方式间的统筹、协调、融合，以及与国土开发、产业升级、环境保护等之间的配合越来越受到重视。世界交通运输强国都经历了从单一运输方式充分发展到各种运输方式互相竞争，直到各种运输方式协调发展的过程，这也是交通运输走向更高阶段的必经之路。在这一过程中，世界各国通过行政管理体制的变革，促进交通运输加快发展，使之更加符合经济、社会、生态发展的需要。从分散的管理模式走向综合的运输管理模式是各国普遍的规律。

美国于 1966 年合并了 8 个部委、30 多个局处，建立了集公路、铁路、水运、航空、管道于一体的综合运输管理体制，并且延续至今。在 50 年的综合管理体制下，秉承“最低的成本制定和执行相关政策和计划，实现更快捷、更安全、更有效、更方便的交通运输系统，与人民福利、社会经济稳定增长、国家安全、资源保护和有效开发的国家目标保持一致”的发展使命。在此过程中，美国在综合管理的体制下，配合国家安全的更高目标要求，对相关机构进行微调，如联邦运输部放弃海岸警卫队的管辖权限，成立国土安全部；为提升交通运输科技能力，设立了创新管理局等。但是对 5 种运输方式综合管理的体制格局没有改变。

日本在近一百年间，对交通管理体制进行了多次变革。最近一次变革是在 2001 年成立国土交通省，将交通运输发展与国土资源紧密地结合在一起，应对日本日益紧缺的国土资源。尽管日本交通运输管理体制分分合合，但是总的趋势也是从分散走向综合，而且超越了常规运输方式的融合，与国土功能结合在一起，更加符合交通运输发展的未来趋势。

德国的经历基本类似，由于历史上受到政权更迭的影响，交通运输管理机构也在不断变化，直到1994年，因为东西德铁路改革，才在联邦层面成立了涵盖公路、铁路、航空、水运4种运输方式的联邦交通部。1998年，基于一体化运输的理念，联邦交通部又向前迈进了一步，对交通与区域规划、建设住房进行合并，成立了联邦交通、建设与住房部。于2005年更名为联邦交通、建设与城市发展部，其职责范围涵盖了所有与交通运输和规划建设有关的投资和管理职责。

目前，世界上90%的国家都采取了综合运输管理体制，其中部分发达国家着眼于经济社会发展的全局性、整体性要求，还采取跨越交通运输领域的更为广泛的综合管理模式，建立了职能更广的“大部制”，以实行交通运输发展与国土开发、海洋利用、城市建设等的一体化管理。通过行政管理体制的改革与创新，更好地与国家经济发展、政治需求紧密结合，将有限资源进行分配和利用，提升服务国家发展的战略支撑能力。

二、保持交通运输发展与国家战略的紧密结合

交通运输作为国民经济的产业部门之一，其存在是服务于国家战略目标的。在交通运输强国的发展史中，交通运输的发展命运与国家战略目标紧密相关。

早年美国的海运就是美国政府试图摆脱英法殖民控制、摆脱其航运垄断，作为国家独立的政治手段得以快速崛起的。在19世纪，为了满足国土西扩带来的人员、物资运输需求，美国大力发展铁路，建成了第一条太平洋铁路，进而构建了全球最大的铁路网络，促成了美国东西部之间的交流。西方学者认为“国家的社会和文化在很大的程度上是建立在充足运输的基础上的。通过交通运输和产品交换形成的地区间联系，促进了文化意识的交流，从而有助于打破隔绝状态，鼓励在饮食、卫生、教育和一般生活方式的趋同，使广阔

地理区域上的政治统一成为可能。”可见，交通运输发展在满足经济发展需要的同时，也是在实现国家的政治目的。

20 世纪 90 年代，美国在各项基础设施逐渐完备的情况下，面对交通拥堵、环境污染、如何与生态环境相适应等问题，颁布了《清洁空气法》，致使交通运输发展转变方向，由过去专一于汽车运输转变为重视发展多式联运，以充分发挥各种运输方式的优势，有效利用资源，减少环境污染。这一政策转变也成为至今各国交通运输发展追求的目标之一。为了实现奥巴马政府“绿色新政”的战略目标，交通运输发展也紧跟绿色发展步伐制定能源经济效率标准、研发新能源车辆、颁布法案，加强清洁能源的利用。为实现美国经济霸权的目标，美国联邦运输部专门制定了“连通世界”的战略目标，加强与周边国家陆海运输通道的建设。

长期以来，日本政府推行“一极集中”的政策，人口和财富主要集中在东京、大阪和名古屋三大都市圈。为保证城市正常运转、完善城市功能，日本大力发展以轨道交通为主的城市交通，把城市交通作为城市化进程的先导，形成了以城市交通为主的综合交通推进模式。

在一个政权国度内，交通运输不仅仅是经济发展的基础，也是国家战略目标的重要组成部分，有时甚至是国家战略目标的重要实现手段之一。

三、重视法制先行以保障交通建设的有效开展

强国建设在根本上要依靠规制。我们可以清晰、鲜明地观察到，在美国、日本、德国的交通发展史上，重大法制的建设始终发挥了重要的先行保障作用。例如，美国的一切重大决策与行动事项必须首先诉诸法律程序，交通运输管理的历次重大行动也不能例外。从成立美国联邦运输部，确定美国综合运输管理机构，到 1991 年“冰

茶法案”以及1998年“续茶法案”颁布，标志着美国新的运输革命开始，以及这前后50年围绕各种运输方式充分发展而颁布的各类法令、政策，都是以庄严的法案来确立综合运输体系建设的地位。

日本同样重视法治先行，日本政府每3年会把相关领域的法律汇编成集，称之为六法。在日本交通运输的发展过程中，每种运输方式都由六法来支撑，如公路六法、港口六法、铁路六法等。除此之外，日本还有完备的组织法，对每个组织、职位、预算、决算、计划、立项等内容都设立严密的法律依据。日本交通发展史上具有重要意义的国铁民营化、道路公团民营化改革中，都依据相关的组织法，确保了改革的顺利推进和改革目标的实现。

四、抓住科技发展新机遇，推动交通运输科技创新

纵观交通运输强国之路，都是借助工业革命的有利机遇，充分利用技术革新带来的交通进步，推动交通运输快速发展，从而占领交通运输发展的制高点。

美国的交通发展历史就是一部创新驱动的历史。美国紧紧抓住每一次技术革命的契机，促进了各种运输方式的及时发展、充分发展。19世纪初，以蒸汽机为代表的技术革命，促成了美国水路运输的兴起和铁路运输的大发展；20世纪初，内燃机技术的大力使用，使汽车的应用广为普及，美国公路运输得以迅速发展；第二次世界大战以后，航空技术日趋成熟，美国民用航空运输迅速崛起。21世纪，信息技术快速发展，美国大力发展智能交通、推动科技创新、推行透明政府，全力推动交通迈上智能化发展的新台阶。德国与美国的情况类似，借助在第二次工业革命中的技术发明，德国成功制成了第一辆用汽油内燃机驱动的汽车，推动了德国汽车业的快速发展。1881年，柏林建造了世界第一条有轨电车，成为20世纪前半叶德国最重要的地方交通方式。如今，尽管德国的磁悬浮铁路使用范围

不广，但德国也是世界上掌握高速列车核心技术的少数几个国家之一。

五、积极参与国际事务，主导国际交通运输发展

交通运输强国必定都是国际话语国，牢牢掌握着国际交通运输事务发展的方向。

与交通运输紧密相关的国际海事组织、海运规则基本都出自于欧盟国家。目前，现代国际海运领域的重要基础性公约，如1974年SOLAS公约、1973年的MARPOL公约等四大公约以及国际海运领域的主要商业规则如提单和海上货物运输相关的海牙规则、海牙—维斯比规则、海损理算的安特卫普规则、海事海上保险规则、海商国际仲裁规则、国际保险规则等，都是以欧盟国家为主建立的。欧盟国家凭借着在国际海事领域的先导地位，控制着整个国际海运发展的方向。

对于后起的国家，基本难以主导国际事务，但是积极吸引国际组织在本国设立办事处或者在本国召开重要会议，以本国地名命名国际重要协议，也是提升国际影响力、积极参与国际事务的重要途径。如日本在全球大气污染领域，积极参与、引导全球减排共识，于1997年在日本京都签订了举世瞩目的《京都议定书》，也彰显了其在该领域的地位。此外，日本积极派遣本国青年人才为国际组织服务，加强对相关国际组织的影响。

六、强调海运的国家战略地位

海运是人类最早的交通运输方式，各国在发展进程中都高度重视海运的国家战略地位，大力推动海运发展是普遍的做法。

美国基于其强大的综合国力对世界主要海运通道都拥有直接控制力和影响力，并将海运定位为“国家安全保障性”重要目标。美国称其商船队为仅次于海陆空军的“第四只臂膀”。《美国海事局和

美国海运系统的21世纪愿景》中认为“自美国建国以来，商业海运就是美国国防不可或缺的部分……没有海上补给，美国根本无法应对海外冲突和紧急情况。它（商业海运）可以毫不夸张地被誉为美国军事力量及其任务的生命线”。同时，美国也十分重视海运的经济作用。《美国海事局和美国海运系统的21世纪愿景》也认为“海运系统对美国的经济发展和持续繁荣至关重要”。基于这一定位，美国制定了一系列的法律，通过建立国家安全船队、货载保留、海运补贴等方式确保美国海运对于国家安全的保障作用。

受马汉的“海权论”影响，美国注重世界海权控制，在海运强国建设上实行“海权控制模式”：依托美国强大的政治、军事、技术和经济力量，形成综合威慑力和海权控制力，建立国家安全船队保障国家安全需要，并辅以货载保留政策和海运补贴政策。对商业运输业务则依托海权控制，虽然没有强大的海运船队，外贸货物仍可以得到公平运输，这是其他国家难以做到的。

日本作为岛国，各类天然资源十分短缺，大量资源需要从全球采购，工业制成品又需运往世界各地，日本在第二次世界大战后曾经长期奉行贸易立国政策，将海上运输线视为“日本的生命线”，认为“确保海上运输线的安全是日本人民生存的最低需要”。日本相对于欧美在技术、管理、产业发展等方面起步均较晚，处于后发地位，因此形成了独特的“利益共享”发展模式。大型财团通过产业关联、资本关联乃至血缘关系形成了完整的供应链，海运企业仅是企业集团中承担运输、物流任务的一个环节，尽管也参与国际竞争，但最主要的任务是完成本企业集团的物资运输任务，并借此获得合理稳定的回报。

欧洲是最早崛起于海上的地区，对于海运业的重要作用认识深刻。欧盟理事会认为“海运业一直是欧洲经济增长和繁荣的重要基石，确保了欧洲的融合和可持续发展；海运服务在欧洲经济和企业参与全球竞争中至关重要；同时，海运和相关产业也是欧洲收入和就业的重要来源”。欧盟国家凭借在海运市场上的先导地位，主导形成了当今的国际海运规则，包括技术规则和商业规则。海运领域的后来者不得不在欧盟国家主导建立的规则之下参与竞争。欧盟企业对这些规则的理解和掌握相对其他国家企业具有天然优势，其发展模式就是最大限度地发挥竞争优势，争取国际海运市场的开放和竞争。

各国对海运作用的高度认同促进了海运乃至整个国家交通运输的繁荣。

第三节　交通运输强国的内涵分析

一、交通运输强国的内涵

我国《管子·幼官》有曰：“强国为国，弱国为属”，从发展的眼光看，强国的表现：一是强大的国家，二是让国家繁荣强盛起来。“强国”的核心内涵是相对于弱国所具有的比较优势与主导地位。

研究认为，“交通运输强国”的内涵可概括为：交通运输综合实力位居世界前列，生产效率处于领先地位，交通运输在国家经济社会发展中发挥着战略保障作用，能够实现高效、安全、可持续的高品质运行，具有很强的国际竞争力、影响力和创新能力。

二、交通运输强国的标志

根据交通运输强国的内涵，交通运输强国的标志表现为以下 5 个方面。

（一）具有世界排名靠前的交通运输保障能力

在基础设施规模、运输装备等方面能够满足国内经济生产的需要，能够有效满足各种应急处理的需求，保障国家安全。从指标上主要体现在综合的交通运输总量规模、良好的基础设施、优良的运输装备、较高的安全水平、灵活的机动性能，并且人均值排名靠前。

（二）具有较高的运输生产效率和生产力

交通运输作为一种社会生产力，在服务经济社会发展中发挥着重要作用。交通运输强国的交通业在国内生产总值中具有较大的贡献，能够对经济发展起到先导作用；公众对交通的消费支出较高，人均出行距离较远，体现公众对出行的更高需求和意愿，以及公众对交通运输的认可，体现交通生产力的运输产出能力较强。

从交通运输内生发展来看，表现出较高的运输效率和服务水平，能够充分利用多种运输方式优势，优势互补，第三方物流、甩挂运输、多式联运等高效运输组织模式应用广泛。现代化的管理手段被普及，各种运输方式准点率高，枢纽换乘便捷高效，运输服务舒适。

（三）具有较强的科技创新能力

交通运输科技成果丰富，具有世界领先的交通运输技术、专利等，能够引领世界交通运输科技发展的方向。具有一批在世界排名靠前的交通运输企业，在国际交通运输市场上具有较强的竞争能力。

（四）具有较强的可持续发展能力

注重生态环境影响，体现大国责任。交通运输组织优化高效，公共交通系统发达；交通运输工具的单位能耗排在世界前列，能够制定实施先进的燃油经济效率标准。

（五）具有较大的国际影响力

在国际组织中具有一席之地，交通运输建设标准、规范等被世界各国所认可。从指标上体现为：在国际组织中具有话语权，有关标准、规范在国际上具有认可度。

第四节 交通运输强国评价指标

一、基本原则

根据交通运输强国的主要内涵，构建交通运输强国的指标体系，主要考虑以下 4 个方面的原则。

（一）普适性原则

无论是交通运输大国还是交通运输强国，都具有一些被普遍认同的价值标准。美国通过《运输部法》确立交通发展的使命：构建安全、高效、便捷的交通运输系统，实现国家重大利益，提升全体国民当前和未来的生活质量。其发展目标从早期的安全性、机动性、全球连通、可持续、确保国防安全，体现“更安全、更便捷、更智能”的发展目标（2003 年），到后续提出的交通运输战略目标，尽管有所调整，但表现出明显的延续性，安全、便捷、经济、可持续是其不变的目标。日本在国土交通省网站上打出醒目的标志，标明日本交通运输发展的目标是“安全、安心”，从安全性、舒适性、便捷性角度诠释交通运输为民服务的本质。德国在其交通运输发展战略中以机动性作为交通运输服务国民经济发展的首要目标。我国也先后提出了安全、便捷、高效、绿色、经济的现代交通运输发展价值导向。

由此，从世界各国交通运输发展使命或者战略目标角度可以发现，交通运输发展具有趋同的价值追求，即：安全性、机动性、经济性、可持续性（交通运输内在生产与创新能力）。

（二）代表性原则

在交通运输强国的建设中，既有属于发展性的一般指标，如基础设施规模、运输装备等；也有代表生产能力的综合性指标。对标交通运输强国的研究侧重于能体现交通运输生产能力、服务经济社会发展的综合能力，如交通运输服务产出、交通运输对经济的贡献等。在指标选取上，主要选择其中具有代表性、先进性的指标。

（三）多视角原则

交通运输强国不仅是交通运输自身的强大，更多要体现为对社会、经济、民生的支撑和贡献。在指标选取上将跳出交通运输自身，站位国家发展战略的需要，提出国际影响力相关的指标。

（四）动态性原则

交通运输强国建设表现出建设发展的硬性指标，同时还有体现交通运输发展软实力的指标。既有随着发展阶段变化的动态指标，如发展理念、目标追求，也有静态不变的价值准则。在对标过程中，亦采取软硬结合，动静互补。

二、指标体系

基于上述认识，建立交通运输强国的指标体系，如表 3-10 所示。

交通运输强国指标体系　　表 3-10

一级指标	二级指标	解释性指标
保障性	基础设施水平	综合交通运输网规模 运输设施结构 运输装备水平
	运输服务效率	核心机场准点率 铁路准点率 港口作业效率 城市轨道交通行车间隔
	运输服务品质	综合客运枢纽换乘水平 重要物资运输保障能力 城市交通支付方式多样性 城市出行信息服务完整性

续上表

一级指标	二级指标	解释性指标
安全性	交通事故死亡率	道路交通事故死亡率 水上交通事故死亡率 交通工程建设事故死亡率
	交通运输安全急救能力	交通运输应急救援体系 水上搜救设施装备
经济性	交通运输产出水平	交通运输生产效率 人均交通运输消费水平
	交通运输物流绩效	物流绩效指数 物流第三方外包比例 物流成本占 GDP 比重 运输成本占物流成本比重
引领性	国际竞争力	航空全球连接度 海运服务贸易平衡 企业竞争力 科技创新能力
	国际影响力	重要国际机构总部及分支机构落户国内数量 重要国际组织任职人数 交通运输标准规范专利的国际认可数
可持续性	交通运输可再生能源利用率	交通运输可再生能源利用率
	交通运输碳排放	交通运输碳排放占比
	交通生态环保能力	交通生态环保措施

第四章　我国与世界交通运输强国的对标分析

本章运用需求层次理论，从保障性、安全性、经济性、引领性、可持续性五个价值维度，对我国交通运输发展现状与国际一流水平进行有代表性地比较。

参照马斯洛需求层次理论，交通运输发展也存在不同层次的价值需求：

（1）交通运输发展的第一层次要求是保障性与安全性。包括可达、便捷、可靠、安全等基本价值要求。

（2）交通运输发展的第二层次要求是经济性。指交通运输消费者总体上对交通运输服务具有承受能力，交通运输能有效地促进社会生产、经济活动。

（3）交通运输发展的第三层次要求是引领性。交通运输能从国家全局高度，先行于国民经济社会发展；能从全球战略视角，引领经济发展、促进国家强盛，拓展和增加国民福祉。

（4）交通运输发展的第四层次要求是可持续性。站在人类社会永续发展的角度，交通运输既源自于生存需要，又回归于生存需要，对交通运输发展提出更高的要求。

由此，我们可形象建构交通运输发展需求层次模型，如图 4-1 所示。

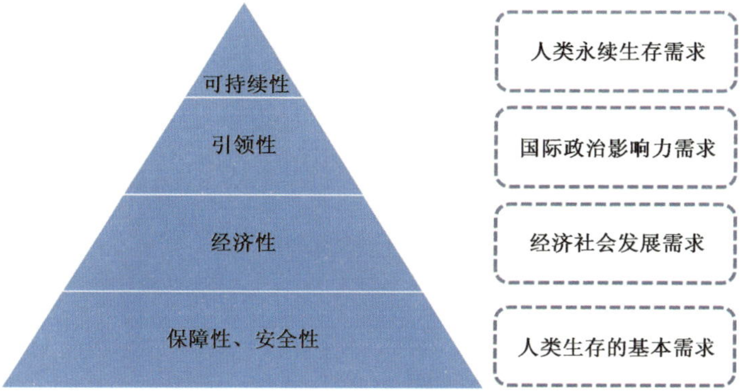

图 4-1　交通运输发展需求层次模型

第一节　保　障　性

交通运输自古就服务于人民和社会经济发展的基本需要，从基本的出行需求到经济贸易的往来，这是交通运输出现的最原始需求。亚当·斯密在《国富论》中指出：一切改良中，以交通运输改良为最有实效。交通运输对于经济社会发展的保障性，主要表现在拥有一定规模、等级的基础设施和运输装备，交通运输服务能够有效满足百姓出行和经济社会活动需要。对标重点选取基础设施水平、运输服务效率、运输服务水平三个指标。

一、基础设施水平

基础设施水平是决定交通运输基本保障能力的重要基础。作为对标国际一流水平的首要指标，除了考查综合运输网络的完整性、通畅性外，还要考查综合基础设施中代表高水平的先进运输方式的占比情况，这是影响交通运输发展综合实力的重要方面。

（一）综合交通运输网总规模

综合交通运输网是反映一国交通运输发展的重要基础性指标，

网络规模、人均占有量是保障出行需求的最基础指标。根据最新统计数据，综合交通运输网总规模美国第一，为681万公里；中国第二，为482万公里；德国第三，为279万公里；日本第四，为123万公里，见表4-1。

各国交通运输网络规模　　表4-1

指　　标	美国	日本	德国	中国
公路里程（万公里）	654.84	121.27	23.05	457.00
高速公路里程（万公里）	7.60	0.79	1.30	12.30
内河航道通航里程（万公里）	4.05	0.18	0.77	12.60
铁路营业里程（万公里）	22.16	1.99	4.13	12.00
高铁营业里程（公里）	362	2388	1334	19000
民用运输机场数（个）	542	175	77（2012年）	210
综合交通运输网总规模（万公里）	681.05	123.43	279.50	481.60
综合交通运输网面积密度（公里/百平方公里）	71	327	78	50
综合交通运输网人口密度（公里/万人）	219.69	97.19	34.59	35.67

注：本表中，中国为2015年数据，美国和德国为2013年数据，日本为2012年数据。

尽管我国的总量指标已经排在世界前列，但是从单位指标来看，我国与发达国家之间还存在一定的差距。从人均占有量来看，美国以219.69公里/万人位列第一，日本以97.19公里/万人位列第二，中国和德国差距不大，分列第三、第四。从综合交通运输网面积密度来看，日本第一，每百平方公里土地拥有路网327公里；德国以78公里次之；美国以71公里排在第三；我国最后，仅为50.1公里。

1. 公路及高速公路里程

与美国、日本、德国等国家相比，我国的公路里程居第二位，高速公路里程为世界第一；美国公路里程约为中国的 1.5 倍，而高速公路里程为中国的 2/3。

需要说明的是，各国对公路里程指标的统计口径存在差别，美国公路里程包含州际公路、普通高速公路、主要干线、次要干线和地方道路。而中国公路里程指标，是指实际达到交通运输部制定的公路工程技术标准规定的等级公路里程，包括大中城市的郊区以及通过小城镇街道的公路里程，也包括桥梁、渡口的里程，但不包括城市街道以及厂矿、林区和农业生产用道的里程。

2. 内河航道通航里程

内河航道通航里程指标从高到低排序依次是：中国、美国、德国、日本。内河航道通航里程一方面与自然的内河航道条件有必然的联系，另一方面，依靠先进的技术进行开发利用也很重要。尽管中国航道总里程排在第一位，但仍需进一步开发内河航道，提升技术等级。

3. 铁路及高铁营业里程

铁路是各国均较为重视的交通运输方式，美国铁路营业里程为我国的两倍，与之相比我们还有较大差距，需要继续大力推进铁路建设。同时，我国高铁的营业里程已经位居世界第一位。美国在客运快速化方面选择了航空运输方式，而我国为了适应自身国情及经济社会发展，考虑到资源环境约束和技术“走出去”战略，在客运快速化方面选择了发展高铁运输方式。

4. 民用运输机场数

从数量方面来看，美国民用机场数约为中国的两倍；从覆盖程度来看，美国民用机场对大城市的覆盖率已经达到 100%，30 万人口以上城市除了个别城市群中邻近的城市共用机场以外，每个城市都拥有一个乃至几个枢纽机场，而且共用机场离两个城市的距离都不超过 20 英里。中国民用机场覆盖的主要是大中型城市，这是由中国经济所处发展阶段决定的。目前中国乘坐飞机出行的人数占比还较低。此外，与美国相比，中国对空域管制较多，低空空域开放才刚刚起步。

5. 城市人均道路面积

以城市人均拥有道路面积来衡量，我国典型城市的人均道路面积基本在 10 平方米左右，低于主要发达国家的平均水平（表 4-2、图 4-2）。与国外典型城市相比，人均道路面积比较低，其背后隐藏的是城市规划与土地利用规划之间的结合不够、道路工程设计不合理、交通运输管理水平低等深层次原因。

国外典型城市人均道路面积　　表 4-2

国　名	城市名称	人均道路面积（平方米）
美国	芝加哥	45.9
	纽约	28.3
	旧金山	25.3
日本	东京	10.3
	名古屋	22.8
	大阪	14.2
德国	慕尼黑	13.4

资料来源：张嘉，等．论我国城市道路建设与规划管理问题．城乡规划与环境建设，2006 年。

6. 城市轨道交通线网密度

近年来，世界各国大力发展轨道交通，城市轨道交通成为城市交通发展的重要标志。以城市单位区域面积内运营的轨道交通线路长度表征的城市轨道交通线网密度，是衡量城市交通机动性的主要指标。

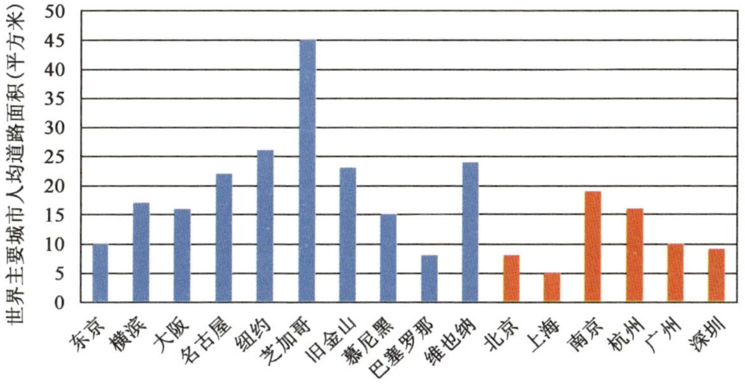

图 4-2　世界主要城市人均道路面积比较

资料来源：各国运输部统计数据。

与国际典型城市相比，我国典型城市核心区的轨道交通线网密度仅为发达国家主要城市的 1/6～1/4（表 4-3），在满足大客流的承载方面还有很大的提升空间。

2014 年城市核心区轨道交通线网密度（单位：公里/平方公里）

表 4-3

北京	上海	广州	伦敦	巴黎	东京
0.9	1.3	1.3	6.2	3.6	4.1

资料来源：google 地图，2014 年 6 月。

（二）交通运输设施结构

基础设施中高等级运输设施的占比，是反映基础设施等级、质量的重要参考指标，等级越高说明提供的运输服务越好。这也是发展现代交通运输业所追求的目标之一。各国交通运输基础设施等级比见图 4-3。

根据 2015 年的数据，我国高速铁路总里程为 1.9 万公里，排名世界第一，高速铁路占铁路营业里程的 15.8%；我国拥有高速公路 12.3 万公里，占比 2.7%，低于德国平均水平，高于美国和日本。但是，从公路铺面率来看，我国为 67%，约有 1/3 的公路还没有正规铺装，这一指标远低于美国100%的铺装率。尽管我国在高速公路里程等总量指标上要高于发达国家，但是在道路质量上还有很大的提升空间。

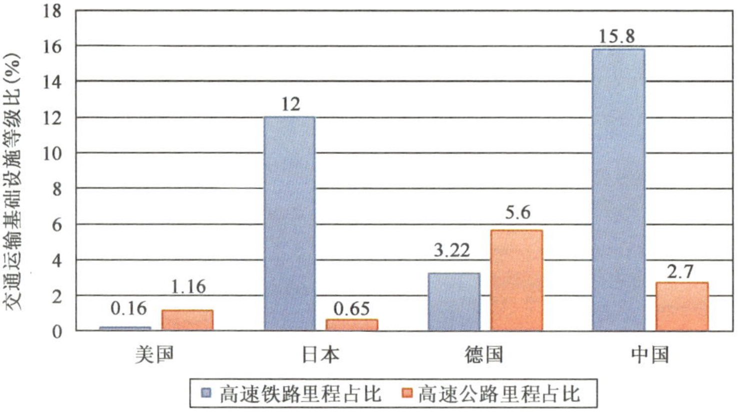

图4-3　各国交通运输基础设施等级比

资料来源：国外数据来自2014年世界主要国家交通运输统计资料；中国数据来自交通运输统计公报。其中，中国高速铁路、高速公路数据为2015年，美国数据为2012年，其他数据均为2014年。

（三）交通运输装备水平

随着现代技术的应用，我国交通运输装备技术水平与国际先进水平的差距不断缩小。商用汽车质量不断提高，部分车型技术性能已达到世界先进水平；船舶大型化、专业化和标准化发展趋势明显，净载重上升；民用飞机保持在国际先进水平，机队规模迅速扩张。通过技术引进和自主开发，高档客运汽车和专业货运汽车、铁路大功率机车、大型专业化远洋船舶、现代支线飞机等装备应用程度均得到提高。截至2015年，代表我国铁路运输设备技术水平的“和谐号”动车组拥有1411组、13696辆。

随着我国物流向专业化发展，物流设施和整体装备水平也不断提高。目前，部分物流企业开始采用机械化和自动化设备取代人工物流作业，以降低物流成本。以高架库、立体库、全自动化物流系统、物流配送中心、机械或自动化输送分拣系统为代表的物流系统机械化与自动化设备纷纷投入使用。目前，我国的物流装备市场规模已超过日本、欧洲各国和美国。

但是，总体而言，我国并不掌握运输装备领域核心技术。我国在大型船舶制造方面，核心的发动机等技术还是从国外引入，物流设备中的信息化技术利用水平普遍不高。缺乏掌握运输装备核心技术，成为我国装备制造业与交通运输强国最主要的差距。

二、运输服务效率

（一）核心机场准点率

核心机场准点率是指航空旅客运输部门在执行运输计划时，航班实际出发时间与计划出发时间较为一致的航班数量（即正常航班）与全部航班数量的比率，用于衡量航空承运人运输效率和服务质量。2014 年各国核心机场准点率对标情况见表 4-4。

2014 年各国核心机场准点率对标　　表 4-4

美国[①]	日本[②]	德国[②]	中国[③]
76%	89%	85%	69%

资料来源：①数据摘自美国联邦运输部网站，http：//en. wikipedia. org/wiki/Transportation_ in_ the_United_ States#Passenger 和 http：//travel. 163. com/15/0212/19/AI9E12IG00063JSA. html。

②日本和德国数据摘自 FLIGHT STATES 公司网站提供的航班准点率数据检索结果，http：//www. flightstats. com/company/media/on-time-performance-awards/2014-on-time-performance-awards – data/；日本与德国的数据均根据此网站中的 Airport departures 的数据，通过统计机场年度航班数量与准点率，采用加权平均的方式得出结果。

③数据摘自中国民用航空总局网站《2014 年民航行业发展统计公报》。http：//www. caac. gov. cn/I1/K3/201507/P020150710519617340682. pdf。

2014年，我国核心机场准点率为69%，低于三个对标国家。其中，日本的准点率最高，德国次之，美国第三。2014年我国全年共执行航班258.9万班次，其中正常航班178.9万班次，有近1/3的航班出现延误。

究其原因，一方面我国民用空域资源较少，这是导致我国航班延误的最主要原因。目前我国空域资源中民用占20%，军方占80%，这一军民空域资源结构比在美国则刚好相反。目前美国每天有6万多个航班，欧洲每天5万多个航班[1]，而我国每天仅运行1万多个航班。随着航班数的增长，若不改善空域紧张现状，我国的航空准点率将进一步降低，航空带来的舒适、快捷体验将被高铁取代。

另一方面，国内大中小机场发展不均衡，资源拥有情况差距较大，导致部分机场航班拥堵，延误率较高。此外，随着航空市场的多元化，机场管理的复杂性也在加大，但是相关信息的共享、机场管理能力、拥堵应急处置水平并没有相应提高，这也是导致我国航班延误尤其是大机场航班延误的主要原因之一。

（二）铁路准点率

铁路准点率主要衡量铁路运输承运人的运输效率和服务质量。在世界范围内，交通运输强国往往拥有非常高的铁路准点率。2013年各国铁路准点率对标情况见表4-5。

对标铁路客货运输准点率，日本发展水平相对较高，铁路准点率为97%；中国与德国发展水平相当，分别为95.63%和94%；美国铁路准点率最低，历史上的准点率最高值仅为75%。

[1]资料来源：2013年全国民航航班运行效率报告。

2013 年各国铁路准点率对标　　表 4-5

美国[①]	日本[②]	德国[③]	中国[④]
75%	97%	94%	95.63%

资料来源：①美国数据摘自观察者网站《为什么美国没有好火车：营利型定位将导致国家铁路公司灭亡》http://www.oneplusnews.net/news/tag/world/article/555a21e2e4b0045d26d93318。

②日本数据摘自网易网站《日本公共交通鲜有晚点，运行精密如同机械》http://view.163.com/special/reviews/japantransfer0620.html。

③德国数据摘自德国《明报》http://yangpeichang2011.blog.sohu.com/304138760.html。

④中国数据摘自国家统计局网站 http://data.stats.gov.cn/search/keywordlist2。

日本因为应用新干线技术，多年以来一直保持较高的准点率。我国自从 2008 年第一条高速铁路京津城际高铁开通以来，目前已拥有 1.9 万公里的高速铁路，占世界高速铁路营业里程的 60%。高速铁路不仅带来速度的提升，高准点率也是其重要优势。高速铁路的发展释放了大量货运能力，提升了我国铁路客运的准点率。2014 年，我国高速铁路承载的客运量占铁路总客运量的 38.5%，随着我国高速铁路加快建设，铁路客货运输结构将更加合理，客货运输准点率将进一步提升。

（三）港口作业效率

2013 年，全球集装箱港口作业效率前 20 名中，我国港口占 10 位，其中天津、青岛、宁波分列前三，我国港口在管理和作业效率上已经处于世界领先地位。

相比港口作业效率，我国港口的集疏运体系不畅，与欧美国家差距较大。以集装箱港口铁路集疏运量占比来看，我国目前平均低于 2%，与对标国家相比差距较大（表 4-6）。2013 年，我国集装箱海铁联运完成 156.5 万标准箱（TEU），仅占港口集装箱吞吐量的 1.07%。尽管从 2011 年开始，我国开启了 6 条集装箱铁水联运示范线，渝新欧等新的铁水联运线路也不断开通，部分航线的铁水联运率能达到6%，但是与发达国家总体差距仍然较大。

2010年各国集装箱海铁联运率 表4-6

中国	美国	日本	德国
1.1%	40%	1%	46%

（四）城市轨道交通行车间隔

城市轨道交通行车间隔是指同一线路的相邻两列同向列车驶离起点站的时间间隔。行车间隔是衡量城市轨道交通能力的关键指标，特别是最小行车间隔，决定了城市轨道交通高峰期的运输能力。

由图4-4可知，截至2013年，我国内地典型城市轨道交通线路行车间隔最小为2分钟，3分钟以内的线路有19条，占27%。目前，巴黎地铁通过采用CBTC无人驾驶技术，最小行车间隔达到85秒，为国际最小行车间隔。

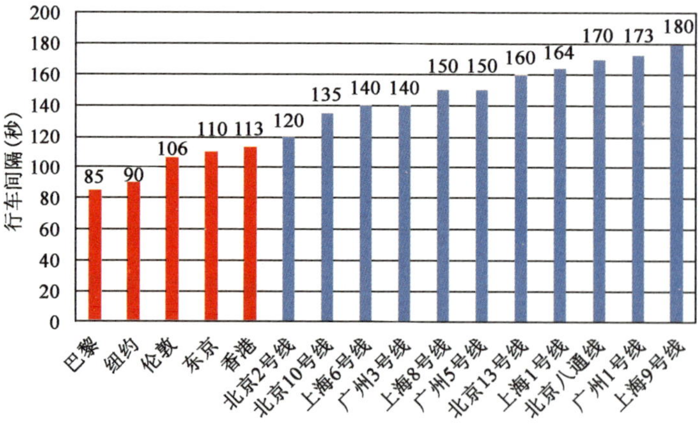

图4-4 典型城市轨道交通行车间隔比较

目前，我国内地城市轨道交通行车间隔最小的为北京地铁2号线的120秒，与国际标杆水平还存在一定差距。未来我国在城市轨道交通的信号能力、车站配线、车辆配置等方面的设计标准仍需提高，以进一步降低行车间隔，提升运能水平。

三、运输服务水平

运输服务水平主要从定性角度评价交通运输所提供的各种运输服务及其表现出来的综合服务能力，侧重于从受众角度感受到交通运输所带来的便捷与舒适。

（一）综合客运枢纽换乘水平

1. 综合客运枢纽换乘便捷性

综合客运枢纽便捷换乘是现代综合交通发展的重要标志，也是体现综合运输便捷服务能力的主要方面。目前，综合客运枢纽建设已经成为各国推进综合运输体系的重要抓手。

日本综合客运枢纽采取立体模式，地上地下综合使用，旅客不用出站即可快速完成铁路与各种交通运输工具的“零换乘”。日本客运枢纽注重车站周边规划与车站空间规划的协调，充分整合各种交通运输方式，紧凑安排各种接驳方式。日本铁路与轨道交通的换乘距离一般控制在100米以内，最短可达50米，对公交车的换乘距离控制在200米以内，对出租车的换乘距离控制在300米以内。

专栏4-1　日本大阪梅田车站

日本大阪梅田车站（图4-5）位于大阪市梅田区，铁路公司JR线、阪急公司阪急线和阪神公司阪神线都汇集于该车站。由于大阪梅田车站客流量很大，车站又地处大阪市繁华地区，因此车站周边商业极为发达，阪急公司、阪神公司和大丸百货均在此开设商业大楼，另有希尔顿酒店、办公楼、会议中心等，使车站周边地区形成了一个集中的购物、住宿、办公、会议、商务活动中心。

在“以人为本”理念指导下，站内信息与公共服务设施非常完备、合理。车站虽有多条线路并且由三家公司分别经营，但为了方便乘客换乘，三家公司的售票服务实现并联，车行线路指示牌上将不同线路用不同颜色标记，车站内行走和其他指示标记也都与线路牌上颜色一致，乘客只需沿着需搭乘线路的颜色标线走就不会走错。

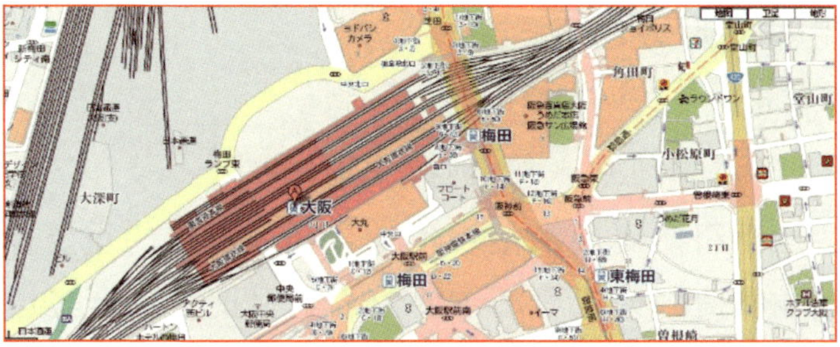

图 4-5　大阪梅田车站平面示意图

在我国近期修建的综合客运枢纽中，比较有代表性的有上海虹桥枢纽、南京南站、北京南站、郑州机场等，但类似日本高度协调的枢纽站我国还没有，已建成的综合枢纽不同程度存在因体制分割带来的换乘物理分割现象。我国高速铁路和城市地铁换乘相对便利，但与城市公交、长途客运之间则通过天桥或者地下通道形式进行连接。这也直接导致我国的综合枢纽便捷便利程度不高，大多数枢纽站的换乘时间在 10 ~ 30 分钟以上。

美国综合客运枢纽与城市公共交通系统的换乘十分方便，主要体现在内外部交通运输的有效衔接上，枢纽在设计时就充分考虑了各类交通运输工具的换乘，不同交通运输方式之间的换乘时间在 10 分钟以内。外部交通运输方面，地面公交、轨道交通、出租车以及社会车辆等均有各自的接驳通道和上下客区域，互相连通又互不干扰；内部功能和布局方面，客运枢纽内的引导标识十分清晰，旅客能够方便快捷地抵达目标区域，避免不必要的滞留，极大地缩短了换乘时间。

专栏 4-2　美国华盛顿联合车站

华盛顿联合车站（Union Station）（图 4-6）为华盛顿连接市内、外部运输的换乘点，该车站的前身为 1908 年 Amtrack（全国铁路客运公司）建设的华盛顿火车站。随着 20 世纪 50 年代美国公路的发展，州际铁路客流逐步向公路长途客运转移，铁路客流逐步下降，60 年代国有铁路客运开始出现亏损。而铁路客运作为公众运输的一种重要方式，具有一定的公益性。为了弥补国有铁路客运亏损的局面，1971 年美国国会开始接受资助。为了改善联合车站乘车环境，完善不同运输方式之间的换乘衔接设施，1983 年由 Amtrack 公司、地铁公司以及其他投资商共同组建联合公司开始对 Union Station 进行重建，在重建过程中国会给予了拨款，1988 年重建工作完成，形成了目前拥有 400 万英尺商铺的多功能综合换乘枢纽站。目前整个 Union Station 的运营由多方组建的联合公司统一负责，协调管理 Union Station 的商业开发、换乘衔接设施的建设和信息服务平台的搭建。

图 4-6　华盛顿联合车站

目前，在该换乘枢纽内，美国国铁车站位于地面一层，与地铁上下转换有自动扶梯，并与多层停车库相邻，地面常规公交与出租车停靠点位于车站门口。从国铁到达的旅客，在联合车站内上下层之间就可换乘轨道交通到达市内、市郊各地；公共汽车和轨道交通乘客也可在联合车站上下层之间换乘其他轨道交通或公共汽车；乘小汽车抵达的旅客可在停车库存车后，在联合车站内换乘国铁或轨道交通，整个换乘流程十分方便快捷。

专栏4-3 美国纽约港务局汽车总站

（1）外部交通

美国纽约港务局汽车总站（Port Authority Bus Terminal）位于纽约的心脏——曼哈顿中城区，位于第八和第九大道、第四十街和四十二街之间，距世界闻名的纽约时代广场仅一个街区（图4-7）。

图4-7 纽约港务局汽车总站地理方位图

该站位居交通运输要冲，有多路地铁和市内公交车通过（图4-8），市内公交车M10、M16、M27、M42可以直达长途汽车总站；A、C、E路地铁在第42街均设有地铁站。1、2、3、7、N、Q、R、S、W路地铁在第42街时代广场设有站点，从那里步行到纽约市长途汽车总站只需2分钟。可以说，无论从纽约市的哪个角落出发，均可迅速、便捷地到达长途汽车总站。

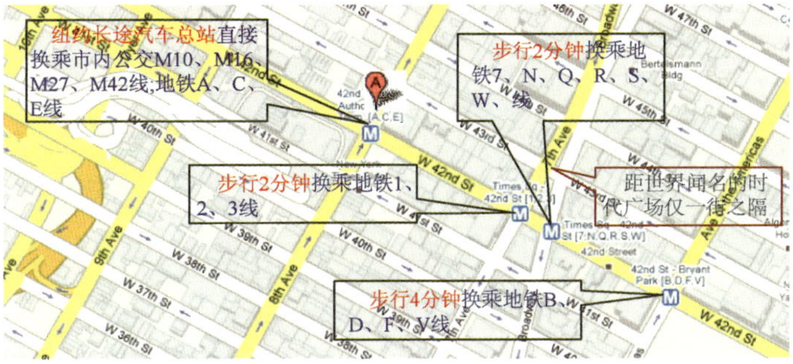

图 4-8　纽约港务局汽车总站与城市公共交通衔接图

港务局于 1970 年在连接新泽西州的林肯隧道出口处修建了一条长约 2 英里的长短途公交专用道（Exclusive Bus Lane，简称为 XBL）直接接入总站（图 4-9）。尽管目前总站内的客运和公交流量已经非常巨大，但是总站对于曼哈顿中城的交通运输几乎没有什么影响，确保了公交和其他车辆的有序、快捷运行。总站周边的匝道系统可使公交车辆直接驶入公交层，而其他车辆则直接驶入公共停车层，有效避免了两者的相互交织和影响，减少了拥堵。

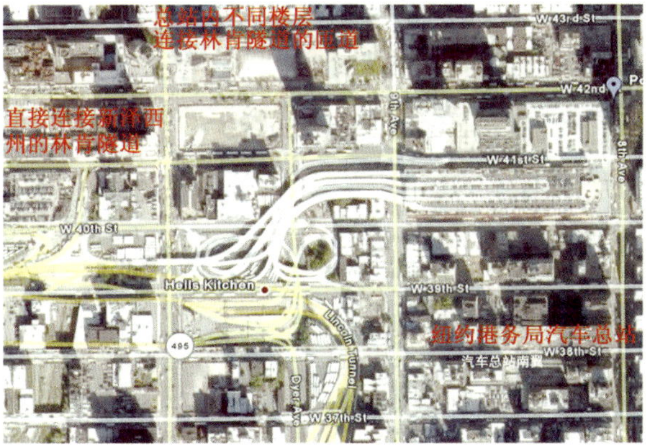

图 4-9　纽约港务局汽车总站与林肯隧道相连的匝道系统示意图

（2）内部功能

纽约汽车总站目前可以满足223辆公共汽车同时上下客，其屋顶是一个三层结构的公共停车场，共有1080个停车位。总站目前是全美国最繁忙的公共汽车站，也是州际公共汽车进出纽约市的主要门户，开往全国各州的客运车辆，由Greyhound Bus、Peter Pan、Coach USA Companies等24家公司提供服务，除了可以抵达美国国内各州之外，还有班线服务至加拿大和墨西哥。总站目前由纽约与新泽西港务局管理。

为了方便广大乘客，售票处、问询处、服务台和窗口、等待区、洗手间等设施基本上每层都有设置（图4-10），内部的有线电视系统便于及时发布相关资讯和消息，同时总站内的小红帽（Red Caps）提供24小时全天候服务，出租车区域的服务则从早上6点至晚上10点。信息服务窗口及引导标识如图4-11所示。

图4-10　总站地下一层灰狗巴士售票处

（3）内部布局

纽约汽车总站地上七层，地下两层，其中长途汽车的始发和到达点在地面三层、四层以及地下一层和二层。公共地面层（Main floor），第二层（Second floor）及地下一层的地铁层（Subway level）

的平面布局情况可参见图4-12～图4-14。总站地面层的南北两翼通过41街相连，而二层直接通过天桥相连接。从各层的平面布局图上可以看到，总站地面层并没有安排旅客直接上下车的平台，只有一些传统的票务服务、商店、餐饮、邮局、管理办公室等。而地上二层除拥有商店、餐饮等服务外，还有200～234号月台，地上三层则拥有301～326号及401～425号月台。地下一层除拥有票务、商店等服务外，可以直达地铁服务，还有38～56号月台。

图4-11　信息服务窗口及引导标识

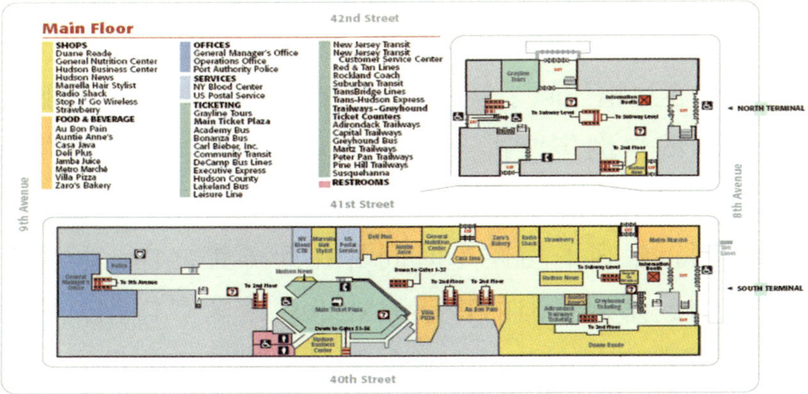

图4-12　纽约汽车总站地面一层平面布局图

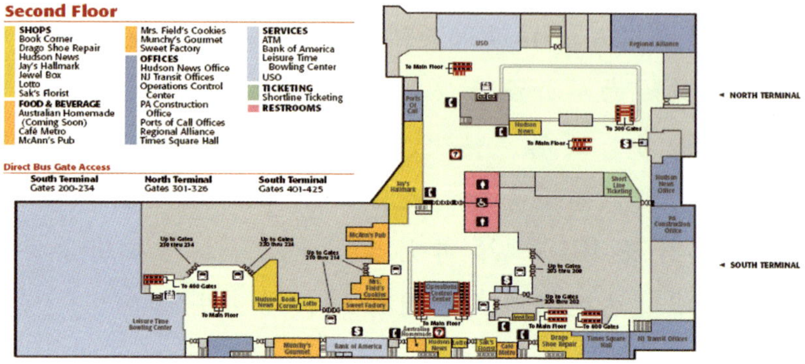

图 4-13　纽约汽车总站地面二层平面布局图

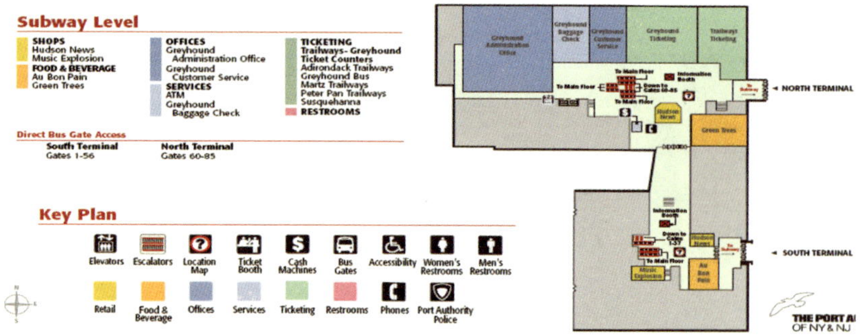

图 4-14　纽约汽车总站地下一层平面布局图

德国综合客运枢纽除了换乘便利以外，还表现在自助服务方面的便捷。德国的自助售票机遍布枢纽内部以及城市各个角落，人工售票已经逐渐淘汰，目前人工主要提供营销咨询和推介服务。在美国和德国，旅客平均候车时间都在 5 分钟之内。目前，随着互联网时代的到来，我国的售票方式也在逐渐多样化，但是人工售票还是最主要的方式之一。现在很多大型枢纽都设有自助售票机，但数量有限，且主要分布在车站内，便捷性与发达国家还有较大差距。

专栏 4-4　德国柏林中央火车站

2006 年 5 月 28 日，历时十余年精心打造的柏林中央火车站（Berlin Hauptbahnhof）正式建成并投入运营（图 4-15）。车站位于柏林市中心的施普雷河河畔，毗邻总理府和议会大厦建筑群。中央火车站的建成大大加快了行车速度，南北方向经过柏林的长途列车普遍节约 40 分钟时间，东西方向列车的运行也更加顺畅。而且该铁路系统与柏林城铁、地铁及其他公交系统紧密衔接，使得一体化交通运输的效果十分显著，整个柏林的铁路和城市交通得到进一步完善。

图 4-15　柏林中央火车站外景图

柏林中央火车站是一个综合性大型立体化换乘中心。车站占地 1.5 万平方米，主体是一个上下 5 层贯通的换乘大厅，最上面一层是东西方向的高架站台，最下面一层是南北方向的地下站台，中间三个换乘层（包括进出大厅的地面层）还分布着各类商铺和餐饮服务设施。车站两侧有一对 12 层、70 米高的双塔楼，成为目前柏林市中心最高的建筑物。目前该站已开通包括 6 股道的 3 个高架站台以及包括 8 股道的 4 个地下站台。东西方向驶入的列车从地面以上 12 米处的高架线路进出；而南北方向驶入的列车则在地下 15 米深处通过。

柏林中央火车站的建设和管理特别考虑了旅客的便捷换乘问题。在车站内部，旅客可轻松选择交通运输工具去往城市的各个角落（图 4-16）。车站将长途交通运输线、地区交通运输线以及城市轻轨线路有机衔接起来。需要乘坐地铁和城市高速列车的旅客不必出站，只需换个站台即可。站内的电动扶梯多达 54 部，还有 43 部标准电梯和 6 部由玻璃环绕的透明升降梯，可以实现任何两层之间最短程和最方便的通达。火车站与汽车站、电车站之间相距数十米，换乘极为方便。所有的轨道交通都是通过高架和地下方式进出车站，而汽车绝大多数也是通过隧道经停。公路隧道在地下站侧有 90 个上下车位，地下停车场则有 860 个停车位。大多数旅客都是在站内转车，通过地面进出车站的人数相对较少（图 4-17）。

图 4-16　柏林中央火车站周边的交通运输组织

图 4-17　柏林中央火车站内部

2. 旅客联程运输水平

德国法兰克福机场的空铁联运是目前世界上最成功的联运案例，高速铁路作为航空运输的“零米高度支线航空”极大地拓展了机场的腹地范围。德铁申请了国际航空运输协会 IATA 的两字代码 DB，铁路直接将其铁路班次做成与航空公司一样的航班号，放在航空公司的售票系统中对外销售，实现了票务系统的对接。旅客在铁路或者航站楼可以实现一次安检、异地通关。

专栏 4-5　德国法兰克福机场

法兰克福机场位于欧洲的心脏地带——德国莱茵河区域，距离欧洲主要的经济区空中距离不超过 2 小时航程，是欧洲最重要的四大枢纽机场之一，也是欧洲连接各国际航线的主要枢纽机场。法兰克福机场位于德国高速公路 A3 和 A5 的交汇处，同时也在国家铁路网的主要节点上，机场地面综合交通方式有高速公路、区域铁路和高速铁路三种形式，乘客在铁路和飞机之间换乘极为方便。德国于 1991 年开始运营高速铁路 IEC，法兰克福进入欧洲高速铁路网，使得德国城市以及欧洲其他城市至法兰克福机场的旅行时间进一步缩短。

法兰克福机场（图 4-18）于 1995 年就基本完成了空铁联运的基础设施建设，主要包括区域火车站、远程火车站和空铁联运大楼等。区域火车站在一号航站楼地下层，拥有三条轨道、两个站台，每天约 220 班次火车。区域火车站线路除了市中心和周边区域外，还包括至科布伦茨、萨尔布吕肯和维尔茨堡的线路。远程火车站和空铁联运大楼位于机场航站楼和高速公路之间，通过连廊与航站楼衔接，远程火车站是空铁联运大楼的一部分，火车站上一层是办票航站楼。1999 年开通运营以来，所有德国南北部城市之间的线路都直接通至该机场，旅客在机场内就可以在火车和飞机之间便捷换乘。

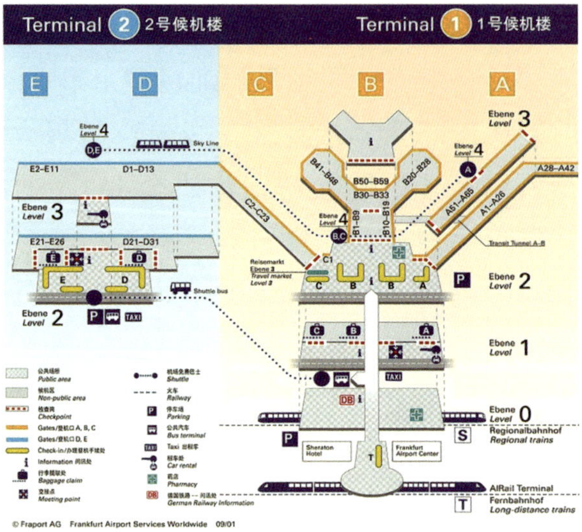

图 4-18　法兰克福机场内部示意图

德国铁路管理局为德国各大火车站设定了国际航空运输系统的机场代码，航空公司可以选择一定数量的火车和若干重要的火车站，实现航空公司和铁路之间的代码共享。法兰克福机场分别于 2001 年和 2003 年实现了从斯图加特和科隆至法兰克福机场的铁路和航线的联运。仅仅这两条线路，目前每天已有约 120 班火车拥有了航班号，运行班次占每日 1200 架次飞机的 10%。这大大提高了法兰克福机场的总运量，巩固了机场的腹地范围。自开通远程火车站以来，旅客进出机场的交通模式发生了重大变化，2004 年乘坐长途及高速列车的旅客比 1999 年增加了 100%。同时，高速铁路的发展也提高了公共交通的比例，降低了私人小汽车和出租车的比例，为机场和周边区域的顺畅交通和周边环境提供了有力保障。此外，通过提供空铁联运服务，法兰克福机场强化了其枢纽功能，扩大和加强了腹地范围，巩固了市场资源，增强了机场的竞争力，并促进了区域交通一体化的形成。

日本在旅客联程联运方面推出了“徒手旅行计划”，帮助乘客轻松出行，实现行李的异地交付。以成田机场为例，从成田机场出发乘国际航班的“徒手旅行”旅客，在出发前一定时间内向机场宅配公司提出申请；宅配公司根据旅客的申请到旅客家中提取行李，并运往成田机场，拴上 e-标签，行李在旅客出发前临时存放在机场的特定区域；旅客在预定出行当天前往机场，办理好登机手续，并对行李进行安检确认，安检后行李被搬上飞机；到达目的机场后，旅客提取自己的行李离开。在整个运输过程中，旅客的行李可以通过 e-标签进行管理，行李的搬运状况也可以通过计算机进行确认，确保了行李的快捷和安全运输。

日本铁路枢纽车站大多采取立体的交通换乘体系，交通枢纽设施的设计以零换乘为目标。零换乘即最短化换乘距离，取消不必要的换乘。这就要求车站周边规划必须与车站空间规划相协调，充分整合各种交通运输方式，紧凑安排各种接驳方式。

与对标国家相比，我国目前虽已在旅客联程联运方面有一些突破，部分航空公司推出空铁联运、公航联运等产品，实现客票一体化，但是行李的一体化运输尚未实现。我国在旅客联程联运票务一体化、行李托运、信息化、标准政策等方面，与美国、日本、德国等对标国家之间还存在一定差距，这些都将是未来提升服务质量、吸引顾客的创新方向。

（二）重要物资运输保障能力

当今世界，原油、铁矿石、粮食等重要物资国际化运输已成为常态。依靠本国船队保障重要物资的运输，确保国家生命线不受制于他国是各国的战略重点，也是体现国际竞争力的重要方面。2013 年各国控制船舶运力比较见表 4-7。

2013 年各国控制船舶运力比较 表 4-7

指　　标	美国	日本	欧盟	中国
船舶数量（艘）	1030	4105	13163	4570
载重吨（万吨）	4763.7	23537.0	57503.1	18444.4
占全球船队份额	3%	14.7%	36%	11.6%
占全球货运贸易份额	10.4%	4.1%	12.2%	11%

资料来源：ISL，Shipping Statistics Yearbook 2014；WTO 数据库。

美国凭借海权控制，拥有较少的本国运输船队，2013 年其控制的船队运力仅占全球总量的 3%。但是美国通过一系列立法，建立了多层次、规模较大、技术先进且成本可控的储备船队，包括总量为 150 艘的国防储备船队以及 60 艘由政府补贴、私人拥有的军事运输船队，确保美国军事物资和政府物资的运输。

日本控制运力规模占全球船队的 15%，位居世界第二位。2013 年，日本海运出口物资中，本国拥有或控制船队比例为 33.1%（2000 年以来该数据基本在 30% 以上），进口物资中本国拥有或控制船队比例为 66.4%（2000 年以来该数据稳定在 65% 左右）。

我国 2014 年船队规模达到 1.90 亿吨，占全球船队总规模的 11.5%，位居世界第 3 位，但是仅承担我国外贸运输量的 1/4，原油承运比例约 40%，干散货约 25%，集装箱约 20%。尽管我国近年来一直倡导国货国运、五星旗船等政策，但是效果并不明显，我国重要物资运输保障能力还有待进一步加强。

（三）城市交通支付方式多样性

利用数字、信息技术提供多样化的交通支付方式是城市交通发展的方向，体现为民服务、以人为本理念。国外城市交通支付方式多种多样，城市交通卡兼具自动充值、移动支付终端、手机支付服务、联名卡、联名信用卡等多行业融合支付功能。这种多领域、跨区域的应用成为城市交通一卡通发展的重要方向。例如，日本JR东日本公司发行的Suica卡，其功能就涵盖新干线的车票、电车、地铁、小额消费、书店、机场、超市、停车场、餐厅、计程车等，还继续发展与信用卡合作的联名卡及与移动手机集成的移动卡。日本约有110万人使用Suica手机购票或购买自动售货机里的商品❶。

目前，我国城市交通主要支付方式还是城市交通一卡通和现金支付，移动手机支付和金融IC卡的应用还处于初级阶段，仍面临行业壁垒、标准不统一等诸多问题，多数市场参与者处于观望阶段，尚未形成规模发卡、多行业融合支付的局面。现阶段，我国应进一步完善城市交通移动支付体系建设，加快完善标准体系，实现城市交通支付方式的多样化，便捷居民出行。

专栏4-6　美国E-ZPass发展概况

E-ZPass是应用于美国东北部收费公路、桥梁和隧道的电子收费系统，其覆盖范围南到弗吉尼亚，西到伊利诺伊州。2014年年底，15个州的26个代理处构成了E-ZPass代理集团（IAG）。所有的代理处都使用统一技术，允许旅客在IAG网络中使用统一的E-ZPass电子标签。在E-ZPass网络中，整合了马萨诸塞的Fast Lane、伊利诺伊的I-Pass、印第安纳的i-Zoom以及停用的马里兰M-Tag和弗吉尼亚的Smart Tag系统。在IAG的框架内，每个代理处都有自己的结算和客服中心，所有客服中心都通过一个安全网络（互易网络）连接。同时，代理处也可以制订自己的客户服务政策，其范围包括可返还或无返还存款的充值、定期维护费、纸质账单费、最低账户限

❶资料来源：http：//www. cnii. com. cn/20080623/ca501800. htm。

额和每次充值额度。E-ZPass 是个借方账户，通行费会从用户预付的账款里扣除。当账户金额低到一定限度时，用户可以选择自动充值或人工充值。

E-ZPass 技术特点如下：

（1） E-ZPass 标签安装位置较为灵活

E-ZPass 标签是电池驱动的 RFID 转发器，通过与收费车道上方的读/写设备通信进行扣款。常见标签一般都安装在后视镜后面的挡风玻璃内侧，以便易于日后拆除。对于挡风玻璃会妨碍 RFID 信号传输的车辆或关注车内美观的车辆，也允许采取转发器外置的安装方法，典型的方法是安装在前、后车号牌的固定点上。

（2） 多数 E-ZPass 车道可以转换成人工收费车道

为了安全，必须以低速（5～15 英里/小时）通过收费站，有时车辆也要停下来以便人工收费。在新修建或重新改造的收费站，E-ZPass 用户均可以利用专用的“快速 E-ZPass”车道通过收费站（例如，特拉华州的 1 号公路，弗吉尼亚的 Pocahontas 公路，亚特兰大城的快速路以及新泽西最南端的收费公路等）。

（3） 不同车辆类型 E-ZPass 标签颜色不同

每个 E-ZPass 标签对应安装车辆的类型都会写进程序里，当标签工作正常，经过收费车道时，标签的有关信息将被读取并接受。如果标签里车辆类型信息与实际车辆不符，将会造成收费金额错误。为避免这种情况出现，E-ZPass 标签会在颜色上作区分，如商用车辆的 E-ZPass 标签是蓝色的，政府公车的标签也是蓝色，而小轿车的标签是白色的。在纽约，发给救援车辆的标签是橙色的，如 MTA（大纽约交通运输管理局）、PANYNJ（纽约和新泽西港务管理局）和高速公路管理局的用车。

专栏 4-7　欧洲的 ETC 发展概况

（1）法国

法国高速公路电子收费系统采用非接触式 IC 卡计程收费的方式，费率依据车辆种类、大小区分为五级。目前高速公路系统仍设有两个人工收费车道、一个自动投币机专用车道和一个非接触式的 IC 卡专用车道。电子收费系统的收费方式是采用每月寄发账单来缴费，与一般预付的方式有所不同。该系统使用率在 20% 以下，且只具有收取道路费用功能，尚无其他功能可以应用。

（2）挪威

挪威在进出市中心的三个主要交通走廊上（Traffic Corridor）设置公路收费站，全区共计有 19 处，形成环状布局，称为“Oslo Toll Ring”。该系统于 1990 年开始启用，为单向只读型 IC 卡自动收费系统。由于第一代收费系统可靠性较差，因此又研发了第二代 5.8MHz 的双向读写型的电子收费系统以满足需求。到目前为止，奥斯陆的电子收费系统比较成功，市区中心的交通拥挤与空气污染得到一定程度的改善，Toll Ring 的营运成本仅占营业收入所得的 10%，较传统人工收费系统的效率大幅提升。

（3）葡萄牙

葡萄牙的 Via Varde 电子收费系统可以算作欧洲具有代表意义的联网电子收费系统之一，由葡萄牙最大的公路运营商 BRISA 公司管理。该收费系统采用封闭式和开放式相结合的模式。事实证明，Via Varde 电子收费系统是既有利于道路使用者又有利于道路运营商的有效收费手段。

自 1986 年挪威的 Bergen 首次应用不停车收费以来，意大利、西班牙、英国、法国等国先后在国内开始应用 ETC。由于欧盟的许多国家均开发了不停车收费设备，并在本国进行了一定范围的实施，导致1996年欧洲标准化委员会（CEN）的不停车收费草案遭到部分欧盟国家的反对而未获通过。然而，在全欧洲范围内统一的不停车收费所带来的利益诱惑下，CEN仅仅经过约一年时间的协调工作就统一了欧洲的呼声，使得欧洲的不停车收费标准草案顺利通过。欧洲计划开发多国间统一的不停车收费系统，取代现有的各国自成体系的收费站卡，以期给欧洲的公路运输带来巨大的经济效益和综合社会效益。截至2013年，欧洲ETC行业的市场规模已达15.8亿美元。

（四）城市出行信息服务完整性

出行信息服务的完整性是方便公众出行、提高公共交通运行效率的重要手段。世界各国纷纷致力于建立全方位的乘客信息服务系统，以便出行者在整个出行过程中能够随时准确、及时地获取出行参考信息，如最佳出行线路、最佳换乘方式、实时交通运输路况、到站时间等。

国际典型城市出行信息服务系统主要有以下特点：一是整合公共交通、轨道、航空、轮渡、铁路等各种交通运输方式的信息资源，实现跨行业、跨部门的交通信息资源的全方位融合，实现市域范围、区域范围甚至全国范围内高效、有计划地出行。二是信息采集方式从以静态信息为主，转变为以实时信息为数据基础的动态信息服务为主。利用城市智能信息采集设备所采集到的多源动态信息，实现动态信息服务，实时预测公共交通系统运行状态，并将信息及时提供给乘客。三是从以被动式公共交通信息服务为主，转变为以主动式公共交通信息服务为主。在传统的公共交通信息服务模式——信息网站、公共交通电子站牌、公共交通热线服务电话、电台广播等的基础上，发展了手机上网、手机公共交通短信信息服务、手持信息终端机等乘客与公共交通信息服务系统的人机主动对话方式，乘客能够方便、及时、准确地获取个人所需信息。

总体来看，目前我国城市交通出行信息资源割裂，没有实现资源共享和整合，提供的出行信息相对单一。尽管有部分城市尝试开展出行信息的实时服务，如车辆到站信息等，但总体来说信息源单一，尚未形成综合、连续的信息服务，难以给出行者带来真正的便利。

专栏 4-8 国外车载信息服务发展现状

（1）日本

日本的车载信息服务主要由 VICS（Vehicle Information and Communication System）系统完成。VICS 系统是日本在智能交通领域的一套应用产品，该系统通过 GPS 导航设备、无线数据传输、FM 广播系统，将实时路况信息和交通诱导信息即时传达给交通出行者，从而使得交通运输更为高效便捷。该系统已覆盖日本全国 80% 的地区，所有高速公路及主干道均能收到 VICS 信息报道。

在日本，VICS 系统的服务是免费的，使用者只需购买带有 VICS 系统的车载导航器，便可享受 VICS 系统提供的无偿服务，之后的日常使用中不再需要缴纳其他费用。VICS 是日本 ITS 应用的一部分，交通运输管理者和道路管理者（道路公司等）无偿提供交通运输信息，经日本道路交通运输信息中心集中到 VICS 中心，之后这些信息再由 VICS 中心通过多种方法传送给驾驶员和车载装置。VICS 发布的信息主要包括高速公路、一般道路的堵车、交通运输事故、车辆通行限制、交通运输管制时间等情况。

（2）美国

Telematics 是远距离通信的电信（Telecommunications）与信息科学（Informatics）的合成词，指的是通过无线网络将车辆接入互联网，为车主提供驾驶、生活所必需的各种信息。美国通用公司是最早提出并使用 Telematics 技术的企业，早在其他企业之前，通用已经把 OnStar-Telematics 技术用于商务领域。当汽车出现故障时，驾驶员按下后视镜旁边的按钮，OnStar 通过无线通信连接到通用服务中心，同时利用卫星定位系统，把准确的车辆位置传递给服务中心。只要驾驶员通过传声器告诉服务中心的技术人员故障状况，就有维修人员从最近的维修点出发，在最短的时间内赶到事故现场。过去该技术只应用于最高档小汽车 Cadillac OnStar，目前已经列为可选项目应用到中档小汽车上。

（3）欧洲

欧洲非常具有代表性的交通运输信息系统包括 TrafficMaster，SOCRATES、RDS-TMC 和 EURO SCOUT。在这其中 RDS-TMC 是应用最成功、使用范围最广、大规模实施的交通信息解决方案。RDS 是在 1984 年由欧洲广播联盟（EBU）制定的通过数据广播系统的欧洲规范。TMC（Traffic Message Channel，交通运输信息频道）是一个典型的数字编码系统。

第二节　安　全　性

安全是交通运输发展的本质要求，是现代交通运输业发展的首要目标。只有安全发展，才有发展的质量和效益。世界各国都把“安全第一”作为国家发展的首要战略目标，美国联邦运输部提出“安全是最高价值”，日本国土交通省提出“安全、安心”的交通运输发展理念，欧盟国家把交通运输“零死亡”作为发展愿景，这些都彰显了各国对交通运输安全的重视。

交通运输安全性指标可以从交通安全事故导致的死亡数，以绝对数和相对数进行最直接的体现。同时，对于交通事故的应急反应能力、相关的安全急救设施也是体现交通运输安全性的软实力指标。本节主要对比两个指标：交通事故死亡率和交通运输安全急救能力。

一、交通事故死亡率

根据交通运输涉及领域的不同，对于交通事故死亡率可以分为道路交通事故死亡率、水上交通事故死亡率以及交通工程建设事故死亡率。

（一）道路交通事故死亡率

道路交通事故死亡率反映道路交通事故导致的死亡人数和死亡占比。根据统计数据，近年来，我国道路交通事故死亡人数持续下降，自2006年以来，我国道路交通事故年死亡人数已降至世界第二位，与美国的差距也在迅速缩小。2012年，我国道路交通事故死亡人数约为6万人，美国为3.4万人，德国为0.4万人（2011年），见表4-8。

2012年各国道路交通事故死亡人数（单位：万人）　表4-8

美国①	德国②	中国③
3.3561	0.4009	5.9997

资料来源：①美国国家公路交通运输安全管理局。
②德国联邦统计局。
③中国公安部。

从道路交通事故死亡总人数来看，我国远远高于美国、德国。值得注意的是，美国对于道路交通事故死亡人数统计口径包括了营运车辆、社会车辆在内的所有交通事故死亡人数，而我国的统计数据仅为营运车辆事故死亡人数，因此，如果统一口径，我国的死亡数据会更大。作为目前备受关注的道路危险品运输事故，美国平均每年发生14起危险品运输事故，而我国年均发生400起左右，差距惊人。

以相对指标“道路交通亿车公里死亡率”进行比较，目前全球死亡率最低的国家为瑞典，以 0. 38 人/亿车公里排名世界第一。在对标国家中，德国亿车公里死亡率以 0. 6 排在第一，其次是美国，日本第三，我国以 2. 03 排在最后，三个发达国家道路交通安全水平相差不大，我国的道路交通死亡率为这些国家的 3 倍之多（表 4-9）。

2011 年各国道路交通亿车公里死亡人数（单位：人/亿车公里）

表 4-9

美国	日本	德国	中国
0. 69	0. 78	0. 6	2. 03

资料来源：经济发展与合作组织（OECD）：Road Safety Annual Report 2011。

根据世界各国交通运输安全发展规律，经济高速发展、机动化水平快速提高与交通事故高发具有明显的正相关性。从发达国家经验看，人均 GDP 大约 8600 美元（以 1985 年美元国际价格为准）时，道路交通事故人口死亡率将达到顶峰。而我国 2015 年人均 GDP 为 7990 美元，按照国际经验来看，我国道路交通安全问题还有持续恶化的可能性。

分析我国道路交通事故产生的根源，人祸是最为主要的原因之一，涉及驾驶人员的交通安全意识不足，连续工作、不规范操作等。世界发达国家几乎都规定从事客货运输的驾驶人员必须每工作 2 小时休息 15 分钟，全天工作时间不能超过 8 小时。这在我国不仅没有形成共识，更不用说上升到规章法律层面。美国也曾经受交通运输事故致死率高的压力，为了阻止酒驾，倡导安全行为，近十年一直在开展“系好你的安全带”行动，大大提升民众的安全意识，也有效降低了道路危险驾驶行为，提高了全国的安全水平。当然，我国的危险品非法运输问题也十分严峻，值得我们高度重视危险品的储存和运输管理。

专栏 4-9　美国联邦运输部 2014—2018 年安全目标战略计划

1997 年以来，美国联邦运输部依法每 3 年一滚动、迄今已 6 次制订五年战略计划。最新版《2014—2018 年运输部战略计划——新一代交通运输系统》于 2014 年 11 月发布（表 4-10），该战略计划继续坚持将安全性战略作为首要战略目标。此外，新增了安全应急准备和其他支持保障战略，通过与国土安全部合作，强化交通运输网络，运用系统整合的方法，有效降低风险，就国际突发事件对交通运输影响做到有效的应急准备和响应，支持国务院和国际开发署的相关工作，确保在发生任何类型灾害的情况下，美国的民用交通运输系统能够有效运转。

美国 2014—2018 年安全战略目标框架　　表 4-10

战略目标	战略任务	战略要点
安全性	改进系统安全：通过预防、减少不当行为，数据共享和分析，加强行为、车辆和基础设施的安全，改进各种运输方式的出行安全；利用创新和有效的合作手段、项目和资源等，开展应急响应	降低道路使用者的伤亡率； 降低航空运输的伤亡率； 降低铁路运输的伤亡率； 降低公共交通的伤亡率； 降低海运相关的伤亡率； 降低危险品运输相关的伤亡率； 降低管道运输相关的伤亡率； 降低因违法吸毒和饮酒导致的交通事故和伤亡率
国防安全应急及其他支持保障目标	确保有效的应急响应：通过制订有效的应急响应计划，并对管理者和急救员进行应急培训，减少各种灾害对交通运输效率的不利影响	保障应急准备
	满足国家安全需求：通过与国防部、州政府、国土安全部、地方相关机构的合作，使交通运输发展满足国家安全的需求	确保国家安全

（二）水上交通事故死亡率

水上交通事故死亡人数反映水上交通运输安全水平。从2009—2014年全国运输船舶水上交通事故数及死亡失踪人数变化趋势（图4-19）来看，我国水上交通事故总体稳定并处于逐年下降状态。

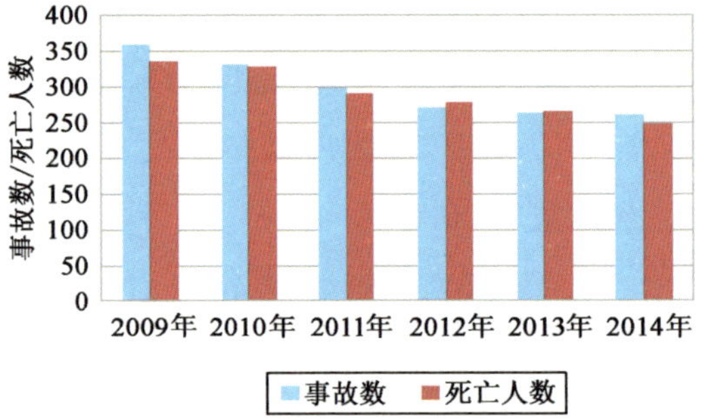

图4-19　我国运输船舶水上交通事故及死亡人数变化趋势

然而与发达国家相比，我国水上交通事故年死亡人数总量依然很大，大约是美国的4倍，英国的48倍，挪威的36倍。

从亿吨吞吐量运输船舶死亡失踪人数（表4-11）来横向比较，我国2014年为1.98，美国2011年为2.95。我国亿吨吞吐量死亡失踪人数比美国低，并不能说明我国的安全水平比美国高。从船舶死亡人数来看，我国比美国高出3倍，因为我国的吞吐量是美国的近6倍，相对指标被拉低。我国水上安全状况总体不容乐观，水上安全基础设施建设还有很长一段路要走。

各国亿吨吞吐量运输船舶死亡失踪人数　　表4-11

分　类	美国（2011年）	中国（2014年）
伤亡人数（人）	62	247
吞吐量（亿吨）	21	124.52
亿吨吞吐量运输船舶死亡失踪人数（人）	2.95	1.98

（三）交通工程建设事故死亡率

该指标统计公路交通的生产安全事故。考虑到国外工程安全管理归建筑部门管理，本节对标内容仅限于交通事故部分。2013 年，我国公路工程事故死亡人数为 81 人，约为美国同期的 3.86 倍（表 4-12）。相比于 2011 年，这一指标已有所改善，比 2011 年的 6.5 倍降低了近一半。探究我国公路工程事故死亡原因，一方面在于我国正处于公路基础设施大建设时期，建设规模远大于美国，另一方面也反映出我国公路工程施工安全管理水平依然相对落后。

2013 年各国公路工程事故死亡人数（单位：人） 表 4-12

美国[①]	中国
21	81

资料来源：①美国劳动统计局（BLS）。

总体而言，我国交通运输安全水平还比较低，交通事故死亡人数远高于发达国家。就安全而言，我国与国外的差距主要在于人的行为意识上，存在不顾风险的超载超运、人歇车不歇的运营模式，折射出我国处于快速发展阶段，以一切换效益的不良状态，需要加快改变。

二、交通运输安全急救能力

交通运输安全急救能力是指交通事故发生时，各国交通运输的应急反应能力以及救助水平，可以通过相关的应急机制、所具备的急救设施装备等表现。

（一）应急救援体系

从交通应急救援体系来看，世界各国都建有完备的交通运输应急指挥体系。美国根据 1992 年的《联邦应急预案》成立了 15 个救急支持委员会，联邦运输部领衔交通救急支持委员会，负责在重大灾害和紧急事态下为联邦、州和地方管理部门及机构提供运输保障，为在救灾过程中修复交通运输基础设施进行协调。在联邦和州层面都设有相应的交通运输与应急指挥中心，并且针对高速公路的预警应急，还建立了一套成熟的“高速公路事件管理”程序，有效保障了高速公路的应急和救援。日本的交通运输应急体系包括来自政府、公益法人和企业三个层面的救援队伍。我国经过这些年的大力建设，全国交通运输应急体系已基本建立，应急能力、应急处置水平显著提升。但是总体上还存在应急设备不足、应急资源分散、缺乏有效共享机制、人员应急经验欠缺等问题。2015 年 4 月发生的尼泊尔地震我国境内的救援工作，8 月 12 日发生的天津瑞海公司危险品爆炸事故的救援工作，都从不同层面暴露出我国交通运输应急救援体系、机制存在的不足。

（二）水上搜救设施装备

截至 2015 年 12 月，我国救助局共拥有各类救助船、艇 83 艘，其中 14000 千瓦新型海洋救助船 3 艘、其他大型海洋救助船 26 艘、近海快速救助船 12 艘、华英艇 18 艘、其他船舶 20 艘。共配有 20 架航空器，其中 3 架固定翼飞机、17 架直升机。海事系统中配置沿海船舶 262 艘，其中巡逻船 241 艘、百米级船舶 1 艘、特种船 21 艘。各国海上救助设备数量对比见表 4-13。

各国海上救助设备数量对比　　表 4-13

<table>
<tr><th>分　类</th><th>美国</th><th>日本</th><th>中国</th></tr>
<tr><td>固定翼飞机（架）</td><td>47</td><td rowspan="3">70</td><td>3</td></tr>
<tr><td>直升机（架）</td><td>144</td><td>17</td></tr>
<tr><td>战术运输机（架）</td><td>6</td><td>—</td></tr>
<tr><td>大型船舶（艘）</td><td>247</td><td rowspan="2">510</td><td rowspan="2">339</td></tr>
<tr><td>小型船舶（艘）</td><td>1850</td></tr>
</table>

注：美国为 2007 年数据，我国为 2015 年数据。

我国和美国海事管理装备配备数量比较见表4-14。

我国和美国海事管理装备配备数量比较 表4-14

分　类	美国	中国
百公里岸线飞机（架）	0.9	0.1
百公里岸线船艇（艘）	9.2	6.1

我国的海上搜救力量，与美国、日本相比，存在较大差距。特别是与美国相比，我国从事海上专业救助的人员约为8000人，仅为美国的1/5；百公里海岸线拥有飞机数是美国的1/9。我国仍有50%的海域没有配备直升救援机。随着我国海上救助任务需求的增长，目前的海上搜救力量越来越难以满足实际需要，搜救力量布局尚不能保证全部、有效覆盖。

特别是在深海探测、深海打捞以及高海拔救助等领域，我国存在装备不足、技术不过硬等问题。目前我国的深海饱和潜水已经挤入世界先进水平，达到300米，但是与发达国家相比，美国饱和潜水723米，日本440米，我国还有很大的追赶空间。2014年发生的MH370搜救工作，充分暴露了我国远海、深海救助打捞能力的不足。除了装备上的差距外，还表现在我国对国际救助规则的不适应，缺乏与国际社会合作救助的经验和相关机制。

第三节　经　济　性

交通运输的经济性，体现为交通运输作为国民经济生产部门的组成部分，为经济社会做出的经济贡献，以及交通运输自身作为一个产业部门，产业发展内部的经济效率。

一、交通运输产出水平

（一）交通运输生产效率

该指标是单位交通运输从业人员创造的交通运输增加值，从经济角度体现一国交通运输部门的生产效率。

根据2012年数据，我国交通运输业（含仓储及邮政业，不含交通运输建筑业）增加值为3771亿元，与日本相当，与美国相比仅为其1/4（表4-15）。从交通运输产业对GDP的贡献来看，我国在对标国家中排名最后，仅为4.4%，低于日本的5.0%，美国的8.8%。从交通运输从业人员人均GDP贡献来看，我国人均贡献9426美元，约为日本的8.9%，美国的5%。

2012年各国交通运输生产力水平对比 表4-15

指标	美国	日本	中国
GDP（亿美元）	161630	59389	84781
交通运输业增加值（亿美元）	14250	2961	3771
交通运输业增加值占GDP比重（%）	8.8	5.0	4.4
交通运输从业人员数（万人）	848	340	4000
交通运输从业人员人均增加值（美元）	183815	106029	9426

从对标结果来看，我国交通运输从业人员众多，但是交通运输产业增加值以及人均增加值都远远低于美国，说明我国的交通运输生产效率较低，以低水平劳动为主。2011年，我国物流企业的平均利润率为5.3%，2012年度百强诚信企业中的68家道路货运企业平均利润也仅为7.76%，这也说明我国交通运输行业是一个微利行业，依靠廉价劳动力支撑行业发展。这与国外交通运输的大型机械化、专业化、自动化水平相比还有很大的差距。提高劳动力素质、提升劳动力水平，促进交通运输发展转型升级是未来的发展方向。

（二）人均交通消费水平

人均交通消费是指居民每年用于交通工具及相关的各种服务费、维修费等方面的平均支出，用于衡量交通消费在居民消费支出中的比重，反映了交通运输对于社会经济增长的拉动作用。

从人均交通消费情况来看，2013 年我国人均交通消费支出 256.5 美元，在对标国家中最低。其中，美国是我国消费支出的 14 倍，两者差距最大（表 4-16）。但是与各国人均收入结合起来，我国人均交通消费占个人全年收入的比重并不低，占比达到 9.6%，高于 8% 的国际平均水平，高于日本的 5.69% 和德国的 8.25%，低于美国的 14.12%（表 4-17）。其中，农村居民个人交通消费占可支配收入比，以最低基本保障出行衡量约为 14%，如果采用轨道交通等其他方式，这一比值很容易超出国际支出 15% 的上限。这也说明我国居民在交通支出方面有一定负担。因此，努力提高居民收入，通过政府购买公共交通服务从而提高交通系统的经济性，降低居民出行成本，普惠于民，也是交通运输发展的方向之一。

2013 年各国人均交通消费情况（单位：美元）　　表 4-16

美国①	日本②	德国③	中国④
3601.6	1188.1	2647.6	256.5

资料来源：①美国数据摘自美国劳工统计局（U.S. Bureau of Labor Statistics）网站，http://www.bls.gov/cex/。

②日本数据摘自日本统计局（Statistics Bureau）网站，http://www.stat.go.jp/english/data/kakei/index.htm。

③德国数据摘自德国联邦统计局（Statistisches Bundesamt）网站，https://www.destatis.de/EN/FactsFigures/SocietyState/IncomeConsumptionLivingConditions/IncomeConsumptionLivingConditions.html。

④摘自中国国家统计局网站《统计年鉴 2014》。

人均交通消费占年消费与年收入比值　　表4-17

分　　类	美国	日本	德国	中国
人均交通消费占人均年消费比值	17.62%	9.80%	14.24%	13.84%
人均交通消费占人均年收入比值	14.12%	5.69%	8.25%	9.60%

从人均消费结构来衡量，我国人均交通消费占年消费比值为13.84%，反映出交通运输依然是公众生存发展的重要组成部分，也合理地反映了衣食住行在公众生活中的分量。可以预计，随着居民生活水平的提高，小汽车的大量普及，以休闲、旅行为目的的出行会不断增加，相应的交通费用还会继续增长。

二、交通运输物流绩效

（一）物流绩效指数

全球物流绩效指数（LPI）是2007年由世界银行提出用以衡量世界各国物流发展水平的综合指标体系，反映各国国际贸易全过程中海关等审批部门的服务效率、交通运输及IT等基础设施水平以及运输成本等软硬件方面的综合性指数。

根据2014年全球物流绩效指数排名，我国在150个国家中排第28，总体排名有所上升，但与对标的三个国家相比尚有一定差距（表4-18）。从细分指标来看，我国的海关通行效率、交通运输及IT基础设施、国际货运便利性、当地物流企业的能力、货物的可追溯性、到达目的地的及时性等所有指标都排在最后。对于交通运输发展来说，提高基础设施的通行能力、培育物流企业、加快信息技术的应用，都是交通运输部门需要尽快完善的方向。

2014 年各国物流绩效指数对比 表 4-18

物流绩效指数	美国	德国	日本	中国
LPI 排名	9	1	10	28
LPI 分数	3.92	4.12	3.91	3.53
海关效率	3.73	4.10	3.78	3.21
基础设施	4.18	4.32	4.16	3.67
国际运输便利性和可承受力	3.45	3.74	3.52	3.50
当地物流企业能力	3.94	4.12	3.93	3.46
国际货物的可追溯性和可跟踪性	4.14	4.17	3.95	3.50
货物到达目的地的及时性	4.14	4.36	4.24	3.87

资料来源：2014 年世界银行“全球国家物流绩效指数排名”。

（二）物流第三方外包比例

第三方物流是物流行业专业化、现代化的重要形式，第三方物流在物流体系中所占比例，是反映物流业发展成熟度的重要指标。本节采用货物运输环节的第三方外包数据进行比较。从表 4-19 数据可以看出，各国货物运输环节的第三方外包比例都相对较高，普遍在 70% 以上，其中美国最高，达到 77%，德国以 76% 次之，日本以 72% 排第三，我国以 70% 排第四。四国总体差距不大，我国在运输和配送业务第三方外包比例方面正在逐渐缩小与发达国家的差距，但仍存在一定的提升空间。

目前，我国物流第三方外包需求主要集中在外商投资企业、一部分新兴高新技术、连锁经营、电子商务企业以及少数国有大中型工商企业，绝大多数企业仍保留大而全、小而全的经营模式，专业化程度不高。对于第三方物流的认知度、担心商业机密的泄露等，也是导致运输外包需求不高的原因之一。此外，企业信息化水平不高，缺乏权威的公共信息平台，对信息的掌握、应用不理想，也是导致企业放弃第三方物流的主要原因之一。第三方物流市场鱼龙混杂，诚信度不高，需求和供给双方都存在问题，这也是下一步需要改进的地方。

2010 年各国运输业务第三方外包比例 表 4-19

美国①	日本②	德国③	中国④
77%	72%	76%	70%

资料来源：①美国数据摘自《物流管理 2015》《25th Annual State of Logistics，Logistics Management》John D. Schulz。

②日本数据摘自《2014 物流コスト調査報告書》，http：//wenku. baidu. com/link？url = sgN960QrEmEYfu7clFDf – xqJuX_ cowFQjxo3AwpkqckLd4 – lxYq1fxVgDPvLWxDz4CuwmN_ rqw4AU5bWuZ7Dw6PTQ8gfqiVxi7b0PioPTTK。

③德国数据摘自《爱尔兰根纽伦堡大学和弗劳恩霍夫集成电路研究所联合物流课题组报告》，http：//wenku. baidu. com/link？url = DKVirGi9OTNQLlsywdN7ZStfWDNHFFZmfE5FIdn5uAy87sPHtxprxfEcKpNP3StkPiQDzBlcW_ hpHdqr-PVvv3jVNn3vPprA8ElFtbMqDiGa。

④中国数据摘自《2014 年全国物流运行情况通报》，http：//yxj. ndrc. gov. cn/xdwl/201504/t20150416_ 688288. html。

（三）物流成本占 GDP 的比重

2013 年美国物流总费用为 1. 39 万亿美元，2004—2013 年，美国的物流总成本占 GDP 的比重平均为 8. 93%。美国的物流业发展水平是由不同的经济发展阶段和产业结构决定的。1980 年以前，美国第二产业占 GDP 比重维持在高位，物流业也处于高成本期，物流成本占 GDP 比重达到 15% ~17%；1980—1990 年期间，美国第二产业占 GDP 比重大幅下降，第三产业快速发展，物流成本占 GDP 比重从 1981 年的 16. 2% 下降到 1990 年的 11. 6%；进入 20 世纪 90 年代，随着美国第三产业的高速发展，物流成本占 GDP 的比重也进入了平稳下降期，一直保持在 8% ~10%，并有继续缓慢下降的趋势，如图 4-20、图 4-21 所示。

目前，我国物流业仍然处于初级发展阶段。2004—2014 年，我国社会物流总费用年均增幅高达 12. 0%，高出同期 GDP 年均增幅

3 个百分点，占 GDP 的比重连续十年保持在 18% 的高位。

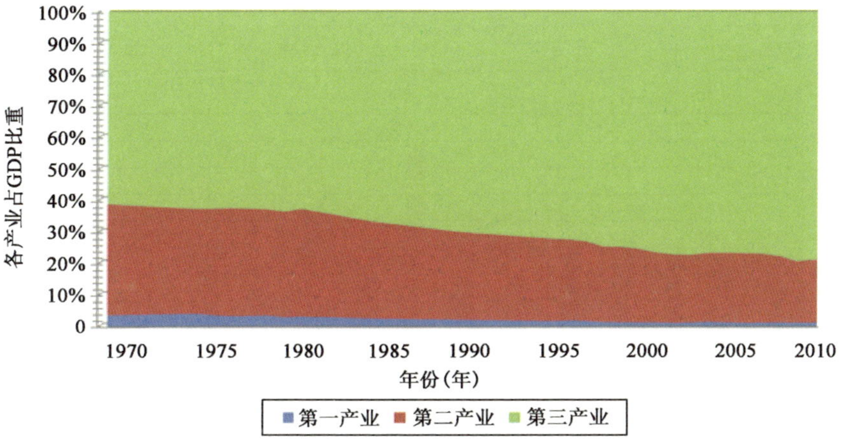

图 4-20　1970—2010 年美国三次产业结构趋势图

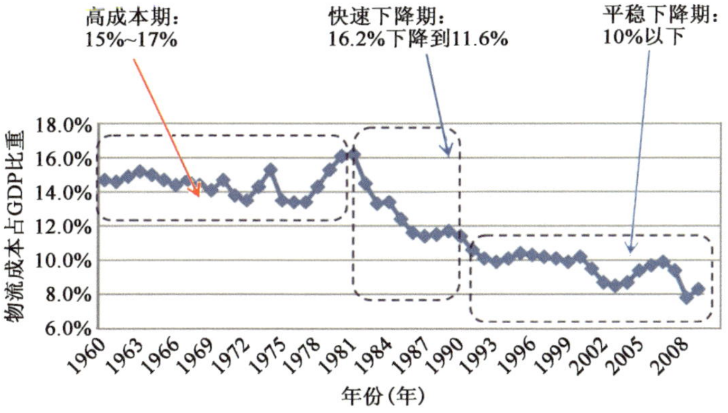

图 4-21　1960—2008 年美国物流成本占 GDP 比重趋势图

从各国物流成本占 GDP 比重（表 4-20，图 4-22）来看，美国、日本以 8.5% 的比重排在前列，这一比重也基本代表了当前发达国家的普遍水平。我国以 18% 的占比排在众多国家之后，即使在亚太地区也是排名最低的。这一对标结果一方面印证了我国物流绩效较低、物流业发展不足的现实，另一方面也取决于我国的三次产业结构、资源禀赋和工业布局水平以及大规模、低附加值的初级产品运输特点。

2012 年各国物流成本占 GDP 的比重 表 4-20

美国	日本	德国	中国
8.5%	8.5%	8.8%	18%

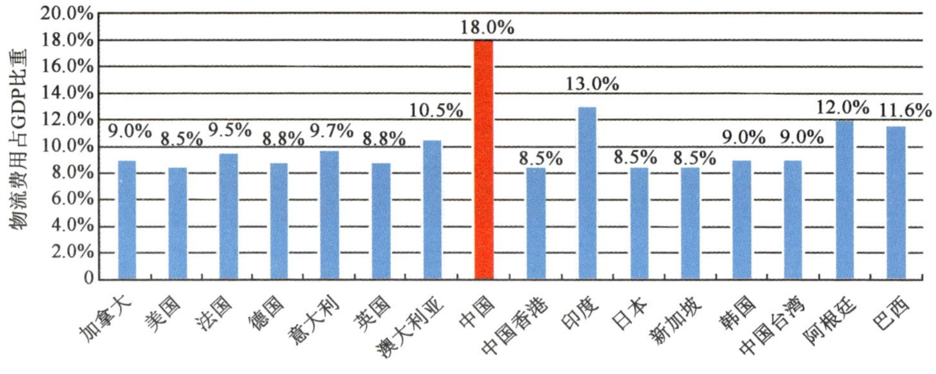

图 4-22 2012 年各国和地区社会物流费用占 GDP 比重对比

资料来源：Armstrong Associates，Inc。

当前我国已进入工业化中后期，产业结构、工业布局正在加快调整，但需要一个较长过程，这决定了社会物流总费用占 GDP 比重在一定时期内仍将保持高位运行。预计到 2020 年，我国三次产业结构将由 2014 年的 9∶43∶48 调整到 5∶44∶51，尤其是随着新型工业化、信息化、城镇化、农业现代化同步推进，我国社会物流总费用占 GDP 比重将呈下降趋势。

（四）运输成本占物流成本比例

交通运输物流成本贯穿于企业经营活动的全过程，运输成本占物流成本的比值，反映了一国物流成本的构成，间接反映交通运输对于物流发展乃至社会经济发展的贡献。

根据 2014 年相关统计数据（表 4-21、图 4-23、图 4-24），各国运输成本占物流成本比例，日本最高，达到 65%；美国次之，为 61.52%；德国第三，为 56%；我国以 52.83% 排在最后。细究各国物流成本构成，管理成本上的差距是各国拉开物流成本的主要原因。

美国的管理费用约占物流总费用的4%，而我国这一占比却高达13%。

2014年各国运输成本占物流成本之比　　表4-21

美国	日本	德国	中国
61.52%	65%	56%	52.83%

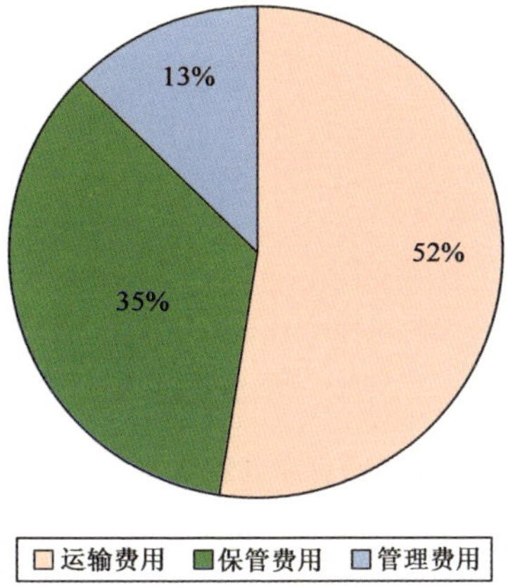

图4-23　中国物流成本构成

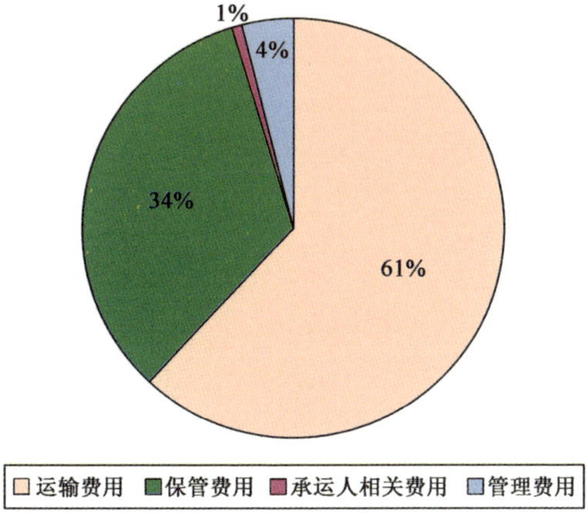

图4-24　美国物流成本构成

根据 Heriot-Watt 大学的 McKinnon 提出的相关理论（图 4-25），仓储设施密度是决定物流成本的重要因素，当仓储设施数量和布局达到最优时，运输成本和仓储成本实现一种平衡，此时物流成本将达到最低值。

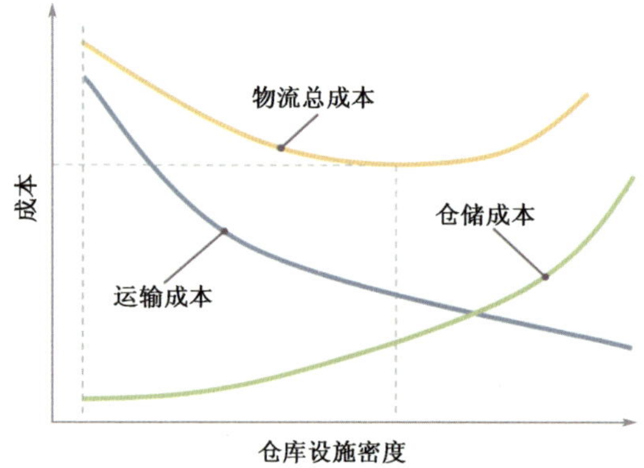

图 4-25　仓储设施密度对物流成本、运输成本的影响

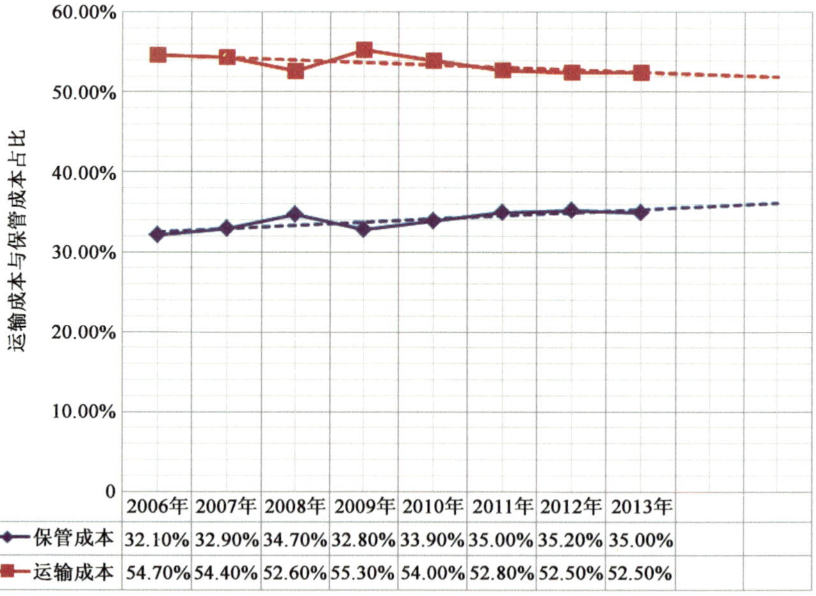

	2006年	2007年	2008年	2009年	2010年	2011年	2012年	2013年		
保管成本	32.10%	32.90%	34.70%	32.80%	33.90%	35.00%	35.20%	35.00%		
运输成本	54.70%	54.40%	52.60%	55.30%	54.00%	52.80%	52.50%	52.50%		

图 4-26　我国运输成本与保管成本占比趋势

根据我国2006—2013年运输成本和保管成本占物流成本比例的趋势（图4-26）可以看到，总体而言，我国的运输成本占比呈下降趋势，而保管成本不断上升，两条曲线正在寻找平衡交叉点。这也说明我国目前处于基础设施规划建设初期，物流园区还存在着总量不优、布局不够合理的问题，随着这一趋势的改变，我国运输成本占物流成本的比重还将继续下降，交通运输对于经济社会的贡献将会更大。

第四节　引　领　性

交通运输发展的引领性，对内表现在交通运输对先进科技的应用，为社会发展提供便捷、多样的现代交通运输服务；对外表现在国际上的影响力，如国际组织的话语权、交通运输技术的国际认可度等。

一、国际竞争力

（一）航空全球连接度

航空全球连接度是指在全球航空网络节点中与其他节点的连接程度，反映一国交通运输的国际化程度，也从侧面反映交通运输对经济活动的支持保障性能以及交通运输在国际上的竞争能力。

从统计数据（表4-22、图4-27）来看，美国航空全球连接度最高，为22.78%，这与美国联邦运输部一贯倡导的“提升全球连接度，服务本国经济发展”理念一致。德国紧随其后，为12.11%，中国和日本稍低，为5.79%和5.28%，均在10%以下。相比之下，中国的全球航空连接度与美国、德国等发达国家有较为明显的差距。

2011 年航空全球连接度指标对比表 表 4-22

美国	日本	德国	中国
22.78%	5.28%	12.11%	5.79%

资料来源：该表数据来自于 2011 年世界银行政府研究报告《国际空运网络连接度测量指数报告》。

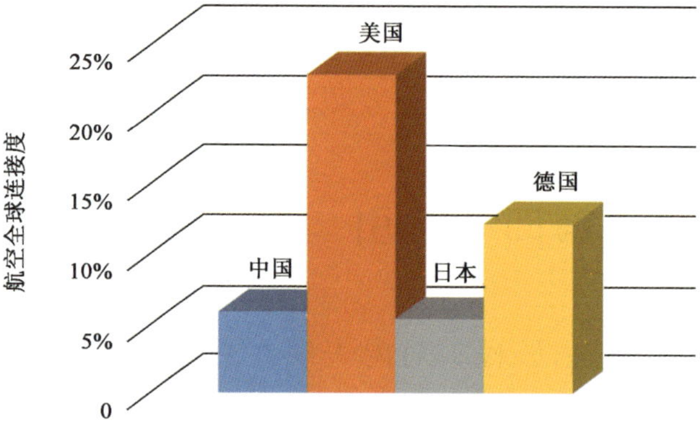

图 4-27 2011 年航空全球连接度指标对比图

究其原因，一方面是我国的通航国家有限。截至 2015 年年底，我国航空公司国际定期航班共通航 55 个国家的 137 个城市，我国与其他国家或地区签订的双边航空运输协定 118 个，能实现直航或开通航线的国家数量与欧美国家仍有较大差距。

美国积极推进双边及多边航空谈判，以“开放天空”协定为代表，拓展美国与全球航空用户的连接。目前，美国已经签订了 102 个“开放天空”协定，70% 的赴美旅客来自“开放天空”缔约国。

另一方面，在机场和航空公司的盈利能力上与发达国家存在差距。美国民用机场及相关领域每年创造 1050 万个工作岗位，是美国劳动力市场的第二大雇主，份额占 7% 以上。在对 GDP 的贡献上，美国民用机场创造 1.2 万亿美元的 GDP，占美国 GDP 的 8% 以上。2011 年，我国 180 个机场中，有 130 多个亏损，总亏损额达到 20 亿元。这种盈利能力对于航空公司开设新线是一种不利因素。

此外，我国低成本航空公司的市场占有率不高，与亚航、虎航等国际知名低成本航空公司在运作能力、服务水平上存在较大差距。例如，我国春秋航空公司的国际市场业务份额为20%，这与亚航的47%相差甚远。国内低成本航空公司应进一步提升服务能力和运作效率，机场所在地也应当平等对待低成本航空公司，扩大机场的连接度。

（二）海运服务贸易平衡

以表现国际海运竞争力的海运服务贸易平衡指标来衡量，2012年，除了欧盟国家以绝对优势实现海运服务贸易顺差以外，美国、日本、中国都处于海运服务贸易逆差状态（表4-23、图4-28）。日本基本上维持平衡，与其一贯奉行的海运“计划发展”模式直接相关。美国强调“海权控制”，在海运服务方面并不是很关注。我国巨大的海运服务贸易逆差与我国排名世界前列的海运船队规模、港口吞吐量以及全球连接度形成鲜明对比，充分反映了我国在海运服务领域竞争力较弱。

2012年海运服务贸易平衡（单位：亿美元）　　表4-23

美国	日本	欧盟	中国
-272	-15	316	-390

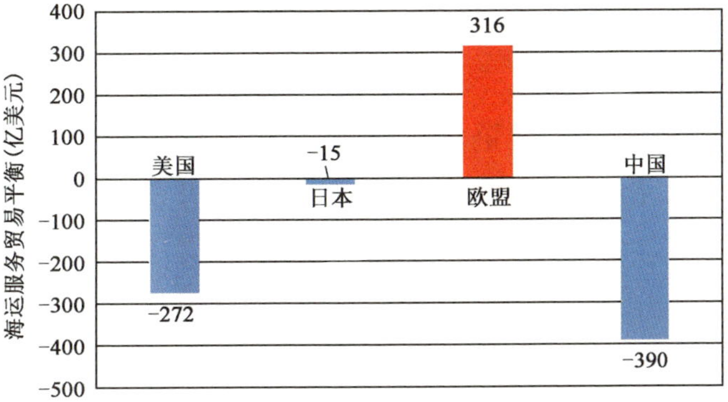

图4-28　2012年海运服务贸易平衡

海运全球连接度是反映一国在海运领域与其他国家的连接性的重要指标，是指在全球海运网络节点中与其他节点的连接程度。该指标根据联合国贸易发展会议（UNCTAD）编制的班轮连接指数（Liner Shipping Connectivity Index），综合考虑轮船数、轮船的装载能力、最大容积、提供的航运服务内容以及参与经营的国际海运公司数量进行计算得出。

根据2014年联合国《国际海上运输报告》，我国的海运全球连接度为165.05，在对标国家中排名第一，其次是美国、德国、日本，反映出我国的海运全球连接度有较大优势（表4-24）。我国作为世界海事组织A类理事国，在国际海运领域占有重要一席。2014年，我国海运船队运力规模达到1.90亿载重吨，约占世界海运船队总运力的11.5%，居世界第3位；拥有30个亿吨大港，百万标箱港口达到22个，在世界港口货物吞吐量、集装箱吞吐量前10名中分别占有8席和7席。

2014年对标国家海运全球连接度指数 表4-24

美国	日本	德国	中国
95.09	62.14	93.98	165.05

资料来源：联合国贸发会议数据库，UNCTAD LSCI，2014。

（三）企业竞争力

目前，我国已经拥有一批类似于中远海运、中交集团等世界知名的远洋运输和港口建设企业，规模位居世界前列。但是与对标国家优秀品牌企业相比，我国品牌企业在竞争力、可持续发展能力等方面还存在诸多差距。

2015年，我国船队规模最大的综合型航运企业中远海运集团销售收入和资产规模分别为230亿美元和556亿美元，远小于丹麦A·P穆勒·马士基集团的403亿美元和634亿美元。

从企业盈利能力来看，我国品牌企业也逊色于国际对手。2013年，中远集团净利润为负3.8亿美元，远低于欧盟、日本的竞争对手。我国港口企业以传统的装卸业务为主，2013年，上港集团货物装卸相关利润占全部利润的65%，而同期国外港口增值利润中装卸业务所占比例已经很小。以鹿特丹为例，2013年，其装卸业务利润仅占港口增加值的9%。

从创新角度来看，国际航运巨头丹麦A·P穆勒·马士基集团一直引领着集装箱班轮运输技术和商业模式创新，以及集装箱船舶大型化趋势并主导经营联盟化，提出“天天马士基”服务承诺和“3E”船舶理念，甚至在海运领域创新采用3D打印技术满足船舶备件需求，而我国航运企业在竞争中往往只能处于被动跟随状态。

比较各国拥有的全球码头运营公司，我国企业已经开始起步，企业规模、盈利能力与国际先进企业相比差距并不大，但从全球布局角度来看，我国企业仍存在很大的提升空间（表4-25）。

2014年国际集装箱码头公司排名　　表4-25

排　名	公　　司	吞吐量（百万TEU）	国家或地区
1	马士基码头	38.30	丹麦
2	招商局国际	33.40	中国
3	TIL	26.00	挪威
4	中远太平洋	19.05	中国
5	欧门	14.80	德国
6	达飞	9.14	法国
7	中海码头	约9	中国
8	SSA海事	约9	美国
9	日本邮船	约7	日本
10	汉堡哈芬	约7	德国
11	川崎汽船	约4	日本

资料来源：根据各大公司网站、财报整理。

船级社是全球海运技术领域研发和监督的主力军。在 2014 年 Lloyd’s List 评选的全球船级社综合排名中（表 4-26），美国船级社排名第 1，第 2、3、5、7 位都是来自欧盟国家的船级社，日本船级社排名第 4 位，中国船级社排名第 8。从入级船舶数量看，美国、欧盟、日本船级社入级船舶数量和吨位分别是本国控制船队数量和吨位的 4 倍、2 倍、2 倍左右，而我国船级社入级船舶约为本国控制运力的 1/2。

2014 年全球主要船级社综合排名 表 4-26

综合排名	船　级　社	入级船舶数量（艘）	吨位（百万总吨）
1	美国船级社	12923	214.0
2	挪威—德国劳氏船级社集团	13568	266.9
3	英国劳氏船级社	7563	217.6
4	日本船级社	8728	228.0
5	法国船级社	10800	101.3
6	俄罗斯船级社	5400	14.0
7	意大利船级社	4959	33.9
8	中国船级社	11958	65.0

资料来源：TOP10 Classification 2014，Lloyd’s List.

（四）科技创新能力

运用现代技术手段提升交通运输的安全性能，提高运输服务效率，是世界各国提升交通竞争力的发展方向之一。从科技创新能力来看，世界先进的汽车无人驾驶技术和全球导航系统等，我国都已开展了相关研究，与对标国家差距并不大。

汽车无人驾驶技术集自动控制、传感器和计算机技术等众多技术为一体，代表计算机科学、模式识别以及智能控制高度发展的方向。无人驾驶技术是交通运输技术发展的终极目标，代表着交通运输的智能化水平。目前，世界各国都在开展无人驾驶技术研发和推广。我国也进行了相关研究，并于 2016 年发布了无人驾驶技术路线图。

专栏 4-10　国内外汽车无人驾驶技术发展概况

自动无人驾驶汽车集自动控制、传感器、计算机技术等众多技术为一体，是计算机科学、模式识别和智能控制高度发展的产物。无人驾驶技术利用车载环境传感器如雷达、摄像头和超声波传感器等来感知车辆周围环境，并根据感知所获得的道路、车辆位置和障碍物信息，控制车辆的转向和行驶速度，从而使车辆能够安全、可靠地在道路上行驶。近年来，雷达、视觉、GPS、地理信息系统（GIS）、3G、专用短程无线通信（DSRC）等环境感知设备，电子加速踏板、液压电控辅助制动装置等纵向控制系统，电动助力辅助转向（EPS）、直接横摆力矩控制（DYC）等横向控制系统，已经在市场上得到广泛应用，为无人驾驶汽车的出现提供了技术基础。

无人驾驶汽车是汽车技术发展的终极目标，未来汽车智能化水平将会越来越高，无人驾驶汽车在特定路线和特定区域上将会得到逐步应用。2012 年 9 月，美国签署了 SB 1298 法案，允许加利福尼亚州第一辆无人驾驶汽车于 2015 年起正式驶入公共道路。

目前国外的无人驾驶汽车技术以谷歌公司为代表，逐步进入大范围的路试阶段。截至 2013 年年初，谷歌宣布其研发改装的自动驾驶汽车已成功累积行驶超过 30 万英里，所有驾驶控制均由计算机自动完成，整个行驶记录中无任何意外事故发生。2016 年，我国发布了无人驾驶技术路线图。这是我国无人驾驶领域公布的首个技术标准，详细展示了 2030 年前我国汽车行业各领域的发展蓝图。

国内的无人驾驶技术起步于 20 世纪 80 年代，主要由一些科研院所和高校承担研发任务，并已经取得一定进展。早在 2011 年，由国防科技大学自主研发的无人驾驶汽车完成了从长沙到武汉 286 公里的高速全程无人驾驶试验。2012 年，由军事交通运输学院研制的无人驾驶智能汽车也完成了京津高速公路（北京台湖收费站到天津东丽收费站）测试项目。

日本积极研究先进的信息化技术，其交通智能化发展始于 20 世纪 70 年代，从 80 年代中期到 90 年代中期相继完成了路车间通信系统（RACS）、交通信息通信系统（TICS）、宽区域旅行信息系统、超智能车辆系统、安全车辆系统及新交通管理系统等方面的研究。目前，日本智能交通系统发展已处于全球领先地位。

专栏 4-11　日本智能交通系统概况

（1）Smartway

Smartway 是日本国土交通省 2004 年启动的新一代智能交通系统，由 23 家企业共同参与。将道路设施、运行车辆和控制系统集成在一个平台上，通过专用短程无线通信方式予以连接，整合日本各项 ITS 功能（主要是 VICS 车载导航和 ETC 电子收费）及建立车载单元的共同平台，一个终端设备实现多种功能。在全国范围内安装路侧 ITS 点，与车载导航系统之间实现高速和大容量通信（5.8GHz DSRC），接收路侧 ITS 点传送的各种信息，使道路与车辆（车—路）能够通过 ITS 通信双向传输而成为智能道路和智能车辆。

（2）新一代交通管理系统 UTMS

UTMS 是利用光信标传感器使车辆与交通指挥中心之间实现双向通信，通过信息交互，提高驾驶安全、减少交通拥堵、削减交通污染，构筑以安全、舒适和低环境污染为目标的交通社会。

（3）基于车路协同的辅助安全驾驶系统 DSSS

2006 年，“DSSS-Ⅰ（信息服务型）”在东京都成功应用，该系统通过路侧检测器检测危险因素并提供安全信息服务。2008 年，该系统又加入了行驶车辆的位置和速度等信息，开发了“DSSS-Ⅱ(判断型)”。判断型 DSSS 车载机根据上述信息判断需要对驾驶人进行的信息服务和服务的时机，并通过声音和图像等提醒驾驶人注意。利用该系统，不仅可以预防在路侧检测器设置区段的交通运输事故，而且可以利用学习功能改善驾驶人的驾驶行为。

（4）VICS

目前，日本车载导航产品的普及率接近 90%。装有 VICS 系统的车载导航产品已经成为日本公众获取出行信息的最重要途径，它能够为公众提供动态、可视化的各类交通信息，包括道路拥堵情况、预计行程时间、事故信息、路线信息和停车场信息等，从而直接影响公众的出行线路和出行方式选择。这也促使日本的城市道路交通管理由被动式管理向主动式的诱导管理转变，管理效率得到有效提高。

美国政府主导研发的全球定位系统（GPS）是全球海上航行导航和定位的主流技术，拥有全球垄断地位。GPS 在 1994 年全面建成，向全世界免费开放民用信号，引导导航技术发展。我国于 2004 年启动北斗卫星导航系统的建设，2012 年 12 月 27 日北斗系统正式提供卫星导航服务，目前该系统已可涵盖亚太大部分地区，并已在海事系统有所应用。在卫星导航领域，我国的北斗系统与美国的 GPS、欧洲的伽利略系统、俄罗斯的格洛纳斯系统并称四大导航系统，但是在应用广度和深度上与其他系统相比仍存在一定的差距。

二、国际影响力

国际影响力是反映一国交通全球地位的重要因素，也是交通运输强国的主要表现方面。作为交通发展的软实力，可以用我国在重要国际组织的话语权、我国企业在国际的知名度和认可度来衡量。

（一）重要国际机构总部及分支机构落户国内数

能够吸引国际组织落户本国也是一国政治、经济具有一定国际影响力的表现。对比主要国际组织的分布情况（表4-27），目前主要集中在欧美国家，还没有一个重要的国际组织设立在我国，这与许多国际组织设立的背景以及我国所处的发展阶段有很大关系。

主要国际组织总部所在地分布情况　表4-27

国际组织	所在地
联合国 UN	纽约
国际标准化组织 ISO	日内瓦
国际海事组织 IMO	伦敦
国际海运联合会 ISF	伦敦
国际海事卫星组织 INMARSAT	伦敦
国际独立油轮船东协会 INTERTANKO	奥斯陆
国际船级社协会 IACS	伦敦
国际劳工组织 ILO	日内瓦
国际海上人命救助联盟 IMRF	伦敦
国际海商法协会 CMI	安特卫普

尽管世界主要国际组织已经基本尘埃落定，但是积极创造条件、吸引相关机构设立办事处也是后来者提升国际影响力的一个重要途径。在这一点上，日本积极谋求与各类国际机构合作，为其在日本设立办事处提供方便。目前越来越多的国际机构落户日本，如国际移民组织（IOM）驻日事务所、经济合作与发展组织（OECD）东京中心、联合国人道主义事务协调办公室（OCHA）神户办事处、国际联合地域开发中心（UNCRD）、国际联合开发计划（UNDP）驻日代表事务所、联合国环境计划署（UNEP）联合国环境技术中心、联合国人口基金（UNFPA）东京事务所、国际联合儿童基金（UNICEF）东京事务所、联合国大学（UNU）、联合国世界粮食计划署（WFP）日本事务所、世界卫生组织（WHO）神户中心、世界知识所有权机构（WIPO）日本事务所等。

（二）重要国际组织任职人数

目前，我国已加入1000多个国际组织，其中政府间国际组织200余家，有多个行业上万名专家在重要国际组织中担任职务。但是总体而言，我国参与的国际组织还很少，在国际组织的高层中担任主要领导职务的更是屈指可数。以联合国为例，2013年，我国在联合国系统工作的总人数为450人，仅占联合国人员总数的1.09%。按照联合国适当员额幅度计算，中国应该有专业人员136人，而目前仅有74人，中国现在纽约联合国总部有240多人，但低级别和从事语言翻译等辅助性工作的人员占绝大多数。真正在政治、安全、经济等关键部门工作并担任高职的并不多，司长级以上的高级别人员仅有10人。属于“任职人数偏低”的32个国家之一。可以说，我国在国际组织中的话语权还很不够。

在这一方面，日本非常重视向国际机构输送人员，借助该渠道不断扩大日本在国际社会的影响力。据日本外务省国际机构人事中心统计，仅1974年实施“JPO派遣计划”[1]以来，已向各类国际机构派遣1400名日本代表。目前日本在联合国等国际机构中任职（业务类官员以上）的765人中，约有330人是通过“JPO派遣计划”输送的。

（三）交通运输标准规范专利国际认可数

在国际标准方面，我国“集装箱RFID货运标签系统”（ISO18186）已通过国际标准化组织的批准并正式发布。2014年5月，我国船用北斗卫星导航系统正式通过了国际海事组织（IMO）海上安全委员会审议，取得面向海事应用的国际合法地位。

---

[1] 该计划指1974年以来日本实施的一项国际机构人才输送计划——初级专业人员派遣计划，为国内年轻人顺利进入国际机构提供相关培训及推荐。

但是总体来说，在国际标准舞台上，我国主要扮演的还是参与角色，如交通工程设施（公路）标准化技术委员会参与“ISO39001道路交通安全管理体系标准”的编制工作；全国智能运输系统标准化技术委员会参与国际标准PWI13111《移动设备支持出行者智能交通服务的应用》；集装箱标委会参与集装箱电子箱封（ISO18185）、集装箱自动识别（ISO10891）、集装箱机械箱封（ISO17712）等国际标准的制订。

与欧美国家相比，我国在重要国际组织、重要公约、国际标准方面的话语权偏弱。英国和德国依托IMO，针对航运界不断出现的新问题和新趋势，制定了一系列规范和约束航运活动的国际公约、议定书和规则，尤其是近些年相继出台的国际海事公约和规则，几乎涵盖了海事活动的各个领域。

第五节　可 持 续 性

交通行业要持续为社会提供便捷、经济的运输服务，同时要对社会、自然、环境尽可能地减少破坏，这是交通运输可持续发展的内在要求。当前，国内外对于交通运输可持续发展主要聚焦于绿色发展，从指标来看，关注如何减少交通运输碳排放以及交通运输对环境的保护，主要从交通运输可再生能源的利用比、交通运输业的碳排放比重、交通生态环境保护能力三个指标进行比较。

一、交通运输可再生能源利用比

交通运输可再生能源利用比指标是指一个国家交通运输消耗的可再生能源量占交通运输总能耗量[1]的比重，反映一国交通能耗结

[1] 此处交通运输能耗指标统计数据口径为：铁路运输、公路运输、水路运输、航空运输、管道运输、私人乘用车、摩托车、农用运输车等。

构。提高可再生能源的利用程度，是世界各国推进交通运输降耗的主要手段之一。

根据2012年相关统计数据（表4-28），我国可再生能源占交通运输总能耗的2.4%，其中电力占1.9%，生物燃料占0.5%。目前，石油仍然是我国交通运输能耗的主体，约占91.8%；煤炭消耗占1.3%，而美国、日本、德国已不再使用煤炭作为交通能源。

2012年对标国家交通运输可再生能源占比　　表4-28

美国	日本	德国	中国
3.5%	2.2%	7.7%	2.4%

资料来源：IEA统计数据，http：//www.iea.org/statistics/statisticssearch/。

从各国的能耗结构来看，德国可再生能源占比最高，美国次之，我国排在第三，略高于日本。在德国可再生能源中，生物燃料占了70%以上，这与德国近年来大力发展可再生能源、致力研究生物燃料等可再生技术有着很大关系。此外，德国政府积极推进绿色能源技术研发和绿色财税机制，鼓励使用低碳运输装备，开发推广燃料电池，支持新能源汽车发展，促进了可再生能源在本国交通行业的使用。

美国的可再生能源占比3.5%，其中生物燃料占2.4%，这要得益于美国的"去石油化"能源政策。美国不是京都议定书的签约国，其绿色交通政策主要来自于国内能源独立的需要以及民众对于交通能耗排放的强烈抗议。一方面，美国积极建立自己的石油储备、减少石油进口依赖，开发页岩气，鼓励天然气、生物质能等清洁能源的利用，不断降低美国交通碳排放。另一方面，国内民众对高达28%的交通碳排放率强烈不满，倒逼政府强制要求使用清洁能源。例如，在《1992年能源政策法案》中强制要求采用替代燃料，减少交通部门的石油消费。法案要求到2010年，至少要有30%的公务车和私人汽车使用替代燃料，包括天然气、电、甲烷、乙醇等。2009年，美国通过了《清洁能源与安全法案》，提出到2020年温室气体排放量要在2005年的基础上减少17%，到2050年减少83%。无论是小布什的"国家能源政策开发"，还是奥巴马的"绿色能源新政"，或是追溯到更早期的各项能源法案和政策，美国在"去石油化"的发展道路上坚定执着、政策全面。

专栏4-12 20世纪以来美国的新能源发展战略

从小布什政府开始，美国就把未来战略产业纳入宏观规划，并把目光锁定在以新能源为核心的新兴战略产业上。2001年年初，在就任美国总统后的第二周，布什总统就下令成立了"国家能源政策开发小组"。

2005年8月，布什政府发布《2005年能源政策法》，其主旨是通过国内节能、扩大国内能源生产和能源多样化等措施减少对国外能源的依赖，增加美国能源的独立性，实现美国长远的能源安全。《2005年能源政策法》对MTBE和乙醇的使用设置了多方面的规定，并设立了新的再生能源标准。根据这一新标准，到2012年，美国年产汽油中必须添加的乙醇或其他再生燃料要达到75亿加仑。《2005年能源政策法》还提出为氢燃料、油电混合型车以及清洁柴油车辆提供减免税刺激措施。2006年10月，美国能源部公布了一项五年战略计划，采取一系列措施确保美国在能源领域的国家利益。根据这项计划，美国在能源领域共有五大类战略目标，即能源安全、核安全、科技发现和创新、环境保护职责和高效管理。为实现上述五大类战略目标，美国能源部将大力推动科技研究和创新，开发太阳能、核能和水电等清洁能源，降低美国对石油的过高依存度，并提高能源的使用效率。

2007年7月，美国参议院提出了《低碳经济法案》，表明低碳经济有望成为美国未来的重要战略选择。2007 年还制定了《美国能源独立与安全法》，该法案包括提高车辆燃料经济性、增加生物燃料产量以及有关能源运输和基础设施的法规。通过各种立法手段，美国汽车燃油的经济性大大提高，直接有益于交通产业的发展，更有益于国家整体节能减排工作的实施与推进。

2009 年 6 月，众议院以微弱优势通过《美国清洁能源与安全法案》，意味着到 2020 年，美国的温室气体排放量需要在 2005 年的基础上减少 17%，到 2050 年需减少 83%，这无疑是美国气候政策的一个显著进步。2010 年美国环保署通过《清洁空气法案》，制定空气质量标准，将全美划分空气质量达标和不达标区域，对不达标区域的交通相关新上项目设定排放标准，作为交通项目审核可一票否决的指标。

此外，发展“新能源”是奥巴马政府近期经济发展战略的重点之一，《美国复苏和再投资法案》和《美国清洁能源安全法案》均透露出发展新能源的战略意图，其中的重要细节包括节能增效、新能源研发、应对气候变化和“智能电网”开发四大延伸方向。2011 年，美国能源部发布了战略规划，对通过科技创新应对能源、环境以及核安全的挑战，确保国家安全与繁荣规划了蓝图。2011 年 8 月，美国能源部和内政部发布了美国史上首个关于海上风电的机构间合作规划《国家海上风电战略：创建美国海上风电产业》。

日本的可再生能源消费以电力为主，这与日本以轨道交通为主的城市交通系统有很大关系。日本的能源政策也是摆脱石油束缚，转向其他替代能源。根据 2006 年《日本新国家能源战略》，到 2030 年，日本的石油依存度将从目前的近 100% 降低到 80%，核电利用比例将提升到 30% ~40%。日本推进交通节能减碳，重在发展轨道交通、推动多式联运、推进新能源载运工具的发展。

2012 年对标国家交通运输业能源消费结构见表 4-29、图 4-29。

2012 年对标国家交通运输业能源消费结构 表 4-29

国家	煤	石油	天然气	生物燃料	电力
美国	—	96.7%	—	2.4%	0.9%
日本	—	97.8%	—	—	2.2%
德国	—	91.5%	1.0%	5.5%	2.0%
中国	1.3%	91.8%	4.5%	0.5%	1.9%

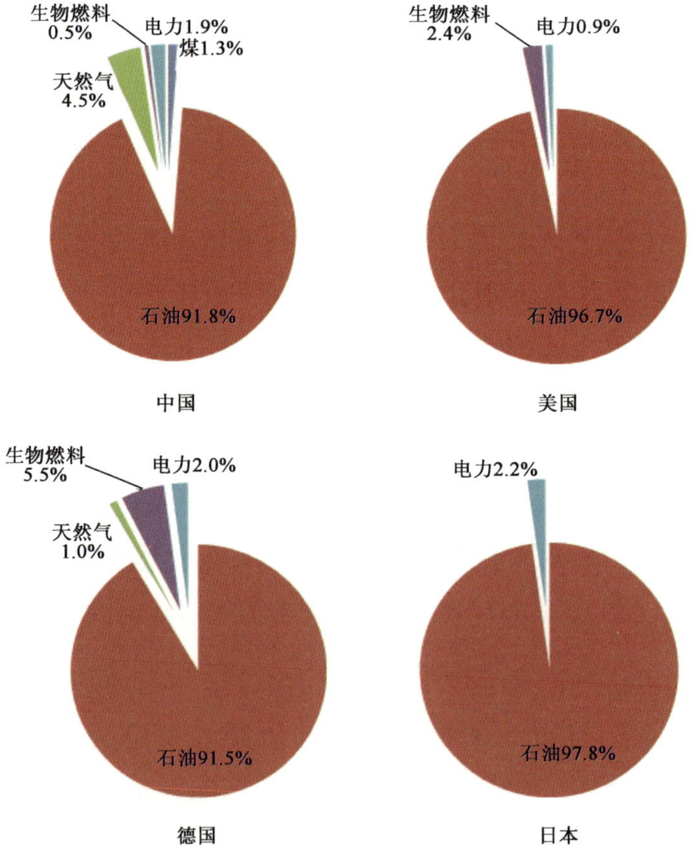

图 4-29 2012 年对标国家交通运输业能源消费结构图

总体来看，对标国家交通运输业能源消费仍以石油为主，并都在积极推动“去石油化”发展战略。无论是出于政治目的，或可持续发展的目的，发展清洁能源、提升可再生能耗比重，已成为各国广泛共识。

二、交通运输业碳排放比重

交通运输业的碳排放比重反映一国交通运输业 CO_2 排放量在全国温室气体排放总量中所占比重。根据2012年对标国家交通运输业 CO_2 排放量占比（表4-30），美国最高，德国次之，日本第三，我国第四。从横向比较，我国交通运输业的碳排放占比较低，仅为12.19%。从 CO_2 排放总量来看，美国第一，我国第二，比日本和德国要高出4~5倍之多。从交通运输业人均 CO_2 排放量来比较，由于我国人口基数较大，该指标要远远低于美国、日本和德国。

2012年对标国家交通运输业 CO_2 排放量占比 表4-30

指 标	美国	日本	德国	中国
交通运输业 CO_2 排放量占比	33.9%	22%	22.1%	12.19%

资料来源：IEA 数据；世界银行数据。

从对标国家交通运输业 CO_2 排放量指标对比（表4-31、图4-30）来看，美国的 CO_2 排放量最大，其次为中国、日本和德国。这主要是因为目前美国机动车保有量世界第一，远远高于中国、日本和德国，被称为“汽车轮子”上的国家，其交通运输仍然高度依赖于道路运输。其次，美国拥有巨大的资源优势，其国内含税燃油价格相对较低，乘用车排量相对较大，车辆平均油耗水平相对较高。相比之下，日本和德国交通运输业 CO_2 排放量相对较低，主要是因为日本、欧盟的含税燃油价格相对较高，小排量轻型车比较普及。此外，日本非常重视发展轨道交通和公共交通，并采用严格的排放控制标准和政策，电力和清洁燃料交通运输工具的应用比例较高。德国大力发展可再生能源，可再生能源在初级能源供应中的比例迅速提高。

2012 年对标国家交通运输业 CO_2 排放量 表 4-31

指　　标	美国	日本	德国	中国
交通运输业 CO_2 排放量（百万吨）	1739.3	218.78	147.58	926

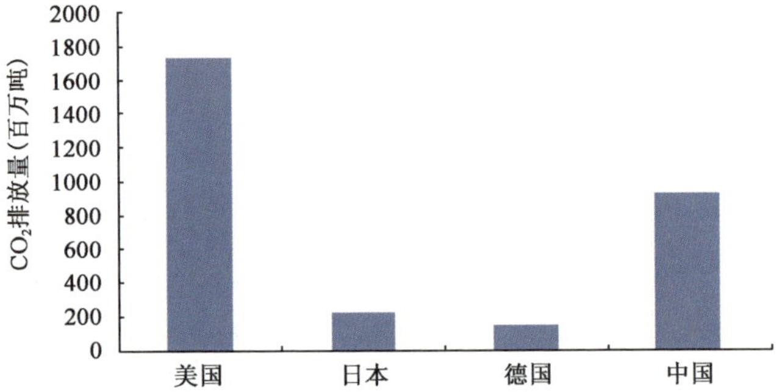

图 4-30　2012 年对标国家交通运输业 CO_2 排放量比较

从对标国家交通运输业人均 CO_2 排放量指标（表 4-32、图 4-31）对比来看，美国约为德国和日本的 3 倍以上、中国的 8 倍以上，这一差异主要是由不同国家的交通出行模式和人口基数导致。

2012 年对标国家交通运输业人均 CO_2 排放量 表 4-32

指　　标	美国	日本	德国	中国
交通运输业人均 CO_2 排放量（吨/人）	5.53	1.84	1.71	0.68

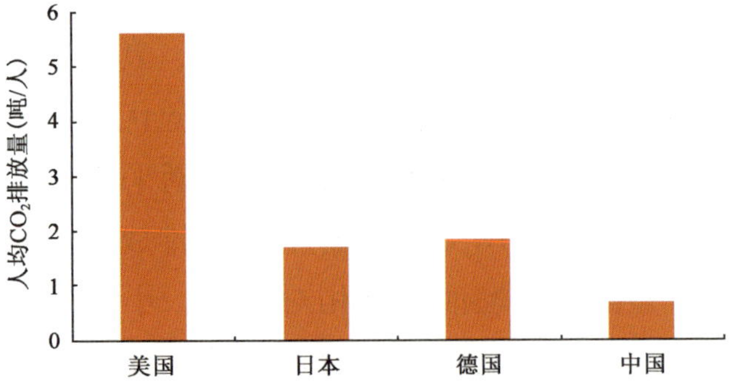

图 4-31　2012 年对标国家交通运输业人均 CO_2 排放量比较

综合来看，受经济发展阶段、自身资源禀赋、燃油税收政策以及汽车保有量等系列因素影响，美国交通运输业有关碳排放的各项指标都远高于其他国家，并且交通尤其是道路交通的碳排放量还在逐年增长。日本、德国由于碳排放量已于2000年达到了高峰，近年来一直保持平稳发展状态，加上交通运输业的结构转型，大容量轨道交通发展以及新能源技术的应用，两国的碳排放总体稳定。

我国正处于工业化时期，工业能源消费仍然是碳排放的主体，交通运输业碳排放占比总体不是很高，考虑到庞大的总人口基数，交通运输业人均碳排放量也在对标国家中排名最后。然而，我国交通运输碳排放总量仍然不低，推进交通运输产业结构转型升级、降低交通运输碳排放是大众的希冀。

三、交通生态环境保护能力

在交通生态环境保护方面，美国、日本、德国等发达国家均建立了完善的法律法规体系和管理制度。对于交通基础设施项目，特别是公路建设项目，十分注重规划设计阶段的环境影响评价，注意避让生态敏感区域，尽量降低交通设施对生态环境的不利影响。在施工过程中加强环境监理，严格控制施工环节，避免施工废弃物及机械设备油污污染环境，最大限度地降低交通设施建设对生态环境造成的破坏，并对施工中形成的裸露区域进行生态恢复。运营中重点做好野生动物保护，通过设置动物通道、减速标志等防止阻断动物迁徙通道，降低车辆对野生动物的致死率。同时，在交通生态环境保护过程中，发达国家充分重视尊重自然、人与自然和谐相处的理念，并注重营造和谐自然、景色优美、舒适宜人的交通景观，使交通基础设施与自然环境有机地融为一体，减少人工痕迹。

我国在交通生态环境保护方面虽然起步较晚，但发展比较迅速，特别是随着国家对环境保护越来越重视，在交通基础设施建设的各个阶段，生态环境保护也在不断加强。在交通设施规划设计阶段，全面开展了环境影响评价和水土保持方案制度，根据评价结论采取相应的环境保护措施，避让环境敏感要素，降低交通设施的建设和运营可能造成的不利影响。大部分项目在施工建设阶段都能够注意尽量降低对生态环境的破坏，特别是在公路建设中开展了大量的景观环保示范路试点工作，加强施工过程中对表土资源、原生植被以及水体湿地的保护，努力降低工程设施的扰动面积，并对施工中留下的裸露区域开展生态恢复和绿化美化。同时，在公路景观设计和营造方面，我国开展了大量探索和实践，特别是在对公路地域文化的挖掘和展示方面成效显著。

总的来看，发达国家交通生态环保法规政策和管理制度更加完善，更加注重在规划选线（选址）阶段避让生态敏感区域，在施工过程中严格坚持环境监理制度，在生态恢复和景观营造方面更加注重对原始自然景观风貌的保护。我国在交通生态环保政策法规和管理制度方面有待进一步完善，尤其是施工环境监理制度还没有建立起来，在生态恢复和景观营造方面，人工化痕迹相对较重。

第六节　我国交通运输与国际对标的总体判断

若要描绘交通运输强国的发展路径，海运因其最早成熟以及连通世界的特点，成为各国走向交通运输强国的起点，无论是美国、日本，还是欧洲各国莫不如此。随着各种运输方式的逐步完善，各国交通运输体系的畅达、便捷、高效、舒适，成为衡量交通运输发达程度的重要因素。总体而言，不同国家因其所采取的发展模式和政策着力点的不同，尚无统一的发展路径可循。但是，拥有先进的交通运输技术、对国际规则的话语权以及在世界范围内的影响力却是各国公认的交通运输强国的重要标志。

按照交通运输发展的价值取向，对比美国、日本、德国、中国四个国家交通运输发展的主要指标并进行排名，其中最高值排第一，以此类推，分别标识 1、2、3、4（表 4-33）。所比指标中，除表示安全性能的指标以数值小为最优外，其他指标排名与所表征的交通运输性能呈正相关性。

表 4-33 显示，我国交通运输业除了在高速公路、高速铁路、海运全球连接度上排在对标国家首位外，其他都与对标国家有一定差距，有些指标差距较大，尤其是我国交通运输安全水平较低。

交通运输服务效率指标表明我国总体服务水平较低，物流绩效指标表明我国货运效率和货运服务水平与发达国家差距甚远，全球 150 个国家中我国排名 28 位，甚至低于很多发展中国家。低效率、低产出、低水平运输模式，制约着我国迈向世界交通运输强国之列。从客运服务看，运输准点率、出行便捷性、信息完整性上都与对标国家不在一个水平上。衡量交通运输产出的从业人员人均增加值，也表现出我国依靠廉价劳动力支撑行业发展的现实。信息技术、专业化、自动化装备在我国交通运输领域的广泛应用还很不够。

从国际引领性看，我国交通运输在世界上竞争力较弱，在参与国际规则制定、主导世界交通话语权方面更是处于落后状态。

尽管我国拥有占世界港口重型机械 70% 市场份额的振华港机，但是我国在国际上具有知名度的企业屈指可数，能够代表国际交通建设、管理水平的技术和标准几乎为零。我国交通运输在国际上扮演的更多是施工队、运输队的角色。

主要国家对标指标排名情况

表 4-33

一级指标	二级指标	解释性指标	分析指标	美国	日本	德国	中国
保障性	基础设施水平	综合交通运输网规模	总量规模	1	4	3	2
			人均占有量	1	2	3	4
			平均国土面积占有量	3	1	2	4
		高等级交通运输设施	高速铁路总量	4	2	3	1
			高速铁路占比	4	2	3	1
			高速公路总量	2	4	3	1
			高速公路占比	3	4	1	2
			有铺装路面占比	2	1	—	3
		运输装备水平					
	运输服务效率	核心机场准点率	核心机场准点率	3	1	2	4
		铁路准点率	铁路准点率	4	1	3	2
		港口作业效率	码头作业效率	3	2	4	1
			集装箱海铁联运率	2	—	1	3
		城市轨道交通行车间隔					
	运输服务品质	综合客运枢纽换乘水平					
		旅客联程运输水平					
		重要物资运输保障能力					

续上表

一级指标	二级指标	解释性指标	分析指标	美国	日本	德国	中国
保障性	运输服务品质	城市交通支付方式多样性					
		城市出行信息服务完整性					
安全性	交通事故死亡率	道路交通事故死亡率	道路交通事故死亡总人数	2	—	3	1
			道路交通亿车公里死亡率	3	2	4	1
		水上交通事故死亡率	亿吨吞吐量船舶死亡人数	1	—		2
		交通工程建设事故死亡率	公路工程事故死亡人数	2			1
	交通运输安全急救能力	交通运输应急救援体系					
		水上搜救设施装备水平					
经济性	交通运输产出水平	交通运输生产效率	交通运输业增加值	1	3		2
			交通运输业增加值对 GDP 贡献	1	2		3
			交通运输从业人员总量	1	3		2
			交通运输从业人员人均增加值	2	1		3
		人均交通消费水平	人均交通消费数	1	3	2	4
			人均交通消费占年收入比	1	4	3	2
			人均交通消费占人均年消费比	1	4	2	3
	交通运输物流绩效	全球物流绩效指标	物流绩效指数排名	2	3	1	4
			物流基础设施效率	2	3	1	4
			物流第三方外包比例	1	3	2	4

续上表

一级指标	二级指标	解释性指标	分析指标	美国	日本	德国	中国
经济性	交通运输物流绩效	全球物流绩效指标	物流成本占 GDP 比	1	1	3	4
			运输成本占物流成本比	2	1	3	4
引领性	国际竞争力	航空全球连接度	航空全球连接度	1	4	2	3
		海运服务贸易平衡	海运服务贸易平衡	3	2	1	4
			海运全球连接度	2	4	3	1
		企业竞争力					
		科技创新能力					
	国际影响力	重要国际机构总部及分支机构落户国内数					
		重要国际组织任职人数	在联合国等机构任职比	1	—	2	3
		交通运输标准规范专利的国际认可数					
可持续性	交通运输可再生能源利用率	交通运输可再生能源利用率	交通运输可再生能源利用率	2	4	1	3
	交通运输碳排放	交通运输碳排放量	交通运输碳排放量占比	1	3	2	4
			交通运输碳排放总量	1	3	4	2
		交通运输人均碳排放量	交通运输人均碳排放量	1	2	3	4
	交通生态环保能力	交通生态环保措施					

注:表中蓝色指标为定性指标。

综上所述，我国作为交通运输大国是不争的事实，但是在运输服务效率和水平、国际竞争力和影响力方面还不是大国，甚至是一个小国、弱国，与世界强国差距仍然不小。交通运输发展在走过大干快上的建设期后，如何提高运输服务效率、提升运输服务水平，满足国内经济发展需要，支撑国家战略目标，这是交通运输从大国走向强国必须面对的重要考验。

第五章　实证研究：海运强国对标分析[1]

自新航路开辟以来的世界历史表明，大国崛起莫不与海洋息息相关，中华民族要实现伟大复兴，必须进一步关注海洋、认识海洋、经略海洋。作为国际贸易不可或缺的运输方式，海运承担了全球国际贸易量的80%（按重量计）。[2] 我国作为世界贸易大国，海运需求最大，海运也成为我国周转量最大的运输方式，2015年海运货物周转量占我国全社会货运周转量的45%。[3] 当前，海运不仅成为我国参与经济全球化、区域经济一体化的联系纽带和重要支撑，而且在维护国家主权、安全、发展利益中的地位更加突出。

经过多年的发展，美国、日本、欧盟成员国等经贸大国，形成了适合自身特色的海运文化、发展模式和政策，长期位居世界海运强国之列。我国于2014年印发了《关于促进海运业健康发展的若干意见》（国发〔2014〕32号文件），将"海运强国"正式上升为国家战略，明确提出到2020年基本建成安全、便捷、高效、绿色、具有国际竞争力的现代海运体系。海运强国战略的提出，将为我国由海运大国向海运强国转变奠定坚实基础。

本章以传统对标方法为基础，针对海运强国对标的特殊性，采取分层次、定量与定性相结合的方法开展对标。首先，与对标国家在船队、港口、品牌企业和支持保障系统等海运关键要素指

---

[1] 本章内容依托专题"海运强国国际对标"，课题组成员：贾大山、宁涛、金明、孙士雯、韩绪原。

[2] 资料来源：Review of Maritime Transport 2015，联合国贸易和发展会议。

[3] 资料来源：2015年交通运输行业发展统计公报，交通运输部。

标层面开展对标；其次，结合各自国情特点，与对标国家在海运定位、发展模式及经济政策层面开展对标；最后，与对标国家在发展效果等海运外部发展环境层面进行对标。考虑到数据可得性，国际对标基准年选取 2013 年，我国海运发展分析选取 2000—2013 年。

第一节　我国海运业发展及现状分析

改革开放特别是 21 世纪以来，我国海运业发展抓住“中国因素”和海运市场新一轮高峰的历史机遇，海运船队国际地位进一步提升，船队结构不断优化，综合运输能力显著提高。形成了一批规模和效率居世界前列的港口，港口吞吐能力实现由基本适应向适度超前转变，海运保障性显著改善；形成了一批有竞争力和国际影响力的品牌企业，航运中心建设取得显著进展；支持保障系统的人员、装备和技术水平也获得了较大的提升，更加积极地参与国际海运事务，海运国际竞争力不断提高。我国已经成为重要的世界海运大国，具备了向海运强国迈进的坚实基础。

一、海运需求快速增长，直接推高全球海运贸易量

中国对外贸易的快速增长，带动着海运需求的快速增长，特别是 2001 年中国加入 WTO 后，我国沿海和外贸海运需求快速增长，其中 2000—2011 年沿海运输需求和港口外贸吞吐量年均增长分别为 15.7% 和 15.2%，2011 年之后增速有所下滑，但总量仍然稳居世界第一位。“中国因素”更是推动世界海运需求的基本力量，2000 年以来海运需求增量的 2/3 源于“中国因素”。

二、海运船队规模国际地位进一步提升，结构不断优化

21 世纪以来，我国海运船队得到了全方位的发展，海运船队规模国际地位进一步提升。截至 2014 年年底，我国共拥有千吨级以上船舶 4720 艘，载重吨达 1.90 亿吨，占世界总量的 11.5%。2000 年以来，我国控制船队数量增长 137%，运力规模增长 376%，占全球船队总运力的比重从 5.2% 上升到 11.5%，排名由世界第 5 名上升至第 3 名（表 5-1）。

我国控制运力总量 表 5-1

国家（地区）	年份（年）	数量（艘）	载重吨（万吨）	全球排名	平均船龄（年）	载重吨占比（%）	数量占比（%）
中国	2000	1992	3986.5	5	19.3	5.2	6.7
	2014	4720	18979.3	3	11.3	11.5	11.5
世界	2000	29716	77018.3	—	17.3	100.0	100.0
	2014	41002	165248.1		13.9	100.0	100.0

资料来源：Shipping Statistics Yearbook 2015，ISL。

分船型看，2000—2014 年，我国液体散货船队吨位年均增速达 14.2%，排名由 2000 年的世界第 14 位上升为 2014 年年末的世界第 3 位，发展十分迅速；同期，我国干散货船队年均增速达 13%，规模保持在世界前 3 位，集装箱船队年均增速达 11%，排名上升到世界第 4 位。

在规模增长的同时，我国海运船队结构不断优化（表 5-2）。一是船舶专业化水平不断提高。干散货船、专用液体散货船（含 LNG 运输船）、集装箱船吨位比重由 2000 年的 81% 上升为 2014 年的 94%。二是船舶大型化趋势明显。船舶平均吨位已由 2000 年的 2 万载重吨/艘提高到 2014 年的 4 万载重吨/艘。三是高技术、特种功能

船舶种类更为丰富。为满足大型装备运输，我国形成了较有实力的半潜船队和重吊船队；为适应能源结构调整，我国大型 LNG 船队快速发展；伴随汽车产业发展，我国专业滚装汽车船队得到了发展。新型船舶的不断涌现，对服务我国经济发展、满足市场多样化需求起到了重要作用。

我国船队专业化、大型化情况 表 5-2

年 份	平均吨位（载重吨）	专业化船队比例
2000 年	2 万	81%
2014 年	4 万	94%

资料来源：Shipping Statistics Yearbook 2015，ISL。

三、沿海港口吞吐能力适度超前，服务效率国际领先

2000—2013 年，我国沿海港口发展取得了巨大成就，基本形成了布局合理、层次分明的港口体系。2006 年，国务院审议通过了《全国沿海港口布局规划》，经过近两个五年计划的发展建设历程，截至 2013 年年底，全国沿海港口已拥有万吨级及以上泊位 1607 个，基本形成了环渤海、长江三角洲、东南沿海、珠江三角洲和西南沿海五大港口群，以及煤炭、石油、铁矿石、集装箱、粮食、商品汽车、陆岛滚装和旅客运输八大运输系统的布局。2013 年，全国沿海港口完成货物吞吐量 75.61 亿吨，集装箱吞吐量 1.70 亿标准箱（TEU），旅客吞吐量 0.78 亿人次，分别较 2000 年增长 500%、725% 和 34%。沿海港口基础设施的通过能力正由基本缓解向适度超前转变。

在 2000 年全球港口吞吐量排名中，我国仅有上海港货物吞吐量和集装箱吞吐量名列全球前十位；2013 年年底，我国有 8 个港口货物吞吐量名列全球吞吐量前十位，6 个港口集装箱吞吐量名列全球前十位。

在硬件能力提升的同时，我国港口作业效率也在不断提高。在2013年商业周刊（JOC）全球集装箱港口作业效率排名中，前20位港口中我国港口占有10位，其中前三名分别为中国的天津港、青岛港和宁波港，体现了中国港口在管理和作业效率上已经处于世界领先地位。

我国国际航运中心建设明显进步。自2009年国家提出建设上海国际航运中心的目标以来，上海在国际航运中心建设上取得了诸多成绩：在船舶流方面，上海港的数量规模已居世界前列，集装箱吞吐量自2010年起稳居全球第一，国际地位继续巩固，为国际航运中心建设创造了较好的基础条件；在资金流方面，居于国内领先水平，是我国航运金融、保险中心，业务种类实现诸多突破，业务规模明显上升，发展质量有了较大提升；在信息流方面也做出诸多探索，上海航运交易所等在业内已初步具有国际影响力。

四、品牌企业加快成长，国际竞争力不断增强

经过多年发展，我国在远洋运输、港口运营等领域已经形成了若干具备一定国际竞争力、规模居于世界前列的品牌企业。中国远洋海运集团有限公司（以下简称“中远海运集团”）已经成为居于世界前列的综合性远洋运输企业。2015年，中远海运集团的营收规模和利润规模分别达到229.7亿美元和11.4亿美元，居2016年福布斯世界500强的第465位。2016年3月，中远海运集团船队总规模居于世界首位，旗下的干散货船队规模位居世界第一，集装箱船队规模居世界第四位，油轮船队规模居世界第二位，其子公司中远航运在特种运输领域也具备了较强的竞争实力。2016年3月，中国外运长航集团并入招商局集团后，新集团的油轮船队规模居世界第四位，干散货船队居世界第九位。表5-3为2016年春季我国航运企业规模地位排名。

2016 年春季我国海运企业规模地位排名 表 5-3

液体散货（百万载重吨）		排名	干散货（百万载重吨）		排名	集装箱（万 TEU）		排名
中远海运集团	14.37	2	中远海运集团	30.49	1	中远海运集团	157.30	4
招商局集团	13.68	4	招商局集团	7.89	9	海丰国际	9.20	22

我国大型海运企业的国际化水平在中国企业中处于前列，2013 年，中国 100 大跨国公司及跨国指数排名中，中远海运集团排名第六位，跨国指数 37.05%。

中远海运港口公司和招商局港口公司是我国最早“走出去”的港口企业，现已位居全球码头经营商前列。2015 年，中国远洋海运港口公司下属码头完成名义吞吐量 9640 万 TEU，位居世界第一，在海外 8 个国家和地区拥有投资运营的码头，特别是其在希腊比雷埃夫斯投资的码头，是我国企业在发达国家或地区首个拥有控制权的码头，对我国“走出去”战略具有重大意义。招商局港口公司下属码头完成名义吞吐量 8366 万 TEU，居世界第二，在海外 5 个国家直接投资运营码头，并参股法国 Terminal Link 公司，完善全球布局。

通过充分利用资本市场，我国国内也形成了以上海国际港务（集团）股份有限公司为代表的若干大型港口企业。2000 年，我国国内港口类上市公司仅有 5 家，市值仅为 270 亿元。到 2015 年年底，我国港口行业上市的有 17 家地方性港口公司，2 家全球性港口公司，总市值达 5658 亿元。

五、海运支持保障系统逐步完善，保障能力不断提高

我国海事部门已基本建成了具有世界先进水平的海上交通安全管理和服务体系，实现了对海上交通动态的全方位实时掌控。截至 2013 年年底，中国海事在全国范围内已建成 31 个船舶交通管理中心（VTS）和 92 个船舶自动识别系统（AIS）岸基站，沿海近岸水

域基本形成甚高频（VHF）通信连续覆盖，沿海船舶交通管理系统（VTS）基本实现对全国沿海主要港口和水道的船舶动态监视和服务，建成了覆盖全国沿海近岸水域的船舶自动识别系统（AIS），中国船舶远程识别与跟踪系统（LRIT）正式投入使用，大幅扩大了船舶监控范围。我国沿海设置的各类航标（视觉航标、音响航标和无线电航标）达一万座，基本覆盖了除南海岛屿外的所有水域。同时，中国海事系统已建成以5艘千吨级巡视船为骨干，1100余艘60米、45米、30米级及以下级巡逻船艇为主体的海事船艇编队，使海事监管范围从原来的主要港口水域延伸至专属经济区。海上交通管制服务实现信息化、立体化，有效提高了沿海航行的安全性，增强了我国对沿海水域的管控。在设施建设的同时，中国海事应急反应能力明显增强。成立了国家、省、地市三级水上搜救中心，形成了以政府统一领导，以海事部门为主要依托，搜救机构归口协调指挥的水上搜救组织体系，建立了全方位覆盖、全天候运行、快速反应的水上险情应急机制。

在海上通信导航方面，我国也取得了重要突破。传统的国际海上通信导航系统主要依托国际海事卫星组织（Inmarsat）和美国的全球卫星定位系统（GPS）提供船舶定位、导航、通信基础服务。我国于2004年启动北斗卫星导航系统的建设，2012年年底北斗系统正式提供卫星导航服务，目前该系统已可涵盖亚太大部分地区。我国制定的“船载北斗系统接收机设备性能标准”于2014年5月通过了国际海事组织海上安全委员会审议，成为北斗系统在相关领域应用的第一个国际标准，标志着我国北斗全球化应用迈出了坚实的第一步。

我国救助打捞系统救捞能力获得显著提高。截至2013年年底，救捞单位共拥有救助船舶190艘，救助航空器13架。其中，3艘14000千瓦救助船具备较强的海上溢油、消防、救生实力，设有直升机起降平台和机库，可搭载中型直升机出海和返航，并具有直升机补给功能，配有动力定位系统，搭载多种特种设备，能够进行多种特殊作业。“华天龙”全旋转起重工程船，吊机最大吊重能力为4000吨，旋转吊重能力为2000吨。“深潜号”多功能动力定位300米饱和深潜工作母船，是我国具备海上大深度潜水作业能力的标志性装备。“德深”是目前我国最大的多用途海洋拖轮，能进行1500米深水抛起锚作业，能对外供油、供电、供水，具备一级对外消防灭火作业及二级定位能力，能进行海上油田守护值班和营救作业。EC225和S-76C+两种机型目前在国际上处于先进水平。S-76C+直升机配置有强光搜索灯、红外成像仪、自动悬停系统、电动绞车系统、对空对海电台等设备，具备在10级风和9米浪高情况下进行海上救助的能力。EC225大型救助直升机具备全天候飞行能力，具有速度快、航程远、功率大、抗风能力强的特点。自1998年全国水上安全监督管理体制改革实施到2009年，共组织、协调、指挥海上搜寻救助9900起，共有122320人脱险，平均每天救助34人，救助成功率达93.2%。表5-4为截至2013年年底各救助局船舶类型统计，表5-5为截至2013年年底各打捞局船舶类型统计，表5-6为飞行单位救助航空器统计。

截至2013年年底各救助局船舶类型统计表（单位：艘）　表5-4

船舶类型	北海救助局	东海救助局	南海救助局	合　计
大型救助船	9	8	8	25
中型救助船	1	1	2	4
沿海快速救生船	2	6	2	10
小型救助船	5	7	16	28
合计	17	22	28	67

注：大型救助船指主机总功率6000千瓦及以上的船舶；中型救助船指主机总功率1940～5999千瓦的船舶；沿海快速救生船指总长50米左右，航速30～35节左右的船舶；小型救助船指总长15～20米的船舶。

2014 年 1 月，上海打捞局 300 米饱和潜水作业团队圆满完成我国首次 300 米饱和潜水作业，饱和潜水员胡建等 6 名潜水员成功下潜 300 米深海进行作业，巡回深度达到 313.5 米。

截至 2013 年年底各打捞局船舶类型统计表（单位：艘）　表 5-5

船舶类型	烟台打捞局	上海打捞局	广州打捞局	合计
拖轮	29	38	14	81
工程船	8	5	8	21
驳船及其他船	6	6	9	21
合计	43	49	31	123

飞行单位救助航空器统计表　表 5-6

型号	EC225	S-76+	S-76C+	SA365N	固定翼飞机	合计
北一飞	1	3	0	0	0	4
东一飞	1	0	3	0	0	4
东二飞	0	1	1	1*	0	3
南一飞	2	0	0	0	0	2

注：* 表示飞机为租用飞机。

表 5-5 ~ 表 5-6 资料来源：交通运输部救助打捞局。

中国船级社（CCS）是国际船级社协会（IACS）11 家正式会员之一，并先后于 1996—1997 年、2006—2007 年担任理事会主席。2014 年年底，中国船级社入级船舶总计 6500 万总吨，在国内外设有逾 60 家检验网点，形成了覆盖全球的服务网络，已接受 28 个国家和地区的政府授权，为悬挂这些国家和地区旗帜的船舶代行法定检验。其最高船级符号已被伦敦保险商协会纳入其船级条款，享受保费优惠待遇。

我国海事教育高速发展，各层次海员人才丰富。截至 2014 年年底，我国有各级各类航海院校 82 所，其中本科 16 所、高职 33 所、中职 33 所，另有 67 家船员培训机构。就航海院校整体来说，年培养能力不低于5万人，2014年共计招生1.72万人。截至2014年年底，全国拥有注册海员60.5万人，持证海员49.6万人（其中无限航区34.6万人，沿海航区15万人）。全年外派海员共12.5万人次，其中其他海员（即服务员、厨工）33.0%、值班水手15.3%、值班机工10.0%，高级海员外派比例占41.7%。

六、积极参与国际海运事务，国际影响力逐步提升

我国积极参与海运全球治理，参与的广度和深度均大幅提升。从1989年起，我国连任IMO的A类理事国，到2015年11月，已连续14次担任国际海事组织的A类理事国。交通运输部组织或协调参加IMO各类会议300多次，共向IMO提交提案约230份，组团参加IMO环保会及其他有关谈判20余次。

参与IMO事务的国际型人才队伍不断扩大，与IMO的技术合作不断推进。目前在IMO秘书处工作的中国籍人员共9人，其中担任IMO分委会主席1人。2000—2013年，共向世界海事大学选派培养中国学员24人，向国际海商法学院选派培养中国学员3人；2000—2013年圆满完成“海上特别勇敢奖”提名评选工作，共获最高荣誉奖章1次，奖状11份，表扬信28封。

参与IMO事务机制建设取得成效，2008年交通运输部成立了国际海事组织事务工作机制，成员单位包括外交部、工业和信息化部、农业部相关司局，部内8个相关司局以及中国船级社、大连海事大学等单位，整合资源，形成合力。

第二节　我国与海运强国对标分析

船队、港口、品牌企业和支持保障系统是海运业的四项关键要素，也是海运强国的内在支撑。通过关键要素的对比，可以初步识

别我国海运业发展的现状。

一、船队发展

船队是海运保障能力的基础，也体现一国的海运竞争力。2013年我国与其他国家（组织）控制运力和外贸海运量比较如表5-7所示。

我国与其他国家（组织）控制运力和外贸海运量比较（2013年）

表5-7

国家（组织）	船舶数量	载重吨（万吨）	船队份额	外贸海运量（百万吨）	外贸海运量份额
美国	1030	4763.7	3.0%	1257	6.6%
欧盟	13163	57503.1	36.0%	1690	8.9%
日本	4105	23537.0	14.7%	1291	6.8%
中国	4570	18444.4	11.6%	3360	17.7%
全球	40246	159592.1	100.0%	9505	100.0%

资料来源：船队数据来自 Shipping Statistics Yearbook 2014，ISL；海运量数据分别来自美国统计局，欧盟委员会运输司，日本国土交通省，中国交通运输部，联合国贸易和发展会议。

截至2013年年底，美国控制运力规模为4700余万载重吨，仅占全球总量的3%，远低于美国商品贸易的全球占比，但美国通过一系列立法，建立了多层次、规模较大、技术先进且成本可控的储备船队。一是建立了由专业化的滚装船、散货船、油船、载驳船、重吊船和客船组成的“国防储备船队”（NDRF和RRF），总量约150艘、300万载重吨，用于支持美国军事行动和政府人道救援等，平时由美国联邦运输部海运署管理，战时由国防部调遣。二是通过政府补贴的形式维持了一支由60艘船舶组成的具有活力、由私人拥有、经济合理的军事用途的运输船队。三是通过《货载优先法案》对军事和战略物资、政府采购物资等规定由美国旗船舶运输，保证了对重要物资运输的控制和关键船队的维护。

截至2013年年底，欧盟控制运力规模达5.75亿载重吨，占全球船队总规模的36%，长期居世界第一，且远高于欧盟商品贸易的全球占比。欧盟的各类船队规模均居世界前列，显示其在各个市场中均具有较强的竞争力。特别是在市场竞争激烈、运营管理要求极高的集装箱领域，欧盟船队规模遥遥领先。凭借卓越的国际竞争力，欧盟船队不仅能够满足自身运输安全保障的需求，而且也为其他国家提供运输服务。

截至2013年年底，日本控制运力规模达2.35亿载重吨，占全球船队总规模的近15%，居世界第二位，高于日本商品贸易的全球占比。日本十分重视作为大宗原料和能源重要运输工具的干散货船、油轮和LNG运输船的船队建设，三者规模分别居世界第一、第二和第一位。同时，日本控制的集装箱船队规模居世界第四位，也具有相当规模。

截至2013年年底，我国船队规模达1.84亿吨，占全球船队总规模约12%，居世界第三位，绝对规模处于世界前列，但远低于我国商品贸易的全球占比。尽管我国油轮船队获得了高速发展，但截至2013年，我国油轮船队承运本国原油进口份额仅为40%左右，船队运输保障能力与巨大运输需求还不匹配。

综合比较，欧盟和日本的船队发展居世界领先；美国依托强大的国家综合实力并不重视船队总体规模，但强调核心保障能力；我国船队规模绝对数量较大，但综合实力弱于欧盟和日本，且保障能力较弱。

二、港口发展

沿海港口作为货物海陆换装节点、区域经济发展引擎以及面向腹地的综合运输枢纽，其通过能力和服务功能是衡量发展水平的重要指标。港口通过能力由码头基础设施条件、装卸作业效率、集疏运系统衔接和口岸效率等因素决定，而港口功能可以通过各类港口业务比重加以衡量。

（一）港口生产

美国、欧盟、日本港口货物吞吐量需求已进入平稳发展期，2007 年美国、欧盟港口货物吞吐量达到历史最高值，而日本港口货物吞吐量需求早在 1998 年即已达到峰值。2008 年金融危机之后，美国、欧盟、日本港口吞吐量均出现大幅下滑，从 2010 年起缓慢复苏，但到 2013 年仍未达到金融危机前的水平。我国沿海港口货物吞吐量需求也已进入中低速增长区，伴随近年来的大力建设，我国码头数量、规模都得到了较大提升，码头设施条件也正由基本适应向适度超前转变。美国、日本、欧盟和我国的港口吞吐量变化情况参见图 5-1。

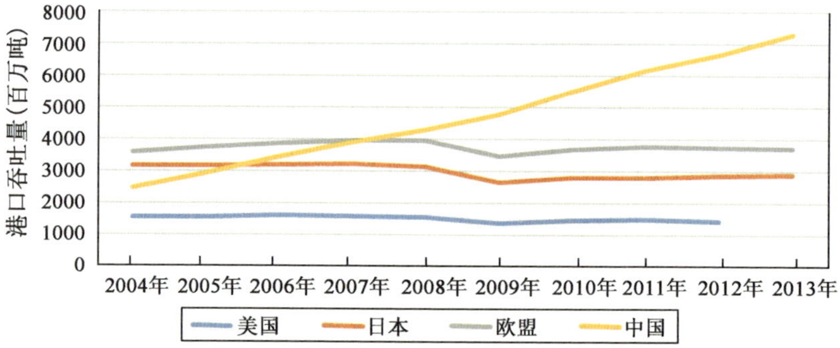

图 5-1　我国和对标国家（组织）的港口吞吐量

注：美国数据为物资海运量，其他国家（组织）为港口吞吐量。

在 2013 年世界集装箱港口作业效率排名中（表 5-8），前 20 位港口中中国港口占有 10 席，其中前三名均为中国港口，日本、美国港口各占一席，欧盟港口没有入选。这体现了中国港口在装卸作业效率上已经处于世界领先地位。

集装箱港口作业效率排名（单位：TEU/小时）　　表 5-8

排　名	港　口	国家（地区）	2013 年效率
1	天津	中国	130
2	青岛	中国	126
3	宁波	中国	120
6	横滨	日本	108
7	盐田	中国	106
8	厦门	中国	106
10	南沙	中国	104
11	上海	中国	104
12	大连	中国	104
13	妈湾	中国	95
19	赤湾港	中国	88
20	长滩	美国	88

资料来源：JOC Port Productivity Ranking 2013，美国商务日报（JOC）。

相比码头基础设施条件和作业效率，我国港口在集疏运体系衔接以及口岸效率方面与对标国家存在一定差距，尤其是集装箱港口铁路集疏运量在港口集疏运体系中所占的比重较小，与欧美发达国家相比有较大差距。

美国综合运输体系发达，港口与后方公路、铁路和管道等运输方式衔接紧密。美国铁路已经过发展高潮期，2000 年铁路总里程达 27.4 万公里，2013 年仍保持 22.2 万公里。美国东西海岸之间铁路距离 3000 余公里，铁路网发达且满足双层集装箱运输要求，实行高度市场化经营。2013 年，欧盟铁路总长约 21.6 万公里，铁路网密度高于美中两国。我国 2013 年铁路网达到 10.3 万公里，铁路网密度仅约为美国同期的 1/2，欧盟的 1/4。

从港口功能角度来看，对标国家的部分港口除货物装卸基本功能外，物流、工业等功能也得到了较好的发展。以鹿特丹港为例，

2013 年其港口吞吐量 4.4 亿吨，增加值为 210 亿欧元，其中装卸业务仅占 9%，单位吞吐量增加值 47.7 欧元。相比之下，我国绝大多数沿海港口仍主要依靠货物装卸获得利润。

（二）港口绿色环保

发达国家在绿色港口建设方面的起步较早，为了实现环境保护、节能减排，在法制、技术、管理等方面开展了大量工作，取得了显著效果。在船舶排放问题上，发达国家的研究和实践都走在全球前列，在国际海事组织（IMO）力推排放限额，并且在各自管辖海域推出了高于全球统一标准的排放控制区。2015 年 12 月，我国交通运输部印发《珠三角、长三角、环渤海（京津冀）水域排放控制区实施方案》，在上述水域分布实施船舶排放控制。各排放控制区限排物质和生效时间见表 5-9。

截至 2016 年年底海上排放控制区及限排物质和生效时间 表 5-9

排放控制区	限排物质	生效时间
波罗的海	SO_x	2006 年 5 月
北海	SO_x	2007 年 11 月
北美	SO_x，NO_x	2012 年 8 月
美国加勒比海	SO_x，NO_x	2014 年 1 月
中国珠三角、长三角、环渤海（京津冀）水域	SO_x	2016 年 1 月

1. 美国

北美排放控制区 2010 年纳入 MARPOL73/78 公约附件六，范围为距离北美海岸线 200 海里的海域，自 2012 年 8 月起生效。

2000 年以来，美国西海岸港口陆续采取多项节能环保措施，取得了显著的节能减排效果。西雅图港 2000 年发起了能源节约项目，2010 年用电量比最初水平下降了 50%。西雅图港还制定了绿色通道计划，为从亚洲到美国中西部的海洋和铁路运输提供最小碳足迹。

2003 年，洛杉矶港启动了“洛杉矶港环境管理系统”（EMS）项目，在已有环境管理项目（如船舶主动减速计划、资源控制和管理计划、泊位租用管理协约、危险品管理条例、洁净引擎和燃料条例等）的基础上，纳入了港口建设和保养管理（试验）条例、洁净码头条例等新的项目。长滩港于 2005 年通过了“绿色港口政策”（Green Port Policy），建立了环境友好型港口操作的基本框架，其主要内容包括保护水生态系统和海洋栖息地、减少港口活动有害气体排放、提高海港水质、港区污染土壤和沉积物回用、社区参与、可持续发展六个方面。2006 年，洛杉矶、长滩两港联合实施“圣佩罗湾洁净空气行动计划”（San Pedro Bay Ports Clean Air Action Plan），为减少货物运输过程中空气污染物的排放提供了整体战略，极大地提高了港口环境质量和港口绿色度，使美国在绿色港口建设上走在了世界的前列。

2. 欧盟

欧盟港口对全球气候变化、环境保护问题一直非常关注，在节能减排方面做出了很大努力。欧盟于 1999 年立法控制船舶燃料中硫氧化物排放，在 2005 年纳入 MARPOL73/78 公约附件六，在欧盟港口和波罗的海、北海和英吉利海峡划定硫氧化物排放控制区，强制使用硫氧化物排放较低的燃料或燃油技术，2012 年再次立法，在未来实施更严格的硫氧化物排放限值，并扩大了限排区域。

欧洲多个港口共同发起了生态港（EcoPorts）项目，其内容不仅考虑港区内部作业对环境的影响，同时也考虑到整个运输系统的优化组合，如减少载货汽车的空载率、发挥近海船运作用等，以减少运输对环境的影响。欧洲生态港建设，不是孤立的众多港口“节点”的环境行动，而是整个欧洲运输系统环境行动的一部分。荷兰鹿特丹港实施了“里吉蒙地区空气质量行动项目”（Rijnmond Regional Air Quality Action Program），以减少港区污染物排放，实现空气清洁，并制订了2020年“清洁、环保港口”发展规划。阿姆斯特丹港与荷兰其他港口协商通过了以“清洁航运”为主题之一的环境政策，使港口更合理地利用土地和环境，控制和减少二氧化碳的排放。

3. 日本

2007年9月，日本中央环境审议会公布了低碳社会的基本理念，要实现低碳化，要改变大量生产—大量消费—大量废弃的发展模式，通过节能、低碳能源的利用、提高资源有效利用等途径，确立起二氧化碳最低排放的低碳社会经济体制。目前，日本政府高度重视通过技术开发建设低碳港口。例如，国土交通省所属的科研机构“日本港湾机场技术研究所”制定了《2006—2010年中期研究计划》，其中2009年的重点研发项目就有三大类63项，如改善港口及腹地生态环境、减少碳排放研究、港口高效利用的技术研究等。近年来，日本港口还实施了低碳物流相关政策，从汽车运输转向碳排放量较少的内河航运或铁路，构建港口低碳物流系统。据统计，到2010年，日本港口运输部门通过构筑低碳物流系统、提高物流效率等，二氧化碳排放量已削减了1750万吨。

4. 中国

我国港口经历了高速增长期之后，港口绿色节能空间较大。目前我国正在实施船舶排放控制，开展港口船舶岸电、船用LNG动力和船用低硫油研发和试点。尽管我国已制定港口建设工程和生产相关环保标准和流程，但总体仍弱于发达国家。

与2005年比较，2010年我国港口吞吐量净增40.8亿吨，增长了84%，2010年港口生产综合单耗比2005年下降了4%。2007年起，交通运输部开展了5批交通运输行业节能减排示范项目，其中港口相关项目25项，部分项目已在全国得到推广，轮胎式集装箱门式起重机油改电技术和港区电网动态无功补偿及谐波污染治理技术已在港口得到了较为充分的应用，起到了很好的节能减排效果。2013年，交通运输部发布了《绿色港口指标体系》，用于指导和评估港口绿色环保情况。

（三）港口安全管理

我国港口高速发展过程中，在工程规划建设、生产安全管理等环节仍存在一些安全隐患，近年来港口、港区重大安全生产事故时有发生，造成了巨大的生命和财产损失。

2010年7月16日，大连港一艘30万吨级外籍油轮在卸油的过程中，由于操作不当引发输油管线爆炸。事故虽未造成人员伤亡，但大连附近海域至少50平方公里的海面被原油污染。爆炸着火的油罐距离大连福佳PX项目只有200米，附近的储罐里，共存放有12.45万立方米的二甲苯等16种剧毒危险化学品。

2015年8月12日，位于天津滨海新区塘沽开发区的天津东疆保税港区瑞海国际物流有限公司所属危险品仓库发生爆炸，遇难者158人，失联者人数15人，住院治疗人数356人，造成经济损失达到百亿元级。

西方海运强国在港口发展历史上也经历了从粗放到严格的过程，从事故中吸取教训，并推广到全球。1947年4月16日“格兰德坎普”（Grand Camp）号货轮在美国得克萨斯港装载硝酸铵发生爆炸，令大约600人丧生，3500多人受伤，此后美国在化学品安全管理和应急响应方面，陆续制定六部重要立法：《国家应急计划法》《清洁水法》《超级基金法》《超级基金修正案》《资源保护和环境恢复法》《油料污染法》。

2001年美国“9·11事件”发生后，为防止恐怖分子利用船舶发动恐怖袭击，美国和西方国家迅速于2001年11月在国际海事组织推动制订关于船舶和港口设施保安的新措施，由2002年12月召开的《1974年海上人命安全公约》缔约国政府大会（又称“海上保安外交大会”）通过，同时还加速自动识别系统安装要求的实施。

各海运强国由于经济、社会和技术发展处于领先地位，整体上对环境、安全的技术标准要求高于我国，港口安全管理处于领先地位。

（四）港口对标结果

综上所述，我国与美国、欧盟、日本在码头基础设施能力适应性上基本相当，装卸效率方面我国居于领先地位，但在集疏运体系有效衔接、口岸服务水平、港口绿色环保和安全生产方面，我国仍存在一定差距。此外，美国、欧盟、日本海运需求规模增速已经放缓或停滞，发展重点更多关注安全、环保以及服务功能的提升。表5-10为我国和对标国家（组织）的港口对标结果。

我国和对标国家（组织）的港口对标结果 表5-10

对比项	美国	欧盟	日本	中国
通过能力	强	强	强	强
作业效率	中	中	中	强
集疏运体系	强	强	强	中
绿色环保	强	强	强	中
生产安全	强	强	强	中

三、品牌企业

如前文所述，我国海运领域已形成了若干具备一定国际竞争力、规模位居世界前列的品牌企业。但与对标国家优秀品牌企业相比，我国海运品牌企业在竞争力、可持续发展能力等方面还存在诸多差距。具体可以通过企业规模、盈利能力、盈利稳定性、全球化水平和创新能力衡量。

（一）海运企业

以船队规模计，我国最大的综合型航运企业中远海运集团2015年销售收入和资产规模为230亿美元和556亿美元，远小于A·P穆勒·马士基集团（以下简称“马士基集团”）的403亿美元和634亿美元。在集装箱班轮领域，2015年年末，中远海运集团集装箱运力规模排名世界第四，如表5-11所示。在国际化水平上，中国海运企业海外资产规模和比例与发达国家海运企业基本相当。2015年全球非金融跨国公司排名中，按跨国指数排名，马士基集团排名第53名，中远集团排名第86名，跨国指数49.8%。

全球前十五大班轮公司排名（2016年6月） 表5-11

2016年排名	班轮公司	运力（万TEU）	运力份额
1	马士基航运	316.4	15.3%
2	地中海航运	277.0	13.4%
3	法国达飞	233.6	11.3%
4	中远海运	156.9	7.6%
5	长荣海运	96.4	4.7%
6	赫伯罗特	93.8	4.5%
7	汉堡南美	63.0	3.0%
8	韩进海运	62.1	3.0%
9	东方海外	60.3	2.9%
10	阳明海运	56.7	2.8%
11	阿拉伯联合航运	54.1	2.6%
12	商船三井	51.6	2.5%
13	日本邮船	49.8	2.4%
14	现代商船	41.0	2.0%
15	川崎汽船	39.1	1.9%

资料来源：AlphaLiner网站。

从反映企业竞争力的盈利能力角度来看，我国航运品牌企业也逊色于国际对手。2008 年金融危机以后，航运市场运费大幅下跌，中外大型航运企业经营分化，我国航运企业经营稳定性和持续盈利能力与国际同行相比差距较大。如表 5-12 所示，马士基航运公司 2010—2013 年仅亏损一年，且保持较高总利润率；中国远洋亏损两年，盈利一年，基本平衡一年，总亏损额较高；中海集运两年亏损、两年盈利，四年总计小幅亏损；日本邮船四年基本持平，商船三井大幅亏损。

2010—2013 年部分大型海运企业业绩 表 5-12

企业业绩	营业收入（亿美元）				净利润（亿美元）			
	2010 年	2011 年	2012 年	2013 年	2010 年	2011 年	2012 年	2013 年
马士基航运	240	251	271	262	26.2	-5.5	4.6	15.1
中国远洋	122	109	115	102	10.2	-16.6	-15.2	0.4
中海集运	53	45	52	56	6.4	-4.4	0.8	-4.3
日本邮船	183	232	220	201	-1.0	9.5	-8.9	2.0
商船三井	145	186	175	160	1.4	7.0	-3.2	-19.0

资料来源：各上市公司年报。

从创新角度来看，马士基集团走在集装箱班轮运输技术和商业模式创新的前列，多年来始终引领集装箱船舶大型化趋势并主导经营联盟化，提出“天天马士基”服务承诺和“3E”船舶理念，甚至在海运领域创新采用 3D 打印技术满足船舶备件需求。

从经营效果看，在德鲁里航运咨询公司定期发布的集装箱班轮公司准点率排名中，马士基集团长期位居前列。

（二）港口企业

从全球码头运营公司角度来看，我国企业已经开始起步，企业规模、盈利能力等紧追国际先进企业。从全球布局角度来看，我国企业近几年发展较快，基本实现了全球布局。表 5-13 为 2013 年国际集装箱码头公司排名。

国际集装箱码头公司排名（2013 年）　　表 5-13

排名	公　司	名义吞吐量（百万 TEU）	权益吞吐量（百万 TEU）	国家（地区）
1	和黄港口	76.1	45.0	中国香港
2	招商局国际	71.4	23.1	中国
3	马士基码头	68.0	35.0	丹麦
4	新加坡国际港务	61.7	52.9	新加坡
5	中远太平洋	59.9	18.6	中国
6	迪拜环球	53.7	32.8	阿联酋
7	TIL	29.9	15.4	卢森堡
8	中海码头	20.3	8.5	中国
9	韩进	14.4	7.7	韩国
10	欧门	14.0	6.7	德国

资料来源：Global Container Terminal Operators Annual Report 2014，Drewry Maritime Research。

港口企业具有较高的进入门槛和管理门槛，形成网络化经营后，具有较强的规模效益和网络效益，因此全球性港口企业均以集装箱码头为主营业务，目前绝大多数国际港口企业经营业绩良好。

（三）品牌企业对标结果

在品牌企业对标中，欧盟综合实力最强，其在远洋运输、码头经营、技术检验等领域均具有较强的竞争能力（规模、盈利）和可持续发展能力（盈利稳定性、全球化水平和创新能力）。日本综合实力仅次于欧盟，其在远洋运输和船舶技术检验领域处于世界先进水平。美国更加注重航运技术引领，其在船舶技术检验方面也具有较强的竞争实力。我国企业在规模数量方面已经缩小了与国际竞争者的距离，但在盈利能力、盈利稳定性、全球化水平和创新能力等发展质量方面与国际竞争者还有不小差距。表 5-14 为美国、欧盟、日本、中国品牌企业对标结果。

品牌企业对标结果 表 5-14

分　类	美国	欧盟	日本	中国
航运企业	弱	强	中	弱
港口企业	弱	强	弱	强

四、支持保障系统

(一) 海上交通管理

在海上交通管理领域，美国沿海航行安全管理机构为海岸警卫队，配备 244 艘巡逻艇、1776 艘近海船艇、198 架飞机，平均每百公里岸线大约配备巡逻艇 1 艘、近海船艇 8 艘、飞机 1 架。由于北美大陆东西两面临海，南部濒临墨西哥湾，美国近海航行安全和航行自由具备得天独厚的优势。

我国海事巡逻执法舰船数量不足，制约了海事在南海、东海等海域的执法能力。表 5-15 为我国和美国海事管理装备配备比较。

我国和美国海事管理装备配备比较 表 5-15

国　家	百公里岸线飞机数量	百公里岸线船艇数量
中国	0.1	6.1
美国	0.9	9.2

资料来源：根据中美官方数据整理。

在通信导航领域，目前全球海事导航通信所使用的 GPS、AIS 和海事卫星系统的技术研发和规则制定以欧美为主。美国的 GPS 系统已成为全球海事标准配备，系统成熟度高，服务稳定性好，我国的北斗系统在覆盖区域和航海应用方面还存在差距。美国、欧盟、日本均发布全球航海图，其中以英版和美版海图最为权威，我国绘制的海图覆盖范围和精度与其相比还有差距，在深远海方面差距尤为明显。

在救助打捞领域，美国、欧盟、日本和我国均建立了陆海空立体搜救网络。救助打捞装备规模和性能接近国际先进水平，搜救船艇实现自主研发，其他关键装备存在差距，搜救飞机从欧美进口，缺少大型远洋深海救援打捞船舶和高端扫测搜寻设备；欧美在20世纪80年代已经具备600米深度以上的饱和潜水能力，我国起步较晚，不过近年来发展迅速，已实现300米深度级别的饱和潜水作业；我国搜救飞机主要依赖欧美进口，救助直升机数量不足，且飞行救助网络尚未覆盖主要海区。

我国的三个救助局和四个救助飞行队在沿海分别设有24个救助基地和7个飞行救助起降点，初步形成了海空立体救助网络。常年在沿海部署60余艘救助船舶和12架救助直升机值班待命，接到命令后在30分钟内出动。在部署救助直升机的海区，沿海100海里内发生险情，救援力量基本能够在接警后90分钟内到达。但全国沿海尚有50%的海区未部署救助直升机，与海空立体救助覆盖全部沿海区域的国际先进水平相比还有较大差距。

（二）船级社

船级社是全球海运技术领域研发的主力军，在2014年Lloyd's List评选的全球船级社排名中，美国船级社排名第1位，第2、3、5、7位是欧盟国家船级社，日本船级社排名第4位，中国船级社排名第8位。

从入级船舶数量看，美国、欧盟、日本船级社入级船舶数量和吨位分别是其各自控制船队数量和吨位的4倍、2倍、2倍左右，我国船级社入级船舶约为本国控制运力的1/2。综合来看，美国船级社、挪威—德国劳氏船级社集团、英国劳氏船级社和日本船级社属于全球船级社的第一梯队。我国船级社已进入第二梯队，但在第二梯队中弱于法国、俄罗斯等船级社。表5-16为2014年全球主要船级社综合排名。

全球主要船级社综合排名（2014年） 表5-16

排名	船级社	入级船舶数量（艘）	吨位（百万总吨）
1	美国船级社	12923	214.0
2	挪威—德国劳氏船级社集团	13568	266.9
3	英国劳氏船级社	7563	217.6
4	日本船级社	8728	228.0
5	法国船级社	10800	101.3
6	俄罗斯船级社	5400	14.0
7	意大利船级社	4959	33.9
8	中国船级社	11958	65.0

资料来源：TOP10 Classification 2014，Lloyd's List。

（三）海上通道控制

海上战略通道是一国用于贸易运输且对其生存发展具有高度制约及影响的海峡、峡湾、航道和运河。第二次世界大战以来，美国作为全球超级大国，一直重视通过控制战略通道，保持安全方面的全球主导性。欧盟主要国家和日本是美国的军事同盟国，美国利用对战略运输通道的控制为他们提供间接保障。目前，全球主要海上战略通道的航行自由和安全是有保障的。我国并非美国的军事同盟国，目前在海外没有基地，对重要运输通道的控制力和影响力较弱。

（四）海事教育

在海事教育方面，我国多年来在提高自身海事教育的同时，也积极面向第三世界国家提供海事教育，为提高世界海事教育的整体水平做出了贡献。但是同发达国家相比，我国航海类专业学生实验实习教学环节尚不能很好地满足STCW公约（海员培训、发证和值班标准国际公约）和国家海事局船员培训的有关规定。目前英国航海类专业学生海上实习时间要比 STCW 公约规定的时间多 3 个月，驾驶员、轮机员培养计划的海上实习和理论学时比分别为 1.12 和 0.61，要比我国目前航海院校均值高出 3～5 倍。

五、海运发展环境

各个国家和地区的国情特点不同、发展环境各异，因此形成了各具特点的海运定位认识，选择了各不相同的海运发展模式，并形成了各自的海运政策体系。因此，开展海运强国对标，除对标关键要素以外，还需要结合各国的国情特点，对比各国对海运的战略定位、发展模式、政策体系以及最终效果，以期获得具有借鉴意义的经验。

（一）海运发展模式

对于海运的合理定位是各国选择海运发展模式的基础。世界海运强国对海运业在各自国民经济和国家安全方面所具有的重要作用都有着深刻认识，并都结合各自国情做出了适合各自发展的定位。

1. 美国

（1）海运战略定位

美国基于其强大的综合国力——全球最强的政治影响力、军事打击力、经济惩罚力量，对世界主要海运通道都拥有直接控制力和影响力，对于海运定位强调“国家安全保障性”。美国称其商船队为仅次于海陆空军的“第四只臂膀”。《美国海事局和美国海运系统的 21 世纪愿景》（以下简称《愿景》）中认为“自美国建国以来，商业海运就是美国国防不可或缺的部分……没有海上补给，美国根本无法应对海外冲突和紧急情况。它（商业海运）可以毫不夸张地被誉为美国军事力量及其任务的生命线”。同时，美国也十分重视海运的经济作用。《愿景》也认为“海运系统对美国的经济和持续繁荣至关重要”。基于这一定位，美国制定了一系列法律，通过建立国家安全船队、货载保留、海运补贴等方式确保美国海运对于国家安全的保障作用。

（2）海运发展模式

受马汉的“海权论”影响，美国注重世界海权控制，在海运强国建设上实行“海权控制模式”：依托美国强大的政治、军事、技术和经济力量，形成综合威慑力和海权控制力，建立国家安全船队保障国家安全需要，并辅以货载保留政策和海运补贴政策。对商业运输业务则依托海权控制，虽然没有强大的海运船队，外贸货物仍可以得到公平运输，这是其他国家望尘莫及的。

①控制全球战略通道和维护海洋秩序

第二次世界大战以来，美国作为全球超级大国，一直重视通过控制战略通道保持安全方面的全球主导性。

美国海军是全球最强大的海上力量，2015 年现役人数为 32.5 万人，共拥有 10 艘现役航空母舰，4 艘退役预备航母，另有 3 艘航母正在建造中，271 艘各类战斗舰只，3600 架飞机。在全球各个海域，美国海军均具备压倒性优势。美国海军认为，为保卫美国利益，在战时必须控制 16 个战略咽喉要道，它们是阿拉斯加湾、朝鲜海峡、望加锡海峡、巽他海峡、马六甲海峡、曼德海峡、苏伊士运河、直布罗陀海峡、斯卡格拉克海峡、卡特加特海峡、格陵兰—冰岛—英吉利海峡、非洲以南和北美的航道、霍尔木兹海峡、波斯湾、巴拿马运河和佛罗里达海峡。控制了这 16 个海峡，不仅能够控制全球海上通道和全球制海权，而且形成了对全球陆地的无缝隙控制。

美国将全球划分为 6 个战区司令部，海外基地总数达 770 处，遍及六大洲（除南极洲外）、四大洋，辐射全球数十个国家。

美国海军共有第 3、4、5、6、7、10 共 6 个编号舰队，共拥有 10 艘核动力航母，其中第 3 ~ 7 舰队部署在全球海域，第 10 舰队为负责海洋的信息网络部队。以第 7 舰队为例，该舰队拥有 60 ~ 70 艘舰艇，其中包括以核动力航空母舰乔治·华盛顿号为核心的第5航空母舰打击群，拥有300架飞机，海军和海军陆战队共40000人，总部设在日本横须贺，在日本佐世保、冲绳和神奈川县等地，韩国首尔和美国关岛拥有数个基地。

②掌握海运核心技术

美国在海运相关的高端制造业和高科技领域保持世界领先地位，确保独立自主，并且在导航定位技术上具有支配地位。

美国船舶制造技术高度发达。在第二次世界大战期间，美国建造了一百多艘航空母舰、12万艘舰船，极大地支持了同盟国的战斗。战后美国在海洋工程和船舶建造技术仍然保持领先，目前以生产军用船舶为主，“福特”级核动力航母、“俄亥俄”级核潜艇等是美国船舶和海洋工程领先的标志。

美国政府主导研发的全球定位系统（GPS）是全球海上航行导航和定位的主流技术，具有垄断地位。GPS在1994年全面建成，向全世界免费开放民用信号。在GPS研发的过程中，美国政府即与国际海事组织（IMO）联系，考虑开放信号用于航海。1994年GPS系统建成后与IMO达成合作协议，1996年IMO海事安全委员会（MSC）以航行安全SN/Circ182号通函的形式将GPS正式作为全球无线电导航系统（WWRNS）组成部分，并在此后纳入《1974年国际海上人命安全公约》（SOLAS公约），成为全球海上航行的必备设备。

③建立海运安全船队，制定政府物资货载保留制度，确保战略海运安全

美国将商船作为保卫国家安全的重要力量，为保障军事物资和政府物资运输，美国建立了系统的海运安全船队，该系统包括数百万的民营船队和国家船队。为支持美国海运企业发展，美国法律规

定了政府物资货载保留制度。

通过“海权控制模式”，美国能够确保自身在国际海运市场利益不受损失，可以将民用物资完全交给海运市场。

2. 欧盟

欧洲是最早崛起于海上的地区，对于海运业的重要作用认识深刻。经过几百年的沉淀、磨合，欧盟形成了发达的海运文化、完善的经济政策以及和其他相关产业的合作关系，并通过对海运规则、标准的强大影响力不断巩固国际竞争优势。

（1）海运战略定位

欧盟理事会认为“海运业一直是欧洲经济增长和繁荣的重要基石，确保了欧洲的融合和可持续发展；海运服务对于欧洲经济和企业参与全球竞争至关重要；同时，海运和相关产业也是欧洲收入和就业的重要来源。”

（2）海运发展模式

欧盟具有悠久的航海传统，主导形成了当今的国际海运规则，包括技术规则和商业规则，海运领域的后来者不得不在欧盟国家主导建立的规则之下参与竞争。欧盟企业对这些规则的理解和掌握相对其他国家企业具有天然优势，其发展模式就是最大限度的发挥竞争优势——争取国际海运市场的开放和竞争。欧盟模式可总结为“政策引领模式”。

①主导国际海运规则

技术规则方面，现代国际海运领域的重要基础性公约——《1974 年国际海上人命安全公约》（SOLAS 公约）、《1973 年国际防止船舶造成污染公约》（MARPOL 公约）、《1978 年海员培训、发证和值班标准国际公约》（STCW 公约）、《2006 年国际海事劳工公约》（2006MLC 公约），这四个公约从总体上解决了国际航运业的航行安全、环境保护、海员素质的提高和海员权利保护等基本问题，构筑了国际海事条约的框架。每个公约的最终确定都是历史经验、科技和国际博弈的结果，欧盟国家在上述公约的制定中占据主导地位。

商业规则方面，英语为航运通用语言，英国普通法为行业通用法律。目前国际海运领域主要的商业规则，如提单和海上货物运输相关的海牙规则、海牙—维斯比规则；海损理算的安特卫普规则、海事海上保险规则、海商国际仲裁规则、国际保险规则等，都以欧盟国家为主建立。

②发挥产业链优势

欧盟拥有完整的航运产业链，多部门联动，保持优势。

在船舶建造技术方面，欧盟仍然主导着船用发动机、船用电子设备的制造。MAN 公司和 Wartsila 公司垄断了全球船用发动机市场。在船用电子设备——自动化驾驶舱、自动化机舱、船用雷达等方面，欧盟也具有竞争优势，国际船舶制造业的转移主要是船体焊接、拼装等产业的转移。

在船舶检验、船舶运营方面，欧盟的优势在前文已有表述。欧盟许多航运企业是家族企业，经验传承上百年，应对国际航运市场波动经验丰富。

在航运服务方面，欧盟航运融资、保险、航运仲裁等都在全球具有支配地位，伦敦国际航运中心地位保持数百年而不衰。

③不断创新，保持领先地位

当前，欧盟在航海科技和海运商业规则的研发方面仍然走在全球前沿。高技术船型的开发，例如超大型集装箱船、超大型液化天然气船、船舶智能控制设备等，具有领先优势。在商业规则领域，新的判例、新的格式合同、运价衍生品等不断推出。欧盟国家有能力将上述成果转化为国际规则，从而在全球推广，获得创新回报。

④提倡竞争，开放市场

欧盟海运业具有国际竞争力，从来不满足于本地市场，而是放眼全球。欧盟在内部制定了严格的竞争法，开放各成员国沿海运输权。在对外贸易谈判中，海运服务开放是欧盟谈判的重要内容，纳入 WTO 规则。在欧盟的推动下，国际海运班轮公会、普通贸易货载保留制度等妨碍竞争的制度均已废除。

3. 日本

(1) 海运战略定位

作为岛国，日本各类天然资源十分短缺，大量资源需要从全球采购，工业制成品又需运往世界各地。日本在第二次世界大战后曾经长期奉行贸易立国政策，将海上运输线视为“日本的生命线”，认为“确保海上运输线的安全是日本人民生存的最低需要”。

(2) 海运发展模式

由于日本相对于欧美在技术、管理、产业发展等方面均起步较晚，处于后发地位，因此形成了独特的“利益共享”发展模式。大型财团通过产业关联、资本关联乃至血缘关系形成了完整的供应链，海运企业仅是企业集团中承担运输、物流任务的一个环节，尽管也参与国际竞争，但最主要的任务是完成本企业集团的物资运输任务，并借此获得合理稳定的回报。

①关联企业合作密切

日本三大船公司——日本邮船、商船三井和川崎汽船分别与三菱财团、三井住友财团和第一劝银财团合作密切。每个财团以大型金融机构为核心，通过互相持股形成紧密的合资合作关系，财团核心企业经理人之间定期沟通，促进上下游产业之间的合作。

由于这种独特的关联企业关系，日本本国大型货主在海运服务中优先选择本国船公司，形成长期固定合作关系。在这种合作中，船公司与货主公司按照可预计需求，签订20～25年长期合同，定制专业化船舶服务。这种模式能够有效降低沟通成本，提供定制服务，提高效率。

②政企合作，提高竞争力

日本在第二次世界大战后形成了数百家船公司竞争而企业规模整体偏小的局面。这种局面导致企业应对风险能力较差，难以适应船舶大型化、规模化运营的需求，日本政府通过经济刺激政策，鼓励企业兼并重组，最终形成了三大船公司寡头垄断的局面。由于货主企业与船公司之间合作密切，一定程度上抵消了垄断带来的低效率。三大船公司建立以来，长期在全球航运市场中保持稳定的经营业绩，规模不断扩大，实现了通过兼并重组做大做强的目标。

4. 中国

（1）海运战略定位

2014年，《国务院关于促进海运业健康发展的若干意见》明确了海运业是经济社会发展重要的基础产业，提出了建设海运强国的战略目标。海运对我国的重要意义包括：保障国民经济安全运行，增强应对国际事务能力，带动相关产业协调发展，推动对外经济贸易合作。

我国具有长期的大陆文明传统，对海洋开发、海洋贸易和海洋权益的重要性尚未充分认识，相关政府部门和专家学者对海运地位与作用的认识仍然存在分歧。党的十八大以来中央提出“海洋强国”“一带一路”等战略都有利于进一步凝聚共识，为建设海运强国奠定基础。

（2）海运发展模式

我国改革开放以来，逐步对内开放了国内、国际海运，对外开放了国际海运。随着我国经济崛起，海运服务需求逐步扩大，我国海运企业不断发展壮大，形成了以国有骨干海运企业为主、民营海运企业齐头并进的局面。

我国海运事业发展历程相对对标国家短得多。1990 年以来，在我国经济连续多年保持两位数增长的背景下，我国海运业服务供给相对于海运需求长期处于追赶状态，在“中国因素”带来的全球海运大繁荣下得到极大的增长，但是这也导致我国海运企业对行业发展规律、风险防范缺乏经验，在 2008 年之后遭遇较大挫折。

我国政府对国际海运业实施较高水平的开放政策，对海运业按照一般性竞争行业管理，致使海运业在国际竞争中处于先天劣势地位，变相提高了我国企业进入国际海运业的门槛。

一种成熟的行业发展模式，需要政府、民间对行业定位取得共识，从而制定相应的发展战略和政策，为企业营造公平、自由的环境，在长期的内部磨合和国际竞争中形成特色。目前我国海运业还没有形成稳定的竞争优势和发展模式，正在探索具有中国特色的海运发展模式。

5. 小结

世界海运强国对海运业的认识定位虽有差异，但整体保持一致，认可海运作为经济繁荣基石、国家安全保障的地位。各国海运发展模式各有不同，但效果相近。美国凭借国力，强调对关键资源的掌控，更多依靠海外运输资源，保障实现海运战略定位。欧盟整体实力较强，掌控技术规则，也能够实现海运战略定位。日本为后发国家，高度依赖海运，通过打造金融、贸易、制造、海运的命运共同体实现自身海运战略定位。我国尚未形成适合自身特点的发展模式，保障性和竞争效果不佳。

（二）海运经济政策

1. 美国

美国海运经济政策突出保障国家安全的特征，通过经济补贴保障拥有足够的本国籍商业船队满足军事和政府海运需求，提出了若干经济补贴项目，对国际海运企业采用了吨位税制。

美国海事安全项目（Maritime Security Program，MSP，属于政府签约民营船队）。该项目根据国防授权法（NDAA）和海事安全法（MSA）建立。美国联邦政府对60艘签约美国籍商业船舶提供补贴，2012—2018年间每年为1.86亿美元。在该计划下的签约船舶需要根据国防部长的要求，在战时和国家紧急状态时向政府提供运输服务。MSP能够确保政府所需运输船队具备良好的技术状态和营运经验。

海上多式联运志愿协议（Voluntary Intermodal Sealift Agreement，VISA）。所有参与该项目的美国籍海运企业自愿在战时向政府提供海上多式联运服务，在最紧急状态下至少提供企业50%的运力为政府服务，目前有50多家美国海运公司参与。

国防储备船队（National Defence Reserve Fleet，NDRF）和常备储备船队（Ready Reserve Fleet，RRF）。这两个船队属于政府直接拥有，总量约150艘、300万载重吨，包括专业化的滚装船、散货船、油船、载驳船、重吊船和客船，根据政府和军方需要随时调用。

货载保留制度（Cargo Preference Act）。对军事和战略物资、政府采购等规定由美国籍船舶运输，保证了重要物资海运的控制和关键船队的维护。其中包括：战略石油储备项目，美国能源部进口的战略石油运输至少有50%由美国籍船舶运输；军事运输项目，美国国防部或军事部门的军事项目的物资100%由美国籍船舶承运；粮食运输项目，包括美国政府特许的贷款项目为发展中国家提供的粮食，美国国际开发署为发展中国家提供捐赠项目的商品，以及为不发达国家提供捐赠的食品和粮食等至少有 50% 由美国籍船舶承运；美国进出口银行贷款项目，至少 50% 由美国籍船舶承运。

严格的沿海运输权保护。美国《商船法》规定了严格的沿海运输权，要求经营美国沿海运输的船舶必须为美国船舶：“美国船舶”为“在美国建造、在美国登记并为美国公民所有的船舶”。

吨位税制。美国从 2004—2005 财政年度开始，符合一定条件的国际海运企业，可以选择吨位税制。这里的符合条件是指：船舶不少于 6000 载重吨，并悬挂美国旗；该船用于国际海运；与之相关的运输业务（条文中被称为核心业务）、二级业务及相关业务。吨位税利润率：每船小于 25000 净吨部分采用 40 美分/100 净吨营运天核算利润；大于 25000 净吨部分采用 20 美分/100 净吨营运天核算利润。核算总利润与相应的企业所得税率相乘即为企业应纳所得税。

所得税延迟：①快速折旧。美国公司运营的美国旗船经过认证，可以享受 10 年的快速折旧期，外国旗船的折旧期为 18 年。通过快速折旧，可以起到延迟纳税的目的，降低企业负担，目的是促进美国旗船发展。②船舶建造储备基金（Construction Reserve Fund，CRF）。享受营运差额补贴的美国运营人，可以设立 CRF 账户，将船舶处置收益等存入该账户，所得收益免予缴纳所得税。但该账户的资金只能用于在美国造船，如使用于非美国造船目的，则需补缴税款。

2. 欧盟

欧盟各国为促进本地海运业发展，普遍对海运业实行吨位税制，对海员实行个人所得税减免，提升海运竞争力，扩大海员就业。此外，欧盟积极支持海运提高技术和绿色环保标准。

吨位税制和船员个税减免。欧盟绝大多数国家对海运业实行吨位税，包括希腊、德国、英国、法国、荷兰、保加利亚、挪威、丹麦、西班牙、芬兰、爱尔兰、比利时、意大利、波兰、马耳他等国，绝大多数国家对海员实行海上工作半年以上个税减免政策。

绝大多数国家的吨位税制是按吨位计的应纳税利润，设定一个较低的每日每吨盈利额作为纳税基础，如果纳税人仅经营部分海运船舶，他将按照他所经营的那部分船舶的利润缴税。

投融资模式。德国 KG（Kommandit Gesellschaft）基金（即有限责任合伙基金）是一种特殊的投资工具，投资人从该基金中的获利只需缴纳个人所得税，而没有企业所得税。KG 基金已有 40 多年历史，原为高收入群体的避税工具，1999 年德国税法规定国际航运船舶适用吨位税制，KG 船舶基金资本税率约 0.2%。2007 年 KG 基金本金募集约 100 亿欧元，金融危机后约 50 亿欧元/年，2011 年为 58.5 亿欧元。通过这种方式，大量资本进入海运业，德国成为国际海运最大的集装箱班轮船东。

盟内沿海运输权开放。欧盟交通政策、基础设施建设和市场监管在欧盟内属于联盟和成员国共同的主要任务领域。欧盟委员会（European Commission）设有交通委员（Commissioner for Transport）主管交通工作，推动欧盟内交通网络和跨境运输，推动统一标准。由于欧盟内单个国家海岸线长度和海运需求较小，难以实现规模化发展，欧盟在 1993 年即立法将盟内沿海运输权对所有成员国开放。

3. 日本

计划造船。日本第二次世界大战后在极端困难的情况下，政府出资建设船队满足国家海运需求，即“计划造船”模式。此后，海运企业民营化，日本政府继续提供财政补贴鼓励企业造船，到 20 世纪90年代共建造远洋船舶1071艘、4492万载重吨，投资4万亿日元，其中国家投资2.5万亿日元，此后该政策退出。

低息贷款。通过日本政策投资银行等政策性银行对海运企业造船提供低息补贴。20世纪90年代后，日本经济低迷，长期实行低利率政策，日本航运企业融资成本也随之降低。

集约化经营。日本战后航运企业运力规模总体偏小，数量过多，为减少恶性竞争、提高企业国际竞争力，1963年日本政府推动集约化经营，仅对运力规模超过100万载重吨的企业给予海运补贴政策实现了前6家企业行业集中度高达82%，其中就包括目前日本国际海运三巨头——日本邮船、商船三井和川崎汽船。

吨位税制。2008年，日本参考国际做法提出“吨位税制”作为一般所得税制的可替代选择，配合“国际船舶登记制度”的实施，以期通过稳定、低税率的吨位税制吸引日本航运公司选择在日本注册船舶，以保证国际航运核心能力。

4. 中国

我国长期将航运企业作为一般竞争性行业，税负较重。在国际海运领域，目前绝大多数国家都已实行吨位税制，即国际海运企业可选择普通企业所得税，也可以选择根据船舶净吨吨位收取定额税收，一般情况下最终税率远低于企业所得税。表5-17为我国与欧盟国家海运业税收政策对比情况。

2008年金融危机后，为促进海运企业船舶更新换代，2011年，交通运输部、财政部、国家发展与改革委员会、工业和信息化部四部委联合出台了老旧船舶报废更新补贴政策。在该政策下，以中远集团、中海集团、中国外运长航集团和招商局集团为代表的航运企业累计获得一百多亿元的补贴，极大地改善了上述企业的船队结构，并为上述企业更新运力提供支持。该政策补贴以两年为一期，目前延续到2017年年底，政策是否能够长期延续面临不确定性。

我国与欧盟国际海运业税收政策对比　　表5-17

环节	税目	中国	欧盟多数国家
海外进口船舶	关税、增值税	通过中资方便旗船舶特案免税登记政策免除关税、进口增值税	零关税、无进口增值税
日常经营	增值税	国际海上运输增值税实行零税率	国际海上运输增值税实行零税率
	企业所得税	25%所得税	大多数海运国家已实行吨位税制，航运公司可在普通所得税制和吨位税制间进行选择
船员个税	个人所得税	海员的个税起征点仍为4800元，超过部分实行个税累进税率	船员在国际航行船舶上作超过半年则免征所得税及福利税

2007年以来，为吸引中资方便旗船回国登记注册，国家先后出台了特案免税登记、上海洋山港和天津东疆国际船舶登记制度等，但到目前为止政策效果并不明显。

我国船队承运本国进出口贸易货物比例持续较低，海运上下游企业合作不够紧密。2007年以来，国家发展与改革委员会等部门推动提高原油进口国轮承运份额，目前取得了较好效果，但在铁矿石、煤炭、集装箱等领域尚未有相关政策。

5. 小结

各国海运政策与发展模式高度契合。美国关注关键战略物资的运输保障，欧盟强调技术先导和降低资金成本，日本利用财政政策降低资金成本、引导集约化。

国际海运业面临全球竞争，各国为维持本国海运业竞争力和可持续发展能力，保持海运业能够获得社会平均资本回报，均关注企业、船员税收环境的改善，对国际海运业企业所得税实行可选择的吨位税制，对在船工作半年以上的国际海员实行个人所得税减免。

相对于世界海运强国，我国国际海运企业面临税负较重、融资成本较高等问题，不利于参与国际海运业竞争。部分海运扶持政策时间较短，覆盖面较小，使企业面临不确定性。

第三节　我国与海运强国对标评价

结合海运强国目标提出的保障性、竞争性、引领性三个维度，比较分析我国海运发展与世界一流水平之间的优势与不足。

一、保障性

从基础设施来看，我国与美国、欧盟和日本在沿海港口和航行基础设施上同处国际一流水平。近年来，对标国家均未发生过由于港口通过能力不足导致长期阻滞经济发展的问题，也没有发生过由于港口能力问题导致的大规模船舶滞港事件。目前，欧盟、美国和日本均已完成工业化和城市化，对海运物资的需求趋于稳定，部分港口吞吐量已出现下降。

海上交通安全和支持保障方面，美国、欧盟、日本处于一流水平，我国在装备水平和保障能力方面存在一定差距。

一般商业海运服务方面，我国和欧盟、美国、日本均采取高度开放政策，没有双边或多边贸易配额限制，在国际海运服务方面也没有保护主义措施。四个经济体的国际海运市场高度竞争。

海上通道控制和航行自由方面，美国拥有全球最强大的政治影响力量、军事打击力量和经济惩罚力量，海外军事基地和海上执勤军队遍布全球，是唯一有能力控制全球主要航行通道的国家。同时，美国拥有目前世界上唯一的已投入使用的全球卫星定位系统，具备超强的海上通道控制和航行自由保障能力。欧盟和日本作为美国盟国，受到美国的间接保障。我国缺乏远深海基地和行动能力，对海外海域缺乏控制能力。

大宗物资承运方面，美国主要依靠自由市场方式解决，保障性较高，其自有船队中 2400 万载重吨（约 50%）是液体散货船，由于美国 2013 年原油进口中超过一半来自邻国，仅有 22% 来自中东，因此美国油轮船队与本国油运需求相比比例较高。欧盟船队承运能力超过自身需求，保障性也较高。日本海运出口物资中，本国拥有或控制船队比例为 33.1%（2013 年数据），进口物资中本国拥有或控制船队比例为 66.4%，其中出口海运量占进口海运量的 21%。我国 2013 年原油承运比例约为 40%，干散货约为 25%，集装箱约为 20%，保障能力较弱。

综合比较各国（组织）海运保障性，如表 5-18 所示。

各国（组织）海运保障性　　表 5-18

保障类别	美国	欧盟	日本	中国
基础设施	强	强	强	强
支持保障系统	强	强	强	中
一般商业海运服务	强	强	强	强
海上通道控制和航行自由	超强	中	中	弱
大宗物资承运	中	强	强	中
综合	超强	强	强	中

二、竞争性

一国海运业的竞争力主要通过海运服务贸易平衡、参与国际海运竞争的企业竞争力和国际航运中心城市在海运商业服务上的竞争力体现。

从海运服务贸易来看，在全球海运服务贸易中，欧盟在近数十年间长期保持顺差，日本保持基本平衡，我国和美国保持巨额逆差（表5-19）。

2012年海运服务贸易平衡（单位：亿美元） 表5-19

国家（组织）	海运服务贸易平衡
欧盟	316
日本	-15
美国	-272
中国	-390

资料来源：WTO数据库。

从海运企业竞争力来看，如前所述，我国海运企业竞争力弱于欧盟、日本同行，港口企业竞争力较强。

从海运商业服务来看，欧洲海运竞争力不仅表现在海运主业和技术服务上，海运商业服务也十分发达，伦敦是全球公认的国际航运中心，在海运信息、咨询、金融、保险和仲裁服务方面，集中了一批有影响力的企业和机构，如表5-20所示。

伦敦海运商业服务的国际市场份额 表5-20

服务项目		2004年	2006年	2008年	2011年
船舶融资		17%	18%	13%	15%
保险—核保保险（Underwriting）		15%	23%	17%	21%
保险—保赔保险（P&I Clubs）		67%	65%	61%	61%
劳氏船级社		19%	19%	17%	18%
船舶经纪（估计值）	油轮经纪	50%	50%	50%	50%
	干散货船经纪	30% ~40%	30% ~40%	30% ~40%	30% ~40%
	二手船经纪	50%	50%	50%	50%

资料来源：International Union of Marine Insurance，Lloyd's Register，Baltic Exchange，The City UK estimate，Maritime Services.

综合比较各国（组织）海运竞争情况，竞争性评价见表5-21。

各国（组织）海运竞争性评价　　　　表5-21

竞争方向	美国	欧盟	日本	中国
海运服务贸易平衡	弱	强	中	弱
海运企业竞争力	弱	强	中	弱
港口企业竞争力	弱	强	弱	强
海运商业服务	中	超强	弱	弱
综合	弱	超强	中	弱

三、引领性

欧洲是世界海运市场和政策发展的引领者，英语是世界海运语言；美国凭借强大的科技实力，在海事技术和商业创新等领域具有强大实力；日本也具有一定的海事技术研发实力；我国已经开始参与国际规则的制定，但仍处于跟随阶段。

包括国际海事组织在内的绝大部分国际海运类机构总部均位于欧洲，世界各种海运服务合同文本、仲裁等大都出自这些机构，部分重要海运国际组织总部所在地见表5-22。

国际海运组织一览表　　　　表5-22

组　织	英文缩写	中文名称	总部地点	成立时间（年）
全球政府间国际航运组织	IMO	国际海事组织	伦敦	1948
	UNCTAD	联合国贸易和发展会议	日内瓦	1964
	ILO	世界劳工组织	日内瓦	1919
	WTO	世界贸易组织	日内瓦	1947
	IMF	国际货币基金组织	华盛顿	1945
	World Bank	世界银行	华盛顿	1945
	ITU	国际电信联盟	日内瓦	1947
	ISO	国际标准化组织	日内瓦	1947
	OECD	经济合作与发展组织	巴黎	1961

续上表

组　织	英文缩写	中文名称	总部地点	成立时间（年）
全球非政府间国际海运组织	BIMCO	波罗的海国际航运协会	哥本哈根	1905
	ICS	国际航运协会	伦敦	1921
	ISF	国际航运联合会	伦敦	1909
	IMIF	国际海运业论坛	伦敦	1975
	INTERTANKO	国际独立油轮船东协会	奥斯陆/伦敦	1970
	INTERCARGO	国际干散货船东协会	伦敦	1980
	CLIA	国际邮轮协会	佛罗里达/华盛顿	1975
	ITOPF	国际油轮船东防污联盟	伦敦	1968
	IACS	国际船级社协会	伦敦	1968
	CMI	国际海事委员会	安特卫普	1897
	ISMA	国际船舶管理人协会	塞浦路斯/伦敦	1991
	IAPH	国际港口协会	塞浦路斯/伦敦	1991
	ICHCA	国际货物装卸协调协会	伦敦	1952
	AAA	海损理算师协会	伦敦	1869
	ISU	国际救捞联合会	伦敦	1924
	PIANC	国际航运协会	布鲁塞尔	1885
	IALA	国际航标与灯塔协会	巴黎	1957
	IUMI	国际海上保险联盟	苏黎世	1946
	FONASBA	船舶中介与代理人协会联合会	伦敦	1969
	IMB	国际海事局	伦敦	1981
	ITF	国际运输工人联合会	伦敦	1896
	OCIMF	石油公司国际海洋论坛	百慕大/伦敦	1970

续上表

组　织	英文缩写	中文名称	总部地点	成立时间（年）
亚洲地区国际海运相关组织	ASF	亚洲船东论坛	新加坡	2007
	FASA	东盟船东协会	新加坡	1967
	UNESCAP	联合国亚太经社会	曼谷	1947
	ADB	亚洲发展银行	马尼拉	1966

注：UNCTAD、IMO 和 ILO 三大机构是主要的立法主体，SOLAS、MARPOL、STCW 和 MLC 为四大法规支柱。IMO 是最专业政府间国际海运组织，有 10 个 A 类理事国、10 个 B 类理事国和 20 个 C 类理事国，5 个委员会、9 个分委会、3 个培训机构。

欧盟在海运规则、技术标准、海运服务等方面均发挥着引领作用，从早期《海牙规则》《海牙—维斯比规则》，到现今提出《鹿特丹规则》、航运碳排放标准等均引领世界海运发展。

欧盟拥有英国劳氏船级社（LR）、挪威—德国劳氏船级社（DNV · GL）和法国船级社 3 个世界著名船级社，服务网络遍布全球，他们对造船技术规则具有决定性影响。欧盟拥有以马士基班轮公司为代表的一批著名海运企业，以希腊船东为代表的散货海运业更是长盛不衰，他们的一举一动直接引领着世界海运企业的发展方向。

美国主要依托其综合国力、第一经贸大国和第二海运需求大国的地位，在世界海运领域发挥着较强的引领性作用，拥有较强的话语权。依托其发达法治水平和强制执行能力，美国制定的国内法律和相关行为在全球具有导向性。凭借技术综合实力，美国在世界海运技术规则、标准制定和技术发展方向上发挥着引领作用。美国在 20 世纪 50 年代率先引进集装箱运输，1994 年建成全球定位系统用于海运，引领导航技术发展方向，并长期控制该项技术。

日本海运注重提高全球影响力，积极参与打击海盗、海上恐怖活动，特别是在马六甲海峡海运安全问题上，通过政府和民间协会等多种途径，自20世纪50年代开始就以技术、资金援助等多种手段，积极参与维护马六甲海峡通航安全。同时，日本积极创新海运发展模式，结合自身实际和海运业高风险、低回报周期性行业的特点，形成了发展海运的“利益共享模式”，形成稳健的经营风格，此外日本在世界海运规则、技术标准和发展中也发挥着引领作用。通过其规模巨大的海运需求、先进的造船技术、世界第二的海运船队、多个著名海运企业、日本船级社（入级船舶吨位居世界首位）等综合优势，在世界海运规则、技术标准制定以及新技术应用中发挥积极作用。

我国是国际航运市场的后来者，以吸收引进国际先进管理和技术为主，目前仍然处于技术跟随者的角色，在部分领域有所创新。我国在国际海事组织中长期被选为A类理事国，具有一定的话语权，积极参与国际规则制定。中国船级社也加入了国际船级社协会，服务网络遍布全球，受到国际同行认可，但在规则制定方面仍然较弱。近年来，我国在国际海事领域取得的重要创新包括：2011年，我国主导研发的国际集装箱标准技术规范《ISO 18186：2011集装箱-RFID货运标签系统》通过ISO组织认可；2014年，我国船用北斗卫星导航系统正式通过了国际海事组织（IMO）海上安全委员会审议，取得面向海事应用的国际合法地位。

综合比较各国（组织）海运引领性，如表5-23所示。

各国（组织）海运引领性 表5-23

指标	美国	欧盟	日本	中国
综合能力	超强	强	中	弱

综合比较我国与对标国家（地区）海运发展的效果发现，美国在海运保障性和引领性上具备超强实力，欧盟在保障性、竞争性和引领性上具有全方位优势，日本初步具备了保障性和竞争性，我国

海运业在保障性、竞争性和引领性方面均与海运强国有较大差距，如表 5-24 所示。

各国（组织）海运发展效果　　表 5-24

指标	美国	欧盟	日本	中国
保障性	超强	强	强	中
竞争性	弱	超强	中	弱
引领性	超强	强	中	弱

四、我国海运发展总体评价

（一）我国海运发展的优势

从全球来看，“中国因素”仍是世界海运发展最重要的动力，我国海运需求优势明显。2013 年，我国外贸海运量约占世界海运总量的1/3；港口外贸集装箱吞吐量达1.2 亿标准箱（TEU）。铁矿石、煤炭、原油海运进口量分别达到7.94 亿吨、3.02 亿吨、2.54 亿吨，约占全球总量的66.9%、27.1%和13.6%，外贸海运量、集装箱吞吐量和海运铁矿石进口量、煤炭进口量均居世界首位，原油进口量居世界第二位。

我国已形成相当规模的海外投资，为海运业国际网络布局提供了良好的发展条件，在 17 个海外国家投资了 25 个港口。伴随“一带一路”战略的实施，海运业的国际发展空间和格局将更为广阔。

我国港口在管理和作业效率上已经处于世界领先地位，我国港口工程建设已具备较强的国际竞争力，这都为我国港口“走出去”提供了现实基础。

（二）我国海运主要差距和原因分析

1. 主要差距

（1）运输保障能力较弱

我国对重要海运通道的影响力较小。相对于欧盟、日本，我国海运船队规模与外贸海运需求比例偏小。

复杂多变的国际局势和周边局势对我国海运保障性提出了新的挑战。例如在伊朗核问题国际制裁中，我国进口伊朗石油运输受到重大影响，承担着巨大风险。我国各类海运专业船舶齐全、规模庞大，但大多基于运输功能和靠泊码头装卸进行设计，在国家安全事务中只能用于运输生活物资的后勤保障。

在我国资源、能源高度依赖进口的情况下，西方国家掌握着金融、商业服务网络，能够轻易从这些方面限制海外进口来源国。在我国金融、服务网络逐步向世界开放的情况下，在保障海外物资进口安全方面，掌握一支相当规模的自有船队至关重要。

海运支持保障系统装备水平有待提高。针对维护我国海洋权益的新形势，我国救助打捞系统需要进一步提升定位、提高装备水平，满足应对非常态突发事件、远海救捞和深海防范的要求。

（2）港口集疏运缺乏有效衔接，口岸综合服务水平有待完善

我国港口集疏运体系不健全，港口物流基础设施主要以满足传统运输作业为主，铁路、公路、机场等物流基础设施整合力度不够，港口集疏运网络欠发达，仍然以公路集疏运为主，铁路集疏运发展相对滞后。此外，相关港航及口岸监管部门协作能力不强，海关、海事、国检、边防未能实现高效协同监管。缺乏一个统一门户的交通电子口岸公共服务平台，难以满足大通关、大物流、一单多报的发展需求。

（3）企业竞争力和可持续发展能力不强

我国海运业服务贸易逆差扩大、海运市场调整中企业可持续发展能力不足，迫切需要提高创新能力和持续盈利能力。2005 年以来，国际航运市场经历了历史罕见的大起大落，市场在 2008 年达到最高点，但是在金融危机爆发后迅速下跌到历史低谷，并且至今仍

处于低位徘徊。在动荡的市场中，中外航运企业表现迥异：中国 A 股上市航运企业在 2011—2013 年连续三年出现全行业经营性亏损，许多大型国有航运企业下属的航运上市公司在金融危机之后一蹶不振；反观国际同行，丹麦 A·P 穆勒·马士基集团、中国香港东方海外等逐步在低谷中站稳脚跟，获得较好盈利。这反映了我国航运企业国际竞争能力和抗风险能力仍然较弱。

（4）海运技术、规则处于跟随状态

虽然我国海运业的国际地位在不断提高，但对重要国际海事事务影响力有限。我国是世界第二大经贸大国，但在国际海运咽喉要道地区影响力有限，无法与其他大国实现均衡。由于整体技术、经济和人才实力的差距，加之缺乏统一的参与机制，我国虽然加入了大多数国际组织，但在相关组织中任职人数少、层次低，与大国地位不相称。海事事务参加多、提案少，提案质量不高，且被采纳少的问题长期存在。在世界重要海运规则、技术规则制定中仍是西方国家主导的局面。

2. 原因分析

（1）对海运业定位认识不足

当今世界风云变幻、突发事件频发，海运业对保障国家安全和经济安全具有十分重要的意义。海运发展不但支撑了我国经济和对外贸易的快速增长，带动了我国船舶工业等关联产业的迅速发展，还在海运安全、海事救援和应急服务领域发挥着重要作用。

尽管 2014 年国务院出台了《促进海运业健康发展的若干意见》（以下简称《若干意见》），将海运上升为国家战略，但是有关部委和普通民众对海运战略定位未形成共识，《若干意见》并未使我国形成有效的海运政策体系，我国海运业面临税负重、融资成本高、可持续发展能力不强等问题。

（2）政策支持力度较弱

海运业是一个高度国际化、高度开放的竞争性行业，具有明显的高投入、高风险、低回报的特征。根据美国上市公司1975—2008年各类投资收益率，干散货海运投资收益率为7.2%，仅高于美国短期国债和欧洲美元存款利率，与同期通胀率相当，尚不及美国10年期国债；油轮投资收益率为4.9%，不仅远远低于各类投资，而且也远低于同期通胀水平。海运市场投资风险巨大，从各个行业的收益率的标准偏差来看，油轮运输市场标准差为70%，干散货海运市场标准差为40%，远高于标准普尔500指数17.69%的标准差。

因此，世界主要经济和航运发达国家一般都将海运业作为特殊行业来对待，实施与国际接轨、有别于国内其他行业的特殊管理政策。在不同时期、不同环节都或多或少出台了支持海运发展的相关政策。尤其在航运业发展初期，均采取了较强的政府支持保护政策。除政府积极实施减免税政策、各种优惠的融资政策外，大多还实施直接的行政支持政策，保护本国海运业的发展。随着海运业竞争力或国家实力的提升，海运政策才逐渐向放松管制、鼓励竞争方向发展。

在政策环境上，对国际航运实行较高程度的开放政策，却没有实行与国际接轨的航运业税收政策，导致我国国际航运企业承受远高于国际水平的税负，输在了起跑线上。我国海运企业曾经享有的造船优惠贷款、进口船减免税收、港口收费优惠、货载保留等政府优惠待遇已经或逐步被取消，使我国在税收、融资、补贴和行政等方面同海运发达国家相比存在不同程度的差距，造成了海运企业在我国航运市场不公平的竞争环境，影响了我国海运企业的竞争力，并直接导致一些企业移籍境外，采用方便旗船规避较重的税费负担。

这不仅影响到我国国旗船队规模，还波及船舶的保险、检验、融资、咨询等现代航运服务业的发展。

（3）关联产业协调不足

海运业是产业链较长的产业，关联产业较多。我国虽已迈入世界航运大国行列，但仍处于发展和成长过程中，既不具有欧美的海运比较优势，又没有如日本一样充分关注产业关联发展。在我国外贸、物资需求高速增长的阶段，海运业并没有实现同步增长。

我国进口大宗商品运输中，进口原油本国控制船队承运比例从2007年的20%左右提高到2013年的40%左右，干散货承运比例约为25%，散杂货和集装箱承运比例约为20%。

此前的经营模式使我国海运企业处于明显的不利竞争环境，放大了经营风险，特别是对国家整体经济发展的支撑力大打折扣。这既不利于海运业自身发展，也不利于整体经济的发展。这种模式严重受制于国际航运市场的波动影响，没有长远发展的稳定基础，也不能确保国家战略物资的运输安全。2008年世界金融危机进一步加剧了海运市场的供需失衡，导致我国海运企业面临严重的生存危机。

（4）管理体制、机制尚不适应发展要求

当前，交通运输大部门制改革不断深化，初步建立了综合交通运输管理体制，铁路管理体制也实现了政企分开，但各种运输方式间一体化系统组织水平较低，信息服务品质不高，不同运输方式、不同监管体系衔接协作仍不顺畅。港口口岸环境相对复杂，口岸信息资源相对比较分散，而且各平台之间缺乏有效的数据共享与交换机制，各部门受各自系统内部管理规定及利益约束比较大，部门之间的横向联系比较弱，因此对于沟通解决各地方港口实际存在的问题协调难度比较大。

第四节　推进海运强国建设的政策建议

一、弘扬海运文化，形成战略共识

我国海运业已经取得了举世瞩目的成就，海运科研和教育对我国海运文化的发掘和整理起到重要作用，在行业内广为人知。但是在实施“海洋强国”“一带一路”战略的背景下，需要以更大的力度、更丰富多彩的形式向全社会普及宣传，让海运走近决策者、走近群众、走近学生，形成对海运业重要性的战略共识。

首先，以更亲民的纪录片、航海日活动、专家学者讲座等多种形式，向全社会宣传我国海运业成就和历史传承，例如全球航行的庞大船队、全球领先的港口建设和管理、全球布局的港口企业、安全高效的海上交通保障、随时待命不畏艰险的海上救助等。利用互联网形式，扩大航海博物馆、海运纪录片等海运文化载体的传播范围。

其次，提高海运业的可感知、可参与性，大力提倡和发展海上运动、休闲娱乐、海岛旅游等产业。为上述产业在我国落地、推广做好服务，规划、建设配套的公共基础设施，建立准入、监管政策体系，确保产业健康发展。

最后，加大海运科研、教育和宣传经费投入，持续发掘、制作和传播海运文化。

二、参照国际惯例，完善有关国际海运的财税政策

海运具有支持国防和促进经贸发展的双重作用，同时又是投资大、风险高和回报低的行业，应参照国际经验，完善财税政策，使我国海运业经济政策与其他海运大国相当，特别是在以下两点取得突破：

一是海员个人所得税方面，参照国际惯例，对一个纳税年度内在国际航线船舶工作超过半年的海员，其海上工作期间所得报酬免除个人所得税，仅就在国内所得缴纳个人所得税。

二是企业所得税方面，参照国际惯例，对国际海运企业海运所得收入，收取以海运企业船舶吨位为基准的吨位税制，国际海运企业所得税与实际所得脱钩。

建议在上述财税政策改革初期，根据我国自贸区和国际航运中心建设的要求，在上海自贸区进行试点，对注册在上海自贸区内的国际海运企业及其海员率先试行。

三、发挥需求规模优势，创新产业链互动模式

推动我国海运企业和上下游企业建立长期合作关系，共同实现可持续发展。利用大型海运企业、大型船舶工业企业、大型海运需求企业互为上下游的便利，在资本层面、董事会层面和日常经营层面建立多层次的沟通、合作渠道。

发挥我国海运需求规模优势，鼓励海运企业改善服务，取得我国海运进出口物资的运输权，促进我国海运业的发展。

发挥我国中小货主众多的优势，鼓励航运类电子商务平台建设和发展，利用大数据、互联网+，整合海运和进出口贸易环节，帮助货主特别是中小型货主获取信息和相关配套服务资源，创造更透明、更公平的互联网交易环境，增加海运的便利性和易用性，降低中小货主参与国际海运业务的门槛。

鼓励海运业“走出去”发展。利用我国进出口银行、国家开发银行等政策性银行和亚洲基础设施投资银行、金砖国家银行等金融机构，为我国国际航运、港口企业“走出去”提供良好的融资支持，通过商业、外交等多种途径维护我国企业的海外权益。

四、进一步推动港口转型升级，绿色环保发展

推进港口有序建设，保持能力适度超前。引导港口企业根据市场供求情况，有序开发建设改造码头。及时统计和公布全国沿海港口能力和供求状况，引导市场自主调节。

鼓励港口积极拓展服务功能。加强港口与区域内产业互动，积极发展临港工业服务功能。支持港口大力发展中转配送、流通加工服务，开展专业物流业务，拓展港口物流地产，创新发展全方位、多层次的物流服务。

加强港口集疏运体系建设。加强规划协调，推进各种运输方式与港口有效衔接，鼓励具备条件的城市建设港口专用公路和铁路专用线。加快建设大型集装箱港区和大宗干散货港区的铁路集疏运通道，鼓励港口企业推动内陆“无水港”建设。

强化规划管理，集约利用港口岸线、陆域、水域等资源。统筹新港区开发与老港区改造搬迁，促进港口与城市协调发展。加强既有码头技术改造和基础设施维护，提高港口资源利用效率。

加强港口节能技术、船用岸电、船舶排放控制区研究和试点，鼓励港口企业和航运企业合作使用新型技术降低污染物排放。

全面推进企业安全生产标准化，建立安全风险管理体系和隐患排查治理体系。建立港口工程施工风险评估制度。切实落实客运码头、滚装码头、油气液体化工品码头及库区、油气危险化学品输送管线等安全生产的企业主体责任和港口行政管理部门职责范围内的监管责任。加强港口安全保障能力建设，引导企业不断提升港口装卸、输送、储存、运输等设备设施的安全可靠性，夯实安全生产基础。建立港口安全监管信息系统，建立健全客船旅客和驾乘人员信息登记制度，完善港口安全应急体系。加强安全事故应急救援装备、专业队伍和港口危险货物事故应急物资储备基地建设。加强港口安全行

政管理人员配备和装备建设，建立健全危险货物安全管理专家库。

五、提升支持保障系统由近海向深远海的服务能力

随着我国海外利益分布范围扩大，海洋开发从近海走向深远海，支持保障系统作为公共基础设施，也应具备深远海支持保障能力。

短期内，应扩大我国沿海海上交通管理、助航设施、通信导航信号和救助打捞基地覆盖，实现对东海、南海等海域海上交通行政管理，维护航行安全和航行自由。

中长期，应继续加大研发力度，加强对我国周边重要海域和航行通道的了解和监控，加强航道、海底扫测和卫星测绘，掌握确切信息实现通信导航信号覆盖，提升救助打捞、海上交通监管机动到达能力。加强海底探索技术研发，继续支持深远海扫测技术、500米深海饱和潜水、6000米深海无人遥控潜水器等技术的研发。

六、努力提升海运业国际话语权和影响力

加大全方位参与国际海运业相关组织的力度，协调政府、企业和行业组织的力量，提升在国际海运业的话语权和影响力。

为国际性海运组织在我国设立分支机构、开展业务提供便利，简化行政审批，鼓励我国企业和机构参与运作。以设立亚洲船级社秘书处为契机，整合发出亚洲航运声音。

在政府间国际海运组织中，增加我国参与相关议程的力度，对重要议案组织专门团队跟进。培养我国国际海运人才进入相关组织任职，在国内广泛选拔、定向培养，增加派驻国际海事组织人员。加强我国海运管理部门同国际海事组织的交流合作，提高我国相关部门和人员的国际化视野。

对民间性行业组织，鼓励有代表性的企业和行业组织参与，对具有公益性、涉及全行业的议案、规则，协调行业立场，提供必要的科研经费，做好基础研究。

七、注重改革创新，提升海运业活力

进一步简政放权，提高监管透明度和行政管理效率，提高我国个人和企业参与海运业的便利度。维护海运市场自由和公平竞争秩序，欢迎各类资本进入海运市场。

根据国务院《落实“三互”推进大通关建设改革方案》，结合自贸试验区改革试验，以“一带一路”为突破口，主动改革试点，尽快实现“三互”大通关管理体制。

注重海运领域科技创新，支持我国海运企业及相关机构在海运政策、航海、港口前沿领域的科技研发，为新技术、新管理方式的试点试验提供条件和政策支持。

第六章　实证研究：东京首都圈交通发展对京津冀区域交通一体化的启示

我国“十二五”规划纲要提出了打造“首都经济圈”、推动京津冀一体化发展的设想。2014 年 2 月 26 日，习近平总书记就推进京津冀协同发展提出 7 点要求，将京津冀一体化上升到国家战略高度，指出要抓紧编制首都经济圈一体化发展的相关规划，强调要把交通一体化作为推进京津冀协同发展的先行领域，加快构建三地快速、便捷、高效、安全、大容量、低成本的互联互通综合交通网络。

从世界经验看，构建发达完善的交通运输网络是首都经济圈发展的必然选择，伦敦、纽约、巴黎、东京、首尔等世界级大都市，在打造各自“首都经济圈”的过程中，无一例外地遵循了“交通先行”法则，发达的铁路、公路基础设施网络构成了首都经济圈空间结构的主骨架，也成为城市群发展的主要驱动力，实现了人才、资源的快速流动和集聚。

日本是亚洲发展都市圈最早的国家，东京首都圈在建设中高度重视交通基础设施对城市群空间结构的形成和演化作用，最终不但引导形成了合理的城市功能结构，而且构筑了规模巨大且发达的交通运输系统，其城市交通规划建设和运营的经验教训，可为我国京津冀城市群交通一体化发展提供有价值的参考。

第一节　东京首都圈基本情况

一、首都圈城市竞争力现状

（一）圈层区划

东京旧名江户，始建于1457年，明治维新时期成为日本新首都，改名东京。此后逐步发展为国际性大都市圈。按照传统观点，东京可以划分为东京首都圈、东京都市圈、东京都、东京都区部和东京都心三区5个圈层，见图6-1。

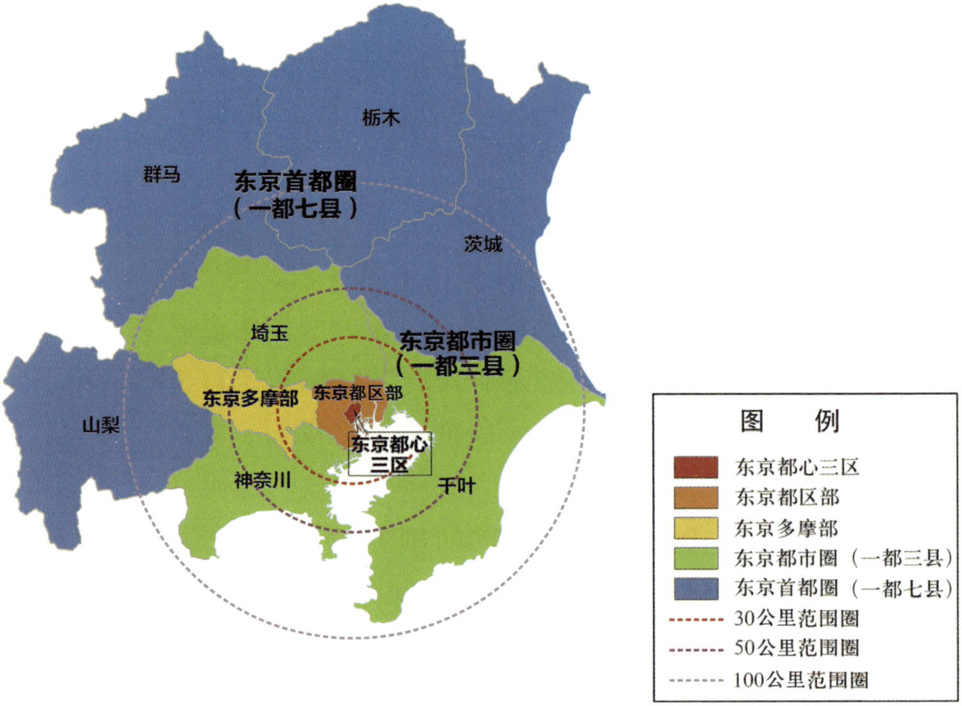

图6-1　东京首都圈与东京都市圈

资料来源：日本国土交通省，《首都圈白皮书》。

东京首都圈：根据《首都圈整备法》和日本国土交通省发布的《首都圈白皮书》，东京首都圈包括“一都七县”，即东京都、茨城县、栃木县、群马县、埼玉县、千叶县、神奈川县和山梨县（图6-1）。城市群面积3.7万平方公里，占日本国土总面积的9.8%。有关东京首都圈的交通运输发展，是本章研究的重点。

东京都市圈：20世纪60年代总务省曾提出“大都市圈”的概念，包括中心城市和周边市町村。日本通常所谓的东京都市圈是指东京都及神奈川县、埼玉县、千叶县这“一都三县”（图6-1）。东京都市圈内业务和交通联系紧密，相关交通规划及发展历程也是本章研究的重点。

东京都、东京都区部、东京都心三区3个圈层不是本章研究的重点，关于其地域范围、城市概况等不再进行叙述。

（二）东京首都圈各部分功能竞争力

从全球范围来看，纽约一直保持着世界城市综合国际竞争力的榜首位置，东京在2007年时综合国际竞争力居第2位，而到2012年已经下降至第10位（图6-2）。

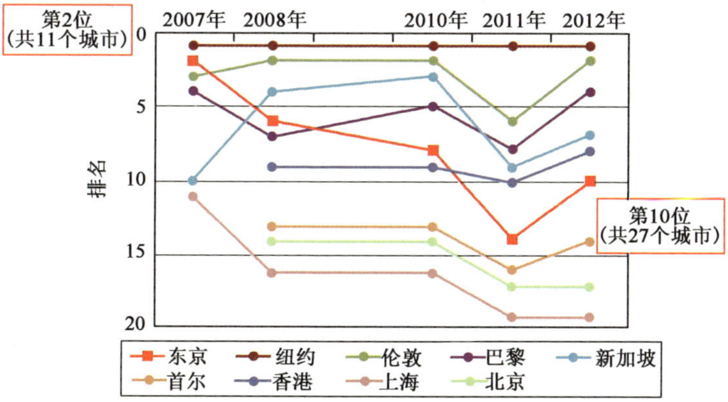

图6-2　世界主要城市国际竞争力排名

资料来源：日本国土交通省都市局。

在2012年东京的分项国际竞争力中，交通基础设施完备度获得的评价最高，排名第4位；其次是技术成熟度和门户功能排名第7位，商业方便度排名第9位，知识创新度排名第10位，东京综合经济影响力排名第10位，健康、安全及治安排名第11位，人口构成及宜居度排名第13位；可持续性、环境及自然灾害等排名靠后，位居第19位，产业及生活成本排名第27位。东京各部分功能的国际竞争力排名如图6-3所示。

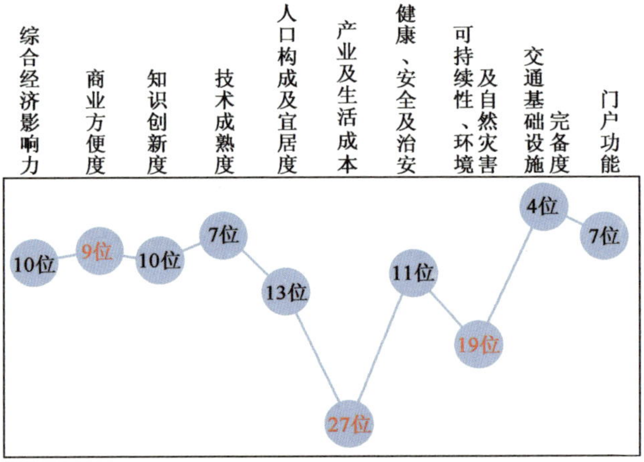

图6-3 东京各部分功能的国际竞争力排名

资料来源：日本国土交通省都市局。

二、东京首都圈产业现状

（一）城市功能及产业布局

1. 城市功能及定位

在城市发展过程中，日本很早就开始有选择地在东京集中全球性的经济功能。例如：建设了成田机场国际门户、临海副都心、迪士尼、横滨新中心等，通过首都功能的转移与再配置建设了以研究功能为主的筑波新城和以办公功能为主的埼玉新都心。通过东京都政府、国家住房与城市发展公司和合营铁路企业共同开发建设了多摩新城。在城市功能上将东京都定位为既是政治、经济、文化中心，也是800万人居住的场所，充实了国际金融功能、公司总部功能等能够引领经济社会发展的部分功能，加强了环状线交通、机场、港口、铁路等基础设施建设。神奈川县、埼玉县等东京都近郊地区主要以开发商业、教育、文化、居住等功能设施为主，成为东京都的住宅区，承担东京都的环保、废物循环利用、防灾据点等功能。群马县等北部地区依靠自然资源，为首都圈供应水和电，同时也提供林业和畜牧业产品。千叶县、茨城县等东部地区发挥机场、港口以及研发基地集中的优势，强化首都圈的国际交流和工业功能。山梨县等内陆西部地区注重加强与名古屋等中部地区的联系，同时推进富士山等世界自然遗产及环境保护事业的发展。南部岛屿地区则凭借其天然资源，成为东京首都圈的度假娱乐胜地。

2. *产业布局*

东京首都圈产业的分工布局主要以市场选择为主，日本企业根据成本效益进行区位选择。随着经济的发展，东京首都圈的不同区位聚集了对地价要求不同的产业（图6-4）。其中东京都地价最贵，劳动力成本高，以第三产业为主，其占比为87.13%，主要承担大型企业的总部功能。目前东京都主要的工业以出版、印刷业以及通信业等产业为主。距离东京都较近、交通方便且地价相对便宜的关东三县和山梨县则聚集了制造产业。茨城县、枥木县、群马县的第二产业占比为30%，高于全国25.7%的平均水平，但第三产业占比为60%，低于全国水平。工业主要分布在东京都周边的区域，基本形成了有色金属、机械制造、石化工业等不同产业集群的空间分工。其中，有色金属产业在枥木和茨城的比重在5%左右；钢铁产业在千叶和茨城的比重较高，约为10%，且有增长趋势；机械制造业在茨城和山梨的比重在20%以上；汽车等运输机械产业在群马和枥木的比重较高；临海的千叶等地化学工业比重高于20%，且有增长趋势；石油、煤炭工业在神奈川和千叶的比重持续上升。

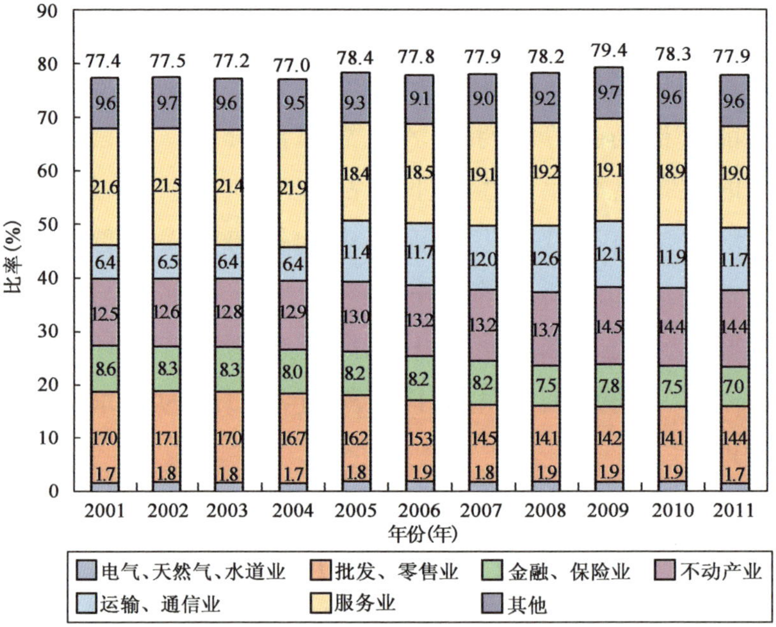

图6-4　东京首都圈各产业份额变化

资料来源：日本内阁府，《县民经济统计》。

同时，东京都的产业转移加快了周边县市的崛起。东京都是日本产业发展的强大引擎。东京首都圈各县市都瞄准了东京都的巨大资源群，通过精确的产业定位，获得了属于自己的那份“蛋糕”。以神奈川县接收东京都产业转移为例，在日本经济高速增长时期，神奈川县横滨市以其雄厚的近代工业基础，在东京湾沿岸大规模填海置地，辅之以优惠的政策招商引资，吸引了大批来自东京都的工厂企业。至20世纪90年代中期，已经形成了临海工业带和67个内陆工业园区，总面积达3340.9万平方米，入园企业2332家，而这些企业近半数是由东京城区转来的。东京周边地区正是紧紧地抓住了产业转移的契机，采取措施，精确定位，不但帮助东京突破了产业发展的瓶颈，而且还借机建立了贯穿东京、川崎、横滨长达60公里的日本最大的京滨工业带。

（二）农、林、水产业

1. 农业

东京首都圈的农业产出和消费规模巨大。2012年，日本各都道府县农业产出额排名中，茨城县高居第2位，千叶县紧随其后位居第3位。

如图6-5a）所示，2009年至2013年，首都圈整体农业产出额平稳发展，占据全国20%左右的份额。东京都中央批发市场蔬菜总销售量约为首都圈销售量的四成，承担着农产品供给的重要作用。但是受到城市化的影响，耕地面积逐年缓慢减少［图6-5b）］。为保证食品的稳定供应，首都圈注重荒废耕地的再利用，目前已再生利用荒废耕地4万公顷。

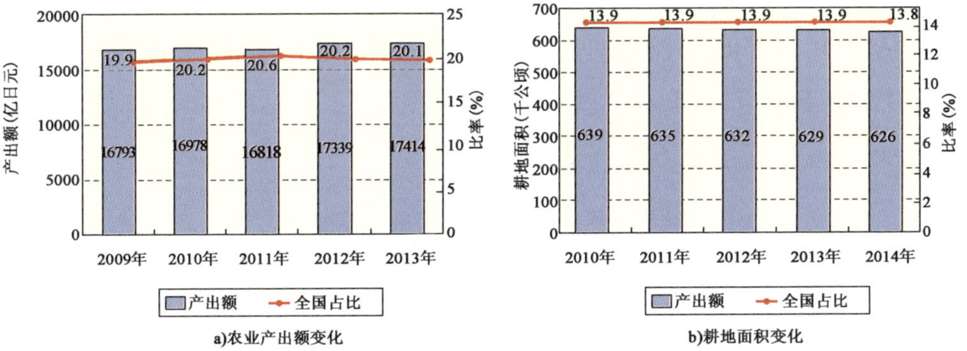

图6-5　东京首都圈农业产出额和耕地面积变化情况

资料来源：日本农林水产省，《2013年农业产值收入统计》《耕地面积统计》。

2. 林业

2013年，东京首都圈的林业产出额为290亿日元，约占全国产出额的7%（图6-6），其中茨城县、栃木县和群马县3县的林业产出额占据了首都圈77%。全体林业产出额中，以生产木材和栽培蘑菇的产出额为主。

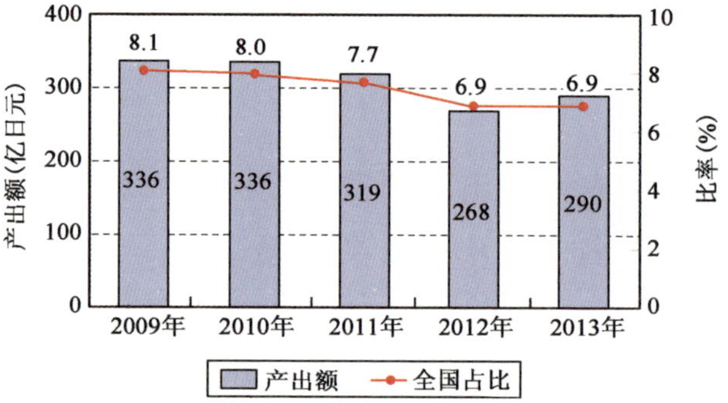

图6-6　东京首都圈林业产出额变化情况

资料来源：日本农林水产省，《2013年林业产值收入统计》。

3. 水产业

2013年，东京首都圈的水产业产出额（海面渔业和养殖业）为404亿日元，比2012年增加了约6亿日元。

（三）工业（含制造业）

从东京首都圈的制造业动向来看，2013年从事制造业的企业同比2012年下降了5.1%，就业人数同比下降了1.6%，而制造品出口额却同比上涨了0.6%（表6-1）。

2013年东京首都圈制造业相关信息　　表6-1

区　域	制造业企业		就业人数		制造品出口额	
	实数（件）	同比增长率	实数（万人）	同比增长率	金额（十亿日元）	同比增长率
全国	208029	-3.8%	740.30	-0.3%	292092.13	1.2%
首都圈	55461	-5.1%	191.97	-1.6%	78657.66	0.6%
茨城县	5569	-4.3%	25.37	-4.7%	10101.33	-1.8%

续上表

区 域	制造业企业		就业人数		制造品出口额	
	实数（件）	同比增长率	实数（万人）	同比增长率	金额（十亿日元）	同比增长率
枥木县	4438	-3.3%	19.22	1.6%	8179.51	10.0%
群马县	5205	-4.0%	19.52	0.3%	7722.70	3.6%
埼玉县	11868	-2.6%	37.54	0.8%	11787.70	-2.9%
千叶县	5523	-4.2%	19.96	0.4%	13003.30	5.0%
东京都	12780	-9.0%	27.98	-4.5%	7851.82	-4.2%
神奈川县	8433	-5.4%	35.53	-3.2%	17226.14	-1.3%
山梨县	1945	-4.5%	6.85	-3.1%	1985.16	-1.4%

资料来源：日本经济产业省。

注：统计口径为有 4 名以上就业人员的企业。

（四）其他产业

1. 研究开发功能

2012 年日本全国共有 18 个研究所，其中首都圈有 6 个，占据了 33.3% 的份额，如图 6-7 所示，相比 2011 年有所下降。

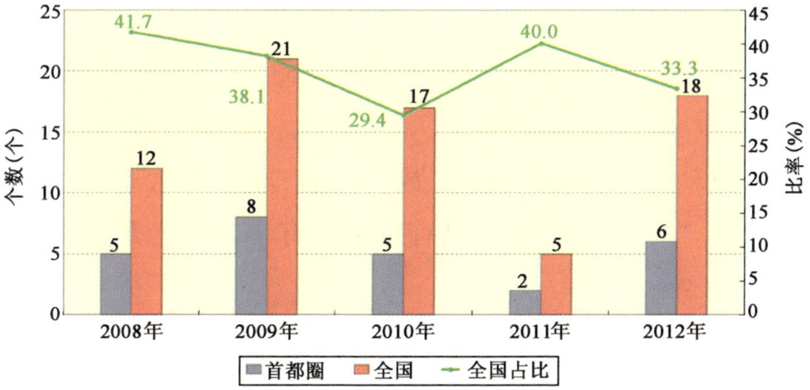

图 6-7 日本企业或研究所的区域分布情况

注：统计口径为占地 1000 平方米以上的建设制造业、供电供气业、供热企业和研究所。

2. 交流及文化功能

从国际会议召开的次数来看，2007 年日本全国共召开了 1858 次国际会议，其中首都圈召开了 777 次，占据了 41.8% 的份额（图 6-8）；而 2012 年，日本全国共召开了 2337 次国际会议，首都圈有 829 次，占据全国的 35.5%。虽然举办国际会议的次数增加了，但其在占比上呈现出了下降的趋势。

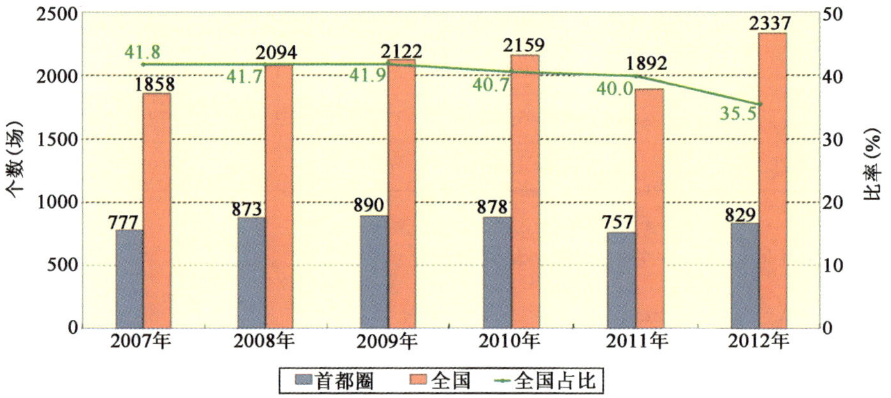

图 6-8　在日本召开的国际会议情况

资料来源：日本独立行政法人国际观光振兴机构。

3. 高等教育功能

2013 年，东京首都圈高等学校共有 263 所（表 6-2），占据了全国的 33.6%；高校学生数为 127.79 万人，占据了全国的 44.5%。据统计，2013 年首都圈的高校数、高校学生数比 2012 年降低了 0.4%，并且“一都七县”中只有东京都有小幅的上升。

4. 商业功能

截至 2012 年 12 月底，日本全国共有 3096 家购物中心，其中首都圈有 887 家购物中心，占据了全国的 28.6%。从地域分布来看，首都圈中心地域有 211 家购物中心，周边地域有 244 家购物中心，共占据了首都圈51.3%的份额。同时，全国的购物中心占地总面积共46399平方公里，而首都圈购物中心占地面积15138平方公里，约占三成（表6-3）。

2013年高校及学生数量　　表6-2

区　域	高校		高校学生	
	数量（校）	同比增长率	数量（人）	同比增长率
全国	782	-0.1%	2868872	-0.3%
首都圈	263	-0.4%	1277893	-0.4%
茨城县	9	0.0%	38504	-0.3%
枥木县	9	0.0%	22422	-0.3%
群马县	13	-7.1%	29232	-0.1%
埼玉县	29	0.0%	123146	-0.7%
千叶县	28	-3.4%	113081	-3.6%
东京都	139	0.7%	739071	1.1%
神奈川县	29	0.0%	194923	-4.0%
山梨县	7	0.0%	17514	-0.7%

资料来源：日本文部科学省，《学校基本调查报告》。

2012年分区域购物中心数量　　表6-3

区　域	中心地域		周边地域		郊外地域		合计		店铺面积（万平方米）
	数量（店）	百分比	数量（店）	百分比	数量（店）	百分比	数量（店）	百分比	
全国	635	20.5%	747	24.1%	1714	55.4%	3096	100%	4639.9
首都圈	211	23.8%	244	27.5%	432	48.7%	887	100%	1513.8
茨城县	10	13.5%	13	17.6%	51	68.9%	74	100%	109.4
枥木县	7	21.2%	2	6.1%	24	72.7%	33	100%	65.7
群马县	8	23.5%	3	8.8%	23	67.6%	34	100%	62.8
埼玉县	31	24.6%	18	14.3%	77	61.1%	126	100%	253.3
千叶县	27	20.5%	15	11.4%	90	68.2%	132	100%	272.2

续上表

区　　域	中心地域		周边地域		郊外地域		合计		店铺面积（万平方米）
	数量（店）	百分比	数量（店）	百分比	数量（店）	百分比	数量（店）	百分比	
东京都	78	27.4%	140	49.1%	67	23.5%	285	100%	401.0
神奈川县	46	25.7%	51	28.5%	82	45.8%	179	100%	319.1
山梨县	4	16.7%	2	8.3%	18	75.0%	24	100%	30.3

资料来源：日本消费者协会，《SC 销售统计调查报告》。

5. 风险企业

2002 年，日本全国共有 531 家风险企业，其中首都圈 207 家，占据了 39.0% 的份额；2008 年，日本全国共有 1809 家风险企业，比 2002 年增加了两倍多，其中首都圈 718 家，份额变化不大。从细分领域来看，首都圈的生物、软件行业占全国的比例最高［图 6-9a)］，其他领域的全国占比也基本都在 30% 以上［图 6-9b)］。

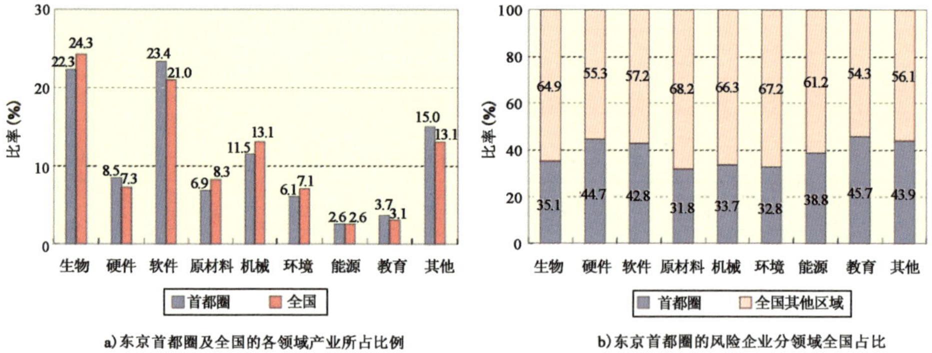

a）东京首都圈及全国的各领域产业所占比例　　b）东京首都圈的风险企业分领域全国占比

图 6-9　东京首都圈各领域事业情况

资料来源：日本经济产业省，《风险企业基础调查报告》。

三、东京首都圈综合交通现状

（一）道路交通

东京首都圈的高速公路网可以有效地连接东京周边府县，实现区域内的良好通达。日本政府希望通过打造首都圈环状道路，削弱圈内城市与东京的单向联系，弱化向都心一极集中的趋势，加强地方城市间的关联，分散经济行为，促进各个地区的均衡发展。

首都圈的快速路系统由都心环状线、中央环状线、外环道、圈央道和9条放射状道路构成（图6-10）。但是除了都心环状线以外的3条环状道路，截至2015年8月，还有20%左右仍在规划或修建中（图6-10中红线部分）。

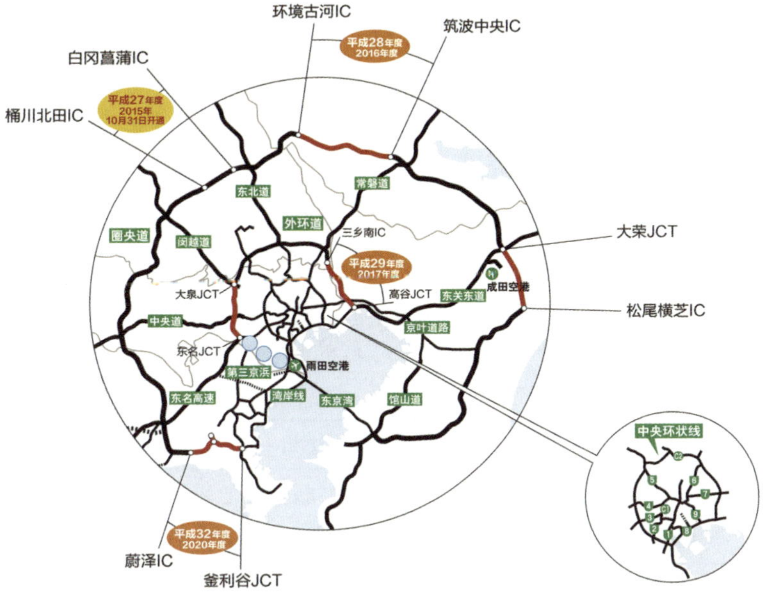

图6-10　东京首都圈环状路网

资料来源：东京国土交通省关东地方整备局官网。

（二）轨道交通

东京首都圈的轨道交通基本由新干线、JR线、地铁和私铁构成。其中地铁主要服务于东京市区，而JR线和私铁主要服务于山手环状线向外的辐射连接轨道线路，新干线则是城际间交流的高速交通形式。东京都市圈轨道交通线网长度共3515公里，轨道交通线网密度为0.21公里/平方公里。其公共交通分担率为33%，轨道分担率为30%。

在运力不断增强的同时，东京首都圈内铁路在上班、上学高峰时段的拥堵率也有所改善。2013 年，圈内 31 个区间的平均拥堵率为 165%，但部分区间的拥堵率超过 180%，一些路线如京滨东北线（上野→御徒町）在高峰时段的拥堵率甚至达到 200%（表 6-4）。

2013 年东京首都圈拥堵率超过 180% 的路线区间 表 6-4

运营单位	路线名	区间	拥堵率
东日本旅客铁道（株）	东海道线	川崎—品川	183%
	横须贺线	武蔵西杉—西大井	193%
	山手线外勤	上野—御徒町	202%
	中央线快速	中野—新宿	194%
	京滨东北线	上野—御徒町	200%
		大野町—品川	183%
	总武缓行线	锦系町—两国	199%
	南武线	武蔵中原—武蔵小杉	194%
	武蔵野线	东浦和—南浦和	184%
	横滨线	小机—新横滨	183%
	埼石线	板桥—池袋	190%
东京地下铁（株）	东西线	木场—门前仲町	199%
小田急电铁（株）	小田原线	世田谷代田—下北沢	188%
东京急行电铁（株）	田园都市线	池尻大桥—涩谷	183%

注：本表根据公路、铁路数据以及日本国土交通省 2013 年 8 月公布的《2011 年全国城市交通特点调查报告》显示的城市人口变化情况做成。

东京都市圈多层次结构的轨道系统为人们出行提供了多种选择，长距离出行可以利用轨道线路或快速列车。例如，出行距离在 50 ~ 100 公里可以使用新干线（高速客车），30 ~ 50 公里可以使用快速列车，距离再短则可以使用普通地铁。为形成不同运输方式间的顺畅连接，政府采取了若干措施，包括轨道线的内部连接（同一站台同一方向）、轨道与公交的枢纽连接以及适合于联运的统一 IC 卡的使用等。东京都市圈轨道系统的多层次结构如表 6-5 所示。

东京都市圈轨道系统的多层次结构　　表 6-5

轨 道 类 型	站间距（公里）	运营速度（公里/小时）
新干线（高速客车）	30～50	120～130
城际列车（JR） 快速列车（私营）	5～6	50～60
普通列车（JR、私营）	1～2	40～45
地铁	0.5～1	20～35
单轨铁路 自动导轨电车	0.5～1	20～30

从 1978 年至 2008 年东京都市圈交通全方式分担率的变化来看（图 6-11），轨道交通的分担率逐渐上升，已成为日本百姓出行最为重要的方式之一。

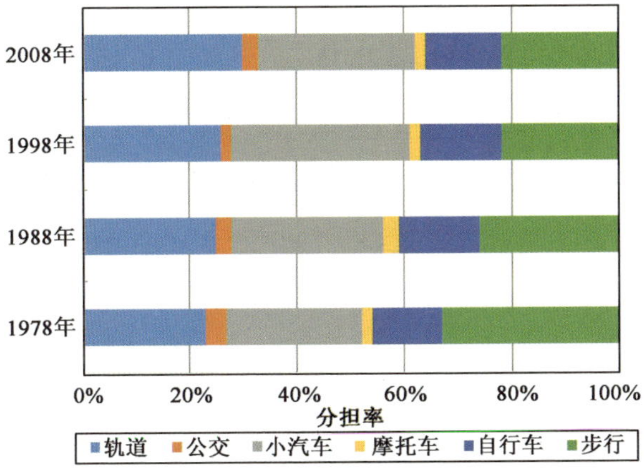

图 6-11　东京都市圈交通全方式分担率变化（1978—2008 年）

资料来源：日本国土交通省，《大城市交通情况调查报告》，2010 年。

（三）航空运输

东京国际机场（羽田机场）和成田机场是首都圈内的两个主要机场。其中羽田机场位于东京都大田区，建成于 1931 年，历史较长。成田机场位于千叶县成田市的东南端，自 1978 年开始运营，目前该机场的国际货物运输量占到了日本全国总量的 70% 以上。首都圈的机场布局如图 6-12 所示。

图 6-12　首都圈机场功能布局图

资料来源：日本国土交通省航空局。

东京国际机场（羽田机场）与成田机场在功能上各有分工。羽田机场主要负责国内航线的客运和货运，成田机场承担了主要的国际货物运输和国际旅客运输功能。通过职能分工，机场在建设和经营管理方面的专业化程度增强，两座机场承担了全国 60% 以上的国际、国内客运和货运任务，在进出口货物中，首都圈的进出口货物占有率近 50%。[1]

（四）港口

东京首都圈毗邻东京湾和太平洋，港口资源丰富，现拥有大小港口 40 个，主要集中在茨城、千叶、东京以及神奈川 4 个都县。根据首都圈港口分布图可知，大型港口主要集中在东京湾内，如东京港、横滨港、千叶港、川崎港、横须贺港、木更津港以及太平洋沿岸的鹿岛港和常陆那珂港等。这些港口之间有着较为明确的职能分

[1] 冯建超．日本首都圈城市功能分类研究．吉林大学，2009 年。

工，与以工业原材料运输为主的横滨港和千叶港相比，东京港主要运输生活性货物；而鹿岛港等因靠近鹿岛临海工业地带，主要运输当地进出口的工业原材料和工业制成品。北关东栃木县和群马县的工业基地因通往鹿岛港等太平洋沿岸港口的道路交通不便，且受港口吞吐能力的限制，多利用东京湾的港口，由此导致北关东通往东京湾的高速公路运输量逐渐增多，港口的运力也受到挑战。

从图 6-13 中可知，近二十年来，由于以上海、香港为首的中国诸多港口及其他各国港口的吞吐量增加，日本港口的地位正不断下降。

1984年

排名	港名	吞吐量
1	鹿特丹	255
2	纽约(新泽西)	226
3	香港	211
4	神户	183
5	高雄	178
6	新加坡	155
7	安特卫普	125
8	基隆	123
9	长滩	114
10	横滨	110
⋮		
12	釜山	105
⋮		
15	东京	92
⋮		
31	大阪	42

2014年

排名	港名	吞吐量
1	上海	3529
2	新加坡	3387
3	深圳	2404
4	香港	2228
5	宁波—舟山	1943
6	釜山	1865
7	青岛	1670
8	广州	1641
9	迪拜	1520
10	天津	1405
⋮		
28	东京	489
⋮		
–	横滨	288
⋮		
–	名古屋	274
⋮		
–	神户	260
⋮		
–	大阪	244

图 6-13　港口集装箱货物吞吐量排行榜（单位：万标准箱）

资料来源：日本国土交通省港湾局规划科。

2010 年，日本为了维持其在北美、欧洲国际航线上的物流地位，选定了阪神港（大阪港、神户港）和京滨港（东京港、川崎港、横滨港）作为国际集装箱战略港湾，采取了加强集装箱港口基础设施建设、完善港湾运营软硬件环境以及提升港口吸引力、促进港口商贸往来等一系列政策。自 2013 年 7 月开始陆续颁布了“集货”“创货”“增加竞争力”等相关法令，借此来提升日本港口的国际地位。

1. 横滨港

横滨港位于日本本州东南部神奈川县东部沿海，濒临东京湾的西侧，北与川崎港相邻，是日本第二大港口，也是世界亿吨级大港之一。横滨港在本牧、大黑和南本牧港区共有 23 个集装箱码头泊位，码头线总长达到 6040 米。横滨港 23 个集装箱码头均装备有世界一流的装卸设备和交通运输设施，可以停靠世界最大型的集装箱船舶。

2. 川崎港

川崎港是神奈川县川崎市的港口，共有 182 个码头，码头延长线 18189 米，位于京滨工业带的中心工业港，也作为能源的供应基地，支撑着东京首都圈的产业和市民的生活。2008 年以来，因为商港功能中心东扇岛的物流功能的加入，对首都经济圈的物流起到了非常重要的分担作用，川崎港才得以继续向国际贸易港目标发展。

3. 东京港

东京港是日本主要国际贸易港（五大港）之一，拥有海域面积 5453 公顷，陆域面积 1080 公顷，内外贸码头共计 24 个，泊位总数共 115 个，其中集装箱码头 4 个，集装箱泊位 16 个。2012 年度货物吞吐量 8279 万吨（世界第 48 位），集装箱运输量 475 万标准箱（世界第 28 位）。东京港因拥有与内陆腹地连接畅达的交通网络，而成为备受瞩目的水路港口。

四、东京都市圈现状

（一）经济社会发展概况

2012 年，东京“一都三县”的 GDP 总量为 1616730 亿日元，其中东京都占比达 56. 8%；东京“一都三县”的国民收入总量为 1127330 亿日元，东京都占比 51. 9%（表 6-6）。

2012 年东京都市圈经济发展状况　　表 6-6

区　　域	GDP（十亿日元）	国民收入（十亿日元）	人均 GDP（万日元）	人均收入（万日元）
东京都	91909	58516	694. 7	442. 3
神奈川县	30258	26545	333. 7	292. 8
埼玉县	20374	14832	282. 5	280. 6
千叶县	19132	12840	308. 9	284. 4
一都三县	161673	112733	452. 8	315. 8

东京“一都三县”的第三产业 GDP 比重达 83. 33%，第二产业 GDP 比重 16. 40%，第一产业 GDP 比重不到 0. 3%。其中，东京都第三产业 GDP 比重高达 88. 71%，第二产业 GDP 比重 11. 24%，第一产业 GDP 比重 0. 05%。总体上看，东京都市圈的产业结构以第三产业为主，具有一定比例的第二产业，但主要分布在外围三县。具体如图 6-14 和图 6-15 所示。

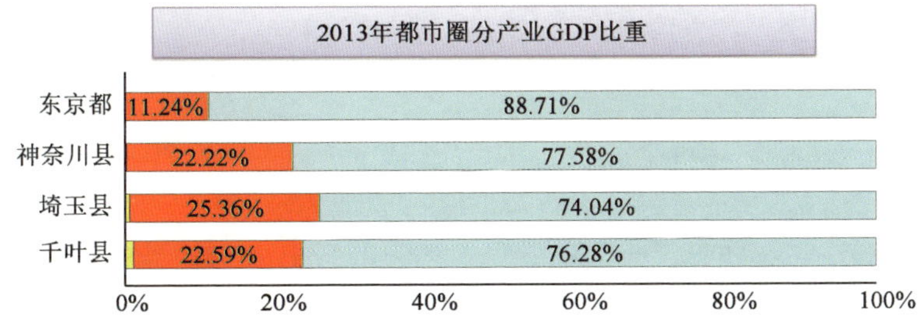

类别	东京都	神奈川县	埼玉县	千叶县
一产	0.05	0.06	0.12	0.22
二产	10.46	6.66	5.20	4.44
三产	82.56	23.25	15.17	14.98

图 6-14　东京“一都三县”分产业 GDP 分布（单位：万亿日元）

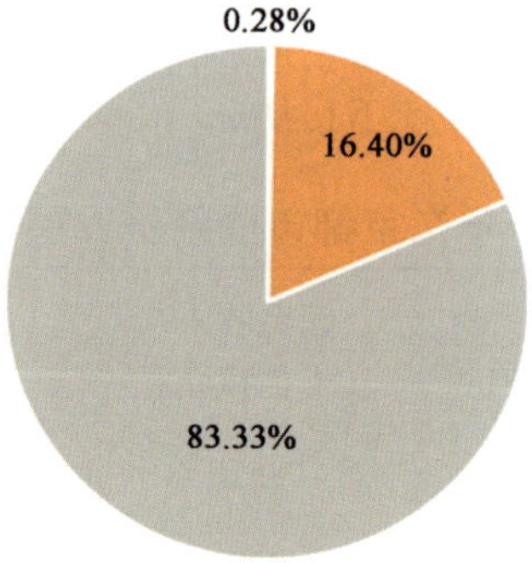

图 6-15　东京“一都三县”总体分产业 GDP 分布（2013 年）

资料来源：日本内阁府，《国民经济计算》，2016 年。

（二）空间结构及职能分工

目前东京都市圈呈现“单中心 + 环”的空间结构体系。其中，单中心是指东京都区部，它集中了大部分的中枢功能，环是指外围的业务核城市（目前有 22 个，如图 6-16 所示），业务核城市群在空间上构成了围绕区部的“环状”城市体系。

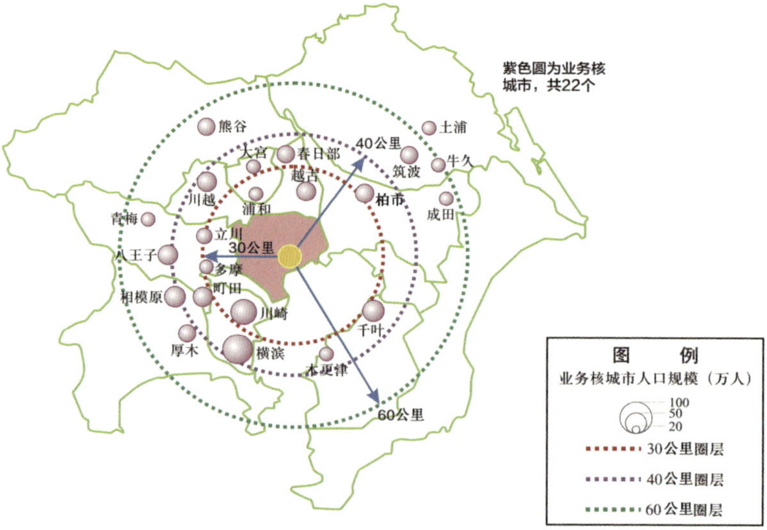

图 6-16　东京都市圈“单中心 + 环”的空间结构体系

资料来源：日本国土厅大都市圈整备局，《首都改造计划》及其附属资料。

东京都区部呈现“一核七心”的区部多中心城市结构（图6-17）。其中“一核”是指东京都心，“七心”是指七个副都心，即池袋、新宿、涩谷、大崎、上野—浅草、锦系町—龟户和临海。

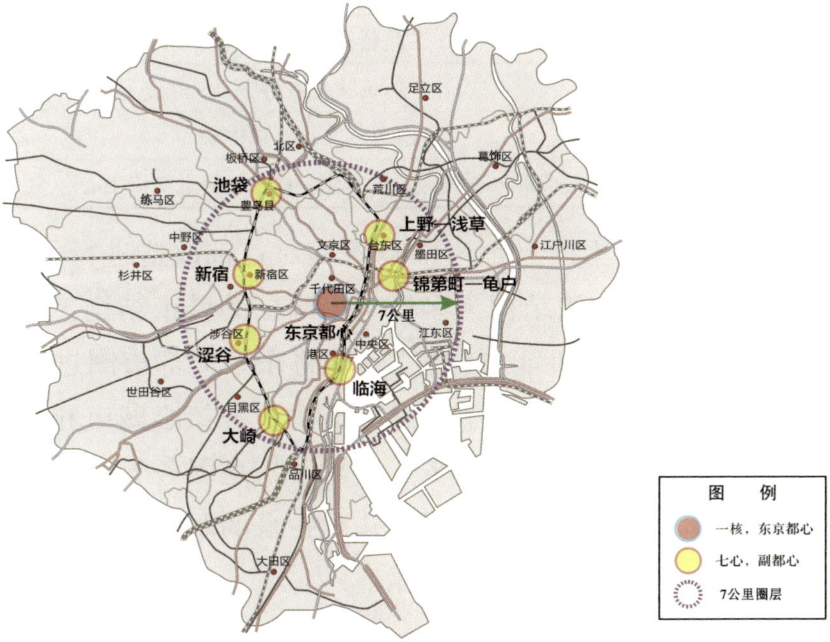

图6-17 “一核七心”的区部多中心城市结构

资料来源：日本国土厅大都市圈整备局，《首都改造计划》及其附属资料。

为缓解东京都心功能的过度集中，东京都政府在20世纪60年代就提出建设副都心，引导区部由东京都心的高度聚集结构向区部多中心结构转移（表6-7）。具体的转移方式为依托JR山手线沿线综合交通枢纽实施发展。例如，将东京都政府迁入新宿，依托新宿综合交通枢纽，使枢纽以东发展为商业娱乐中心，以西发展为行政办公及商务办公中心。

“一核七心”的具体功能定位　　表 6-7

一 核 七 心	功 能 定 位
都心	政治中心、经济中心、国际金融中心
池袋	第二大副中心、商业购物、娱乐中心
新宿	第一大副中心，带动东京发展的商务办公、娱乐中心
涩谷	信息中心、商务办公、文化娱乐中心
大崎	高新技术研发中心
上野—浅草	传统文化旅游中心
锦系町—龟户	商务、文化娱乐中心
临海	面向未来的国际文化、技术、信息交流中心

1985 年，日本国土厅大都市圈整备局对首都改造进行了规划，提出转变东京一极集中的结构为多极、多圈层的城市结构，具体为推进“空间分散型首都机能再配置”，即将东京大都市圈进一步分成多个独立性城市区域，在它下面又细分为业务核心城市和次核心城市，在那里配置政府机关、业务、金融、信息服务等中枢机能或会议场所，培育自立性强的都市圈，并对各自的职能进行相对明确的分工。具体如表 6-8 和图 6-18 所示。

东京大都市圈区域分布情况统计　　表 6-8

独立性城市区域	业务核心城市	职　　能	次核心城市
东京中心部	区部	政治、行政、金融、信息、经济、文化	—
多摩独立性城市区域	八王子、立川	商业、大学集聚	青梅
神奈川独立性城市区域	横滨、川崎	国际港湾、工业集聚	厚木
埼玉独立性城市区域	大宫、浦和	居住、政府集聚	熊谷

续上表

独立性城市区域	业务核心城市	职　　能	次核心城市
千叶独立性城市区域	千叶	国际空港、港湾、工业集聚	成田、木更津
茨城南部独立性城市区域	土浦、筑波地区	大学、研究机构集聚	—

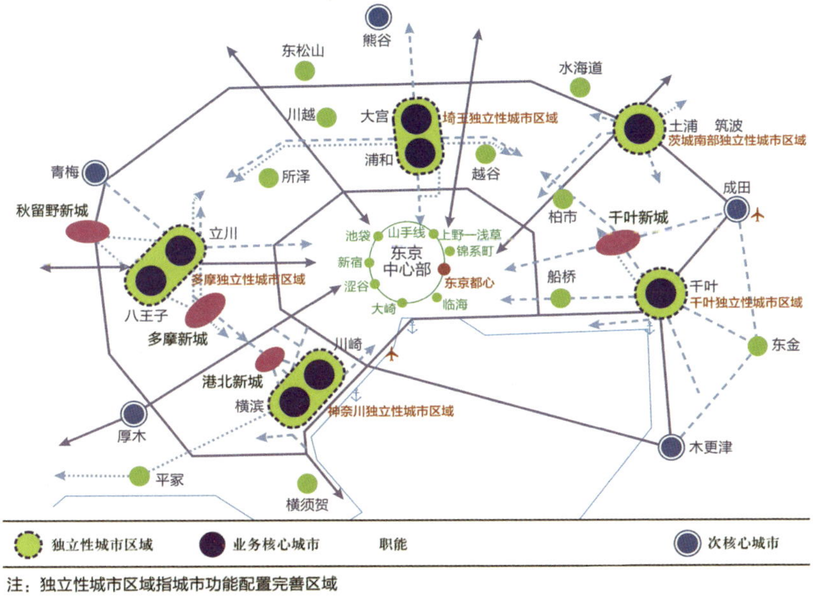

图 6-18　《首都改造计划》中的业务核都市构想

资料来源：日本国土厅大都市圈整备局，《首都改造计划》及其附属资料。

20 世纪末，东京大都市圈形成了明显的区域职能分工体系（图 6-19和表 6-9），即各核心城市根据自身的基础和特色，承担不同的职能，分工合作、优势互补，开始共同发挥整体集聚的优势。

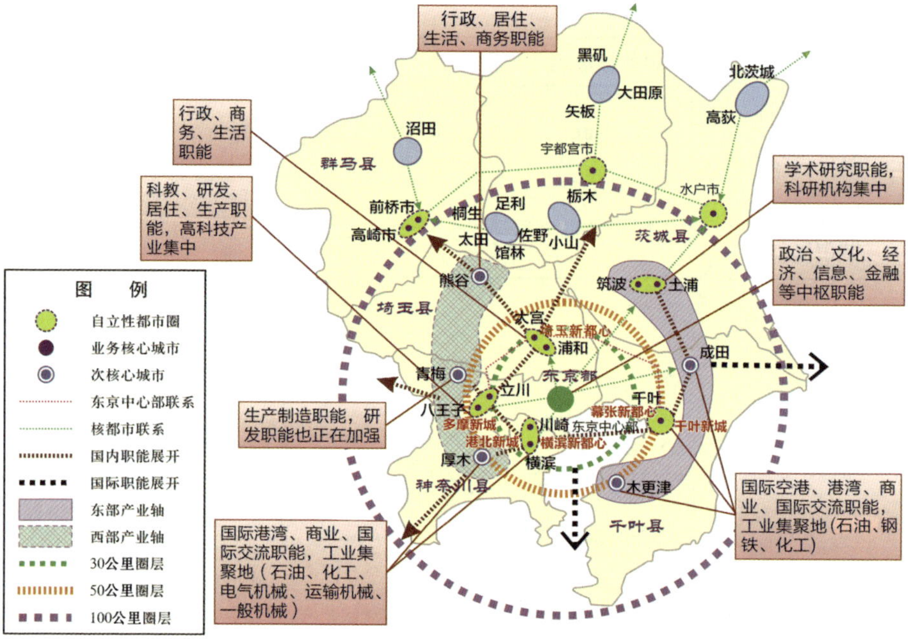

图 6-19　东京大都市圈职能分工示意图

资料来源：日本国土厅大都市圈整备局，《首都改造计划》及其附属资料。

东京都市圈各区域职能分工分布　表 6-9

地　　区	区内中心城市	职　　能
东京	东京	国家政治、行政、金融、信息、经济、文化中心
多摩地区	八王子、立川	高科技产业、研究开发机构、大学的集聚地
神奈川地区	横滨、川崎	承担国际港湾职能，其中横滨市拥有国内最重要的对外贸易港——横滨港，工业集聚地，也是部分企业总部、国家行政机关的集聚地
埼玉地区	大宫、蒲和	接纳东京都市区部分政府职能的转移，工业集聚地，政府机构、居住、生活、商务职能集聚地，在一定意义上成了日本的副都
千叶地区	千叶	东京成田机场所在地，商品展示和国际交流中心，国际空港、港湾、物流、临空产业集聚地
茨城南部	土浦、筑波	以世界三大信息产业重镇之一的筑波科学城为主体的大学和研究机构集聚地

第二节　东京首都圈的发展历史及主要政策分析

一、东京首都圈及东京都市圈规划发展历程及特点

（一）日本国土规划及其实施的基本结构

日本国土开发制度包括全国及地方国土规划和国土开发法律、制度两个方面。

1. 国土规划

根据《国土形成计划法》的规定并综合考虑日本各都道府县的国土开发实践，大致将国土规划分为全国综合开发规划、广域地方国土规划、各都道府县地方规划三个层次。

日本全国综合开发规划是日本最基础的国土开发蓝图。广域地方国土规划主要包括首都圈、近畿圈、中部圈三大都市圈的国土规划。在大范围国土规划的基础上，各都道府县还可以制订当地发展规划。

2. 国土开发实施计划

在全国综合开发规划、广域地方国土规划等上位规划确定后，各地需要根据上位规划确定的方向、目标，逐步细化，制订更为具体的实施计划。在全国层面，国土交通省根据全国综合开发规划制订国土利用规划；在地方层面，首都圈根据首都圈基本规划制订相应的首都圈整备规划，具体提出首都圈内各个城市的发展目标和实施要点。

3. 国土开发法律制度

为了保证日本国土开发合理有序，在制订分层次规划的同时，日本建立了较为完善的国土开发法律制度。

在全国层面，《国土形成计划法》和《国土利用计划法》是最为重要的两部法律。《国土形成计划法》以建设安心、繁荣的经济社会为目标，规定了法定国土规划的目的、主要内容和编制方式。《国土利用计划法》与《国土形成计划法》相配合，主要规定了土地利用规划的编制要求，对土地利用行为加以规范，保证按照综合规划合理利用土地。

在地区层面，《首都圈整备法》《近畿圈整备法》和《中部圈开发整备法》分别为首都圈、近畿圈、中部圈国土规划的编制内容和编制方式提供了法律依据。

在城市层面，《城市规划法》对城市规划的内容、编制方式、时间要求等事项进行了规范。《城市规划法》第五条第二款和第三款特别规定，在首都圈、近畿圈、中部圈三大都市圈的规划中，在有必要将多个城市同时作为规划范围展开规划的情况下，相关城市的规划需要国土交通省的协调和同意。这也解释了对首都圈和东京都市圈规划历程的讨论一般针对整个圈域，而不仅是针对某一个城市。

（二）东京首都圈规划发展历程及特点

1. 概况

从1958年的第一次首都圈基本规划编制以来，到1999年第五次首都圈基本规划的制订，以10～15年为规划年限的首都圈基本规划进行了五次修订。在这五次首都圈基本规划的基础上制订“整备计划”以及“事业计划”。东京首都圈和东京都规划的编制受“全国综合开发规划”的影响和限制，图6-20对编制背景情况以及变迁进行归纳分析。

表6-10简略概括了各次首都圈基本规划的主要内容。

东京首都圈历次基本规划的背景和主要内容 表 6-10

项目	第一次 1958 年	第二次 1968 年	第三次 1976 年	第四次 1986 年	第五次 1999 年
规划范围	以东京都心为核心，半径约 100 公里的范围	包括东京都、埼玉县、千叶县、神奈川县、茨城县、枥木县、群马县和山梨县的一都七县	一都七县全域	一都七县全域	一都七县全域
人口规模	顺势发展型人口战略，1975 年人口规模 2660 万人	顺势发展型人口战略，1975 年人口规模 3310 万人	抑制型人口战略，1985 年人口规模 3800 万人	人口自然增加，减少社会原因导致的人口增加，2000 年人口规模 4090 万人	2011 年达到 4190 万人后开始减少，2015 年人口规模 4180 万人
背景	第二次世界大战后日本经济复兴	日本经济高速增长	一极集中的“大城市病”突显	经济全球化、人口老龄化、信息化等新的挑战	首都圈已从成长时代逐步转换至成熟时代
理念	抑制大城市的无序蔓延	缩小地区差异，实现均衡发展	控制大城市，振兴地方城市	推动形成多级分散型国土开发格局	提高区域竞争力，促进可持续发展

续上表

项目	第一次 1958 年	第二次 1968 年	第三次 1976 年	第四次 1986 年	第五次 1999 年
核心特点	一极集中型:以东京为中心,近郊绿带包围的空间结构	一极集中型:以东京为中心的超过 50 公里半径的大范围连片城市化	多极构造的广域都市复合体:规划的核心在于分散职能	多核多圈层:纠正东京单一中心集聚型结构,形成以商务核心城市为中心的自立型都市圈,增进地域间相互协作	分散型网络结构:城市职能的再配置。东京中心地区再编、整备居住空间,近郊分担部分城市功能,形成“环状据点城市群”。同时,对关东地区北部、东部,内陆西部区域进行“据点开发”,形成“首都圈大环状协作轴”
交通	以东京都为中心的放射状道路网	东京都中心部与周边区域连续道路网规划	城际交通,环状高速公路的规划	各城市高速公路的延伸与衔接	北关东、山梨县等城市横断连接的路线规划
实际效果	1970 年,首都圈人口便已达到 3026 万人,严重超出规划人口	1975 年,首都圈人口达到 3362 万人,比较符合规划预期人口	1985 年,首都圈人口达到 3762 万人,刚好在规划人口的边际,十分理想	2000 年,首都圈人口达到 4132 万人,略微超出规划预期人口	2009 年 4292 万人,预计 2015 年 4360 万人(2014 年《首都圈白皮书》)

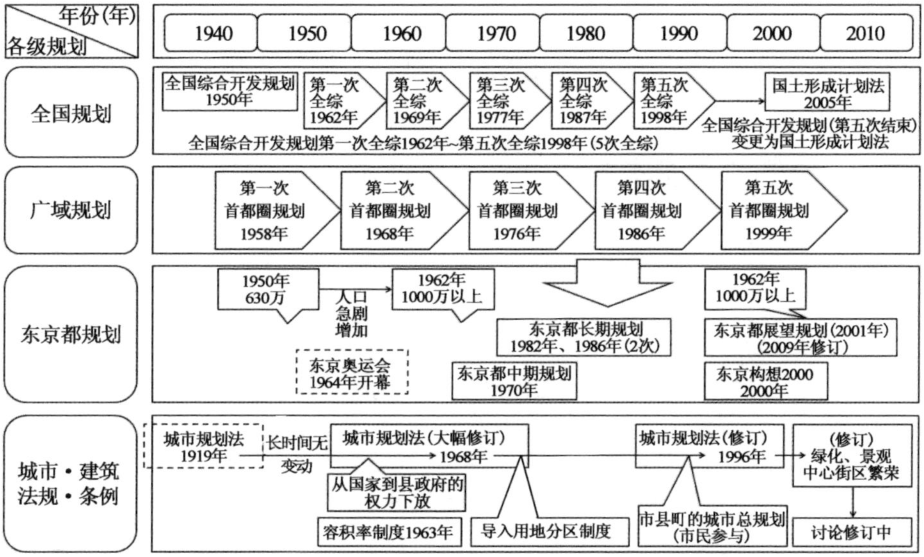

图 6-20 东京首都圈相关规划及其相互关系

2. 第一次首都圈基本规划

第一次首都圈基本规划编制时间是 1958 年 7 月，期限为 1958 年至 1975 年。规划以东京都心为核心，半径范围大约为 100 公里。对全域采用顺势发展型人口战略，在已建成区限制人口增加，新城区吸收新增人口，预计 1975 年人口规模达到 2660 万人。此次规划的核心理念是抑制大城市的无序蔓延。

第一次首都圈基本规划是在第二次世界大战后日本经济复苏的背景中编制的，当时日本需要建设一个适应政治、经济、文化中心要求的首都圈。由于东京在第二次世界大战后的发展需要，规划提出在已有建成区的周围设定绿色缓冲区（近郊地带），对已有建成区的不断膨胀加以限制。同时，在周边开发卫星城市作为工业城市对新增人口和产业加以吸收。在首都圈核心的东京都区部，限制新工厂和大学的建设，适当增加难以分散的产业和人口。第一次首都圈基本规划将1975年的人口规模预测于1962年修订为2820万人。

交通方面，第一次规划主要以东京都为中心进行放射状的道路网规划设计。

第一次首都圈基本规划如图6-21所示。

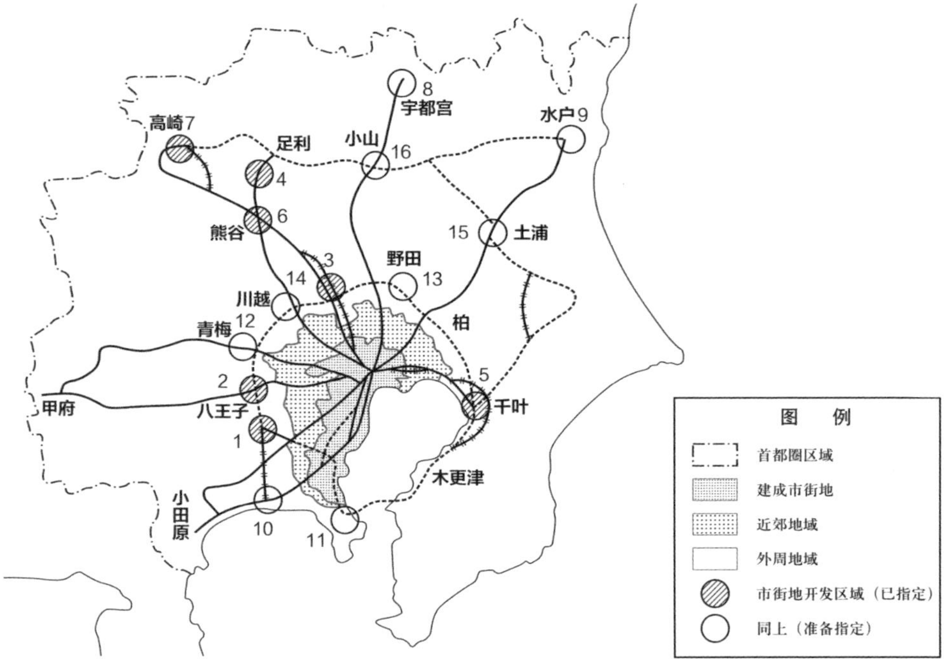

图6-21 第一次首都圈基本规划图

资料来源：《日本东京超大型首都圈规划》，1958年。

3. 第二次首都圈基本规划

第二次首都圈基本规划编制时间是1968年10月，规划期限为1968年至1975年。规划范围进一步明确为包括东京都、埼玉县、千叶县、神奈川县、茨城县、枥木县、群马县和山梨县的“一都七县”，面积约为36884平方公里，占全国总面积的9.8%。采取顺势发展型人口战略，预计1975年人口规模达到3310万人。

此次规划编制主要核心理念：缩小地区差异，实现均衡发展。

第二次首都圈基本规划编制正是日本经济高速增长的历史时期，随着城市化快速发展，人口产业向东京核心区集中，第一次规划的人口规模被提前突破，绿环的设想没有实现。秉承缩小地区差异，实现区域均衡发展的理念，第二次首都圈基本规划在第一次首都圈基本规划基础上做出重大调整，也对后来首都圈区域结构造成了重要影响。

此次规划将距都心 50 公里的区域由绿环改为近郊整备区域，强调绿地空间与城市建成区的共存；仍将周边城市作为卫星城加以开发推进。规划将中枢职能设置在首都圈中心，同时首次将首都圈全域纳入广域规划，将生产、流通等职能分布在首都圈圈域，并配置日常生活职能。与此同时，在首都圈建设高速公路网、高速铁路网、大规模住宅区并展开大规模水源开发。由此，以东京为核心的首都圈一极集中趋势变得难以逆转。

在交通方面，东京都中心区与周边区域开展连续道路网规划，包括对外环高速公路、关东环状高速公路、高速铁路（新干线网）、大规模新城、筑波研究院、物流基地、物流港湾、新城市功能聚集地等编制了规划方案。

第二次首都圈基本规划如图 6-22 所示。

4. 第三次首都圈基本规划

第三次首都圈基本规划编制时间是 1976 年 11 月，规划期限为 1976 年至 1986 年。规划范围为“一都七县”全域。规划认同抑制型人口战略，预计 1985 年人口规模约为 3800 万人。

核心理念：控制大城市，振兴地方城市。

第三次首都圈基本规划编制时，东京都心总部功能和办公商务功能日益聚集，首都圈开始出现大范围、长时间通勤，都心夜间人口空洞化现象凸显，“大城市病”愈发突出。与此同时，伴随着石油危机的到来，日本社会面临着新的经济和社会形势。

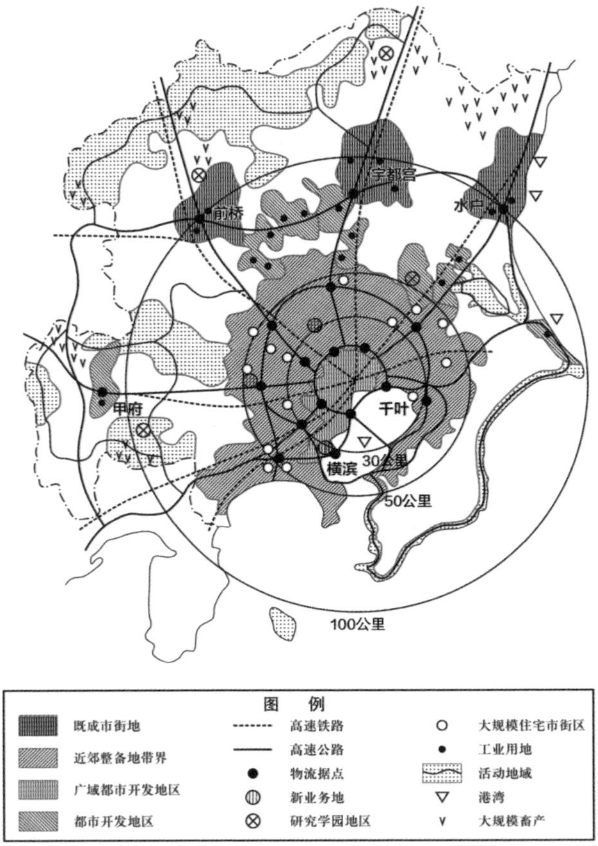

图6-22　第二次首都圈基本规划图

资料来源：《首都圈研究》，1969 年第 35 期。

在此背景下，第三次首都圈基本规划开始转向。以控制大城市、振兴地方城市为规划理念，此次规划开始对东京一极依存型结构进行逐步修正。规划提出为提高区域抗灾水平，需要逐步建设各地域的核心城市，进而首次提出了多极构造的广域都市复合体的发展构想。在周边地区发展已有农业和工业职能的基础上，逐步充实其社会和文化功能，减少其与东京都心的通勤交通，形成不依赖于东京都心的大城市外围地区。

第三次首都圈基本规划的核心在于分散职能，将中枢职能有选择地向首都圈其他城市分散，极力抑制大学在首都圈的集中，限制首都圈全域的大规模工业扩张。

在交通方面，重点发展城际交通，环状高速公路。

5. 第四次首都圈基本规划

第四次首都圈基本规划编制时间是 1986 年 6 月，规划期限从 1986 年至 2000 年。规划范围依然是“一都七县”全域。规划中认同保持人口自然增加，减少因社会原因导致的人口增加战略，预计 2000 年人口规模达 4090 万人。

此次规划编制时，首都圈人口已经基本保持稳定增加。规划开始面临经济全球化、人口老龄化、信息化等新的挑战。规划以推动形成多级分散型国土开发格局为核心理念，提出纠正对东京都各区，尤其是都心地区的单一中心聚集型结构，形成以商务核心城市为中心的自立型都市圈，增进地域间相互协作，进而形成多核多圈层的区域结构。

第四次首都圈基本规划在延续第三次基本规划分散理念的同时，提出在东京都市圈逐步发展业务管理职能、国际交流职能等多元化高端城市功能，同时推进知识、信息等高端产业和研发职能在首都圈的发展。

交通方面，规划提出关注各城市高速公路的延伸与衔接。规划横滨港、外环道路和首都圈中心的联系公路等，重点建设机场、港湾、主要国家高速公路、新干线等基础设施及东京中心城区和商务核心城市间的轨道交通和道路交通。

第四次首都圈基本规划发展思路如图 6-23 所示。

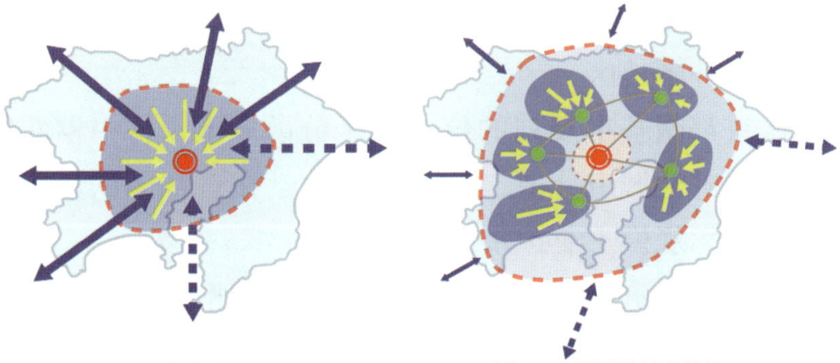

图 6-23　第四次首都圈基本规划发展思路

注：本图为根据 1986 年第四次首都圈基本规划重新绘制的图。

6. 第五次首都圈基本规划

第五次首都圈基本规划编制时间为 1999 年 3 月，规划期限从 1999 年至 2015 年。规划范围是“一都七县”全域。规划预计人口数量在 2011 年达到 4190 万人后将开始减少，2015 年人口规模为 4180 万人。

第五次首都圈基本规划编制时，首都圈已经从成长阶段逐步转换至成熟阶段。规划坚持提高区域竞争力，促进可持续发展的核心理念，强调疏解一极集中结构，在首都圈全域建设自主性强的据点城市，各负其责、相互协作，形成“分散型网络结构”。规划在东京都市圈的土地利用上“返璞归真”，提出城市职能的再配置。东京中心地区要推进再编、整备居住空间，近郊分担部分城市功能，形成“环状据点城市群”。同时，对关东地区北部、东部，内陆西部区域进行“据点开发”，形成“首都圈大环状协作轴”。

第五次首都圈基本规划描绘了 21 世纪首都圈的发展蓝图，提出建设具有创新活力、自由可行、环境共生、安全快速、可持续发展的首都圈。

在交通方面，重点关注关东、山梨县等城市横断连接的路线规划。

首都圈“环状大都市”空间结构概念如图 6-24 所示。

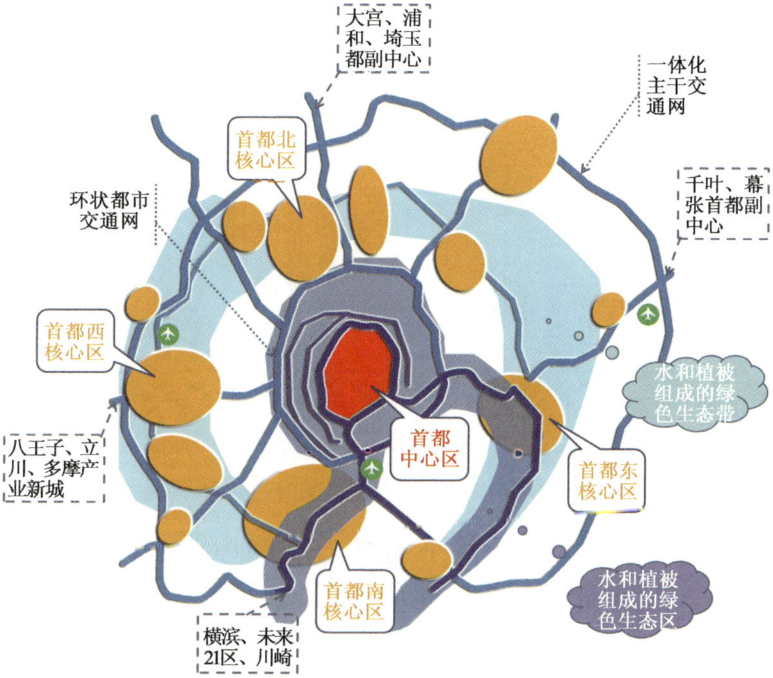

图 6-24　东京首都圈“环状大都市地区”空间结构概念图

资料来源：第五次首都圈基本规划，1999 年。

二、东京交通政策的历史变迁与背景分析

在日本发展史上，伴随着工业化进程，先后出现了三次城市化浪潮（图 6-25），分别是 1920—1935 年、1955—1970 年以及 1980—1995 年。在三次城市化进程中，东京的交通政策也相应地发生了转变。

（一）1920—1935 年东京交通政策的历史变迁与背景分析

1. 处于初始城市化阶段

1920—1930 年 10 年间，约有半数工人从事第二和第三产业工

作，1/4 的日本人口居住在城市。城市人口所占比重由 1920 年的 18% 上升到 1935 年的 32%。

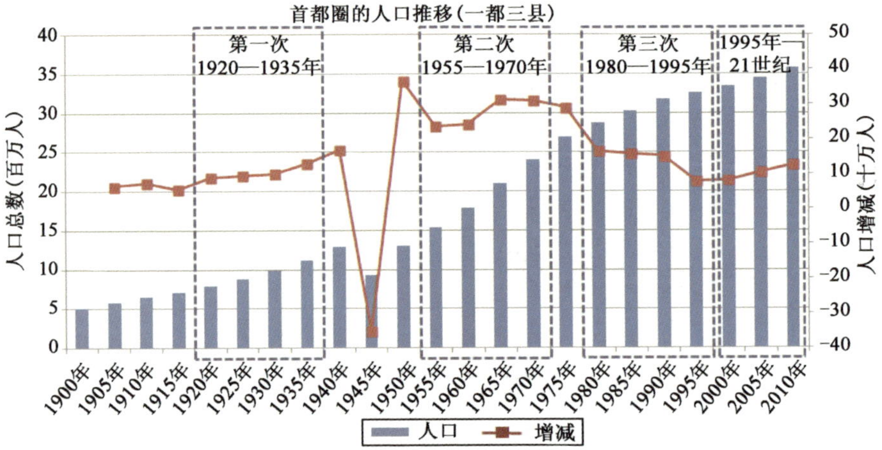

图 6-25　三次城市化浪潮时间分布

20 世纪 20 年代以后，日本劳动力逐渐由第一产业向第二、第三产业转移，人口和经济活动向城市区域集中，日本工业的进一步增长需要更多的劳动力。日本城市化率变化见表 6-11。

城市化率变化情况　　表 6-11

指　　标	1920 年	1955 年	1970 年	2005 年	2010 年
城市化率	18%	超过 50%	超过 72%	86. 3%	94. 88%

2. 主要交通政策

20 世纪 20 年代，东京大都市圈郊区私有铁路的路网已基本形成，这个阶段交通发展重点是对私铁线路的区间电气化。1927 年在城市中心地区开通了上野—浅草间的日本第一条地铁线路。

（二）1955—1970 年东京交通政策的历史变迁与背景分析

1. 处于加速城市化阶段

1955—1970 年，东京城市人口比率由早期的 56% 上升至 1970

年的72%。城市化水平也从之前的37%上升到1965年的68.1%，到1975年已经上升至76%。在这15年间，东京的地价也上涨了17.5倍。农业人口与总就业人口的比重，从20世纪50年代的50%降到了70年代的20%，1965年非农就业比重达到了75.3%。

1954年，日本共有328万个中小企业，从业人数1477.58万人；到1971年，中小企业发展到508万个，从业人数达到3040万人，增加了一倍多。

20世纪60年代初期，东京的重工业、化工产业等占据整个制造业的半壁江山。此阶段的东京已经从以劳动密集型制造业为核心的产业转变为以资本技术密集型制造业为核心的产业；1965年日本第二产业增加值占47.9%，临海地区工业用地开发，城市周围新开发区工业集聚。20世纪70年代末，机器制造业等知识密集型产业开始在东京出现，产业结构逐渐从资本密集型转变成知识密集型。

2. 主要交通政策

这个时期，日本全国开始大力治理交通，对机动车、道路采取措施，改善交通拥堵、交通安全及环境污染等问题，交通秩序出现显著改善，交通事故呈现下降趋势。

20世纪60年代，东京地铁进入建设高峰期，年平均新增地铁9公里。市郊铁路采取复线化、车辆更新、增加列车编组等措施增加线路运输能力，并颁布“新线、复线建设项目制度”鼓励私铁建设，配合新城开发建设新线（东急田园都市线、京王相模原线、北总铁道北总线等），并进行沿线的土地开发。

1964年，东京奥运会带来交通发展的新契机，日本早期高速公路——首都高速公路、名神高速公路等相继开通。

20世纪70年代，机动车燃油税多次上调，通过增加燃油税来限制机动车的使用，缓解交通拥堵，减少环境污染。

该时期提出要注重交通基础设施与城市发展的协调，以建设和发展轨道交通为主，再综合布置高速公路和其他交通方式。

（三）1980—1995 年东京交通政策的历史变迁与背景分析

1. 处于稳定城市化阶段

日本政府提出了“多极都市”的概念，由此也逐渐演变成了当今的东京都市圈——汇集了制造业、金融服务业、港口海运、石化产业与建筑业等全体系、多层次的超大型城市圈。

此时，许多大型企业开始向郊区转移，劳动者也开始离开市中心向周围城郊迁移。东京金融业迅速发展，制造业开始向东京周边的城市转移，服务业进一步向东京集聚，产业结构显现出“三、二、一”的发展态势。

20 世纪 80 年代初期，随着东京产业结构的升级和人口的高度集聚，越来越多的跨国金融机构将总部设立在东京；1986 年，日本建立了东京离岸金融市场，推动了东京国际金融中心的形成，第三产业成为城市经济的核心产业，推动经济的增长。

这一阶段，东京基本完成了由制造业中心向经济中心的过渡，成为全国的生产要素配置中心和经营决策中心。到了 20 世纪 80 年代后期，东京已成为一个规模庞大、功能齐全的国际金融中心。

2. 主要交通政策

东京通过制订一系列措施改善城市交通，加快轨道交通建设，完善公共交通体系，建设和拓宽道路，优化路网结构，加强停车场地建设，强化停车管理。

1988 年，东京政府在《运输白皮书》中提出了四项交通政策：大力发展城市轨道交通，提高轨道交通的服务质量；公交服务灵活化；出租车服务多样化；确保夜间出行交通供给，以期通过提高公共交通的服务质量来吸引客流。

东京从20世纪90年代初期出台了限制私人机动车发展的政策，一是提高税率，如小汽车的牌照税、燃油税；二是提高收费标准，如车辆的性能费、保险费、燃油价格、停车费、高速公路收费等。

同时，东京提出建设综合性枢纽将高速铁路、城市轨道交通、地面公交、汽车停车和商业布局有机地联系在一起，缩短乘客的换乘时间。

（四）1995年—21世纪东京交通政策的历史变迁与背景分析

1. 处于稳定发展的高级阶段

2010年，东京首都圈的城市化率为94.88%。其中，发展水平位列首都圈末位的山梨县城市化水平也高达85.4%。2010年东京首都圈城市规模见表6-12。

2010年东京首都圈城市规模　　表6-12

类型	人口规模（万人）	个数	分　布
特大城市	300 ~ 1000	2	东京都特别区部和横滨市，分布在沿东京湾的东京都和神奈川区域
大城市	100 ~ 300	2	分布在神奈川和埼玉
中等城市	50 ~ 100	6	5个中等城市都分布在东京都市圈范围内
小城市	2 ~ 50	183	其中5万 ~ 20万人口的小城市有128个，占城市总数的比重超过66%

2. 主要交通政策

这一时期，东京的交通政策主要是进一步加强精细化交通管理与人文交通的建设，加强停车管理。目前，东京已经形成了“轨道交通＋步行/自行车”的绿色出行模式，具有以轨道交通为骨干的完善公共交通网络。

1995年2月，日本政府公布了《促进先进的信息和远程通信体系的基本指导原则》，提出了智能交通研究专题。

2003年年初，东京再次提出抑制私人小汽车发展的政策，东京市区的所有停车场都按时收费，停车收费是东京控制机动车出行的方法之一。

近年来，为了解决中短距离的交通问题，弥补以往只注重发展长距离而导致近距离交通手段不足的缺陷，日本提出了建立城市新交通体系，其运输工具种类繁多，现代化程度极高，包括单轨磁性电车、悬挂式单轨交通、封闭式专用公共汽车道、无人驾驶定时往复电车等。

三、东京首都圈规划实施的法律政策及组织保障

东京首都圈的规划建设之所以取得成功在很大程度上得益于法律体系的保障。为保证规划顺利有效实施，前后共制定了十几项相关法律。首都圈的规划是在1950年制定的《首都圈建设法》和1956年制定的《首都圈整备法》的基础上启动的。1956年将“首都建设委员会”更名为“首都圈整备委员会”，为首都经济圈规划的制定和实施提供了坚实的法律依据和组织保障。

（一）东京首都圈规划实施的政策法律保障体系

区域战略层面的法律法规见表6-13。

东京首都圈规划相关法律统计　　表6-13

年份（年）	法　律	相关机构	城市规划
1945			战争灾后复兴规划的基本方针
1946	《特别都市规划法》		

续上表

年份（年）	法　　律	相关机构	城市规划
1950	《国土综合开发法》《首都建设法》（东京都）		全国综合开发规划
1951		首都建设委员会（总理府外局）	首都建设规划（1951—1954年）
1952		首都建设委员会（建设府外局）	
1956	《首都圈整备法》（100公里圈）、《首都圈市街地开发区域整备法》		提出首都圈整备委员会的申报事项
1958			首都圈基本规划（第一次）
1959	《首都圈市街地工业等制限法》		
1964	《工业整备特别地域整备促进法》		
1965	《首都圈整备法改正》（一都七县）、《首都圈市街地开发区域整备法改正》（首都圈近郊绿地保全法）		
1966	《流通业务市街地整备法》	首都圈整备促进协议会	全国综合开发规划（第二次）
1968			首都圈基本规划（第二次）
1970	《筑波研究学园都市建设法》		
1974		国土厅大都市圈整备局	
1975			全国综合开发规划（第三次）

续上表

年份（年）	法律	相关机构	城市规划
1976			首都圈基本规划（第三次）
1977		首都圈整备协会	
1983		首都圈整备特别委员会	
1985			首都改造规划
1986			首都圈基本规划（第四次）
1998			21世纪国土的宏观构想
1999			首都圈基本规划（第五次）

除了区域战略层面的法律法规外，由于首都圈规划推进的重要方式之一是以项目为核心的首都圈规划实施，为了保证项目的顺利实施，还需要微观的规划设计、建设、操作等层面的法律保障。具体包括指导和规范项目建设的《城市规划法》《建筑基准法》《土地基本法》，也包括与上述法律配套的相关法规和技术标准，还包括相关的税收和资金政策的法律法规。

（二）不同时期规划实施的组织机制

东京首都圈规划的主体从首都建设委员会到首都圈整备委员会，再到1974年成立的国土综合开发厅。这在一定程度上避免了首都圈规划仅关注东京都的问题。

1. 日本首都建设委员会

日本首都建设委员会成立于1950年，是最早的区域性规划机构。首都建设委员会成立的主要目的是使在战争中受到极大破坏的、作为日本的首都和政治经济文化中心的东京能够更快地恢复和发展。

首都建设委员会是以美国的独立管制委员会为样板而设置的行政机构，由建设大臣、众议院议员、参议院议员、东京都知事、东京都议会议员及学术界代表共9人组成，下设有事务局。该委员会的主要职责是制订东京都内需要实施的重要设施的项目规划，推动有关项目的实施，以及对中央政府、相关地方公共团体、相关企业提出建议。1950—1956年，首都建设委员会主要完成了《首都建设规划》和《首都圈构想草案》等初期的东京都地区的规划。[1]

2. 日本首都圈整备委员会[2][3]

1956年，《首都圈整备法》公布，首都建设委员会改名为“首都圈整备委员会”，并作为总理府的外局，其权限得到了一定程度的扩大。为了解决当时东京及其周边地区的人口和产业迅速密集化问题，首都圈整备委员会的施政范围扩大到了“一都七县”。从这一时期开始，首都圈规划作为真正的区域性规划开始起到了协调跨行政区域范围内开发活动的政策性作用。与首都建设委员会相比，首都圈整备委员会成了真正的区域规划协调机构，不再仅仅考虑东京都内的规划和发展问题。这一时期的首都圈整备委员会，不仅与东京都政府及相邻3县保持着良好、密切的合作、协调关系，各地方政府的积极参与也使得首都圈整备委员会成了相关各方协商讨论和决策的公共平台，同时还起到了在各地方政府和中央各省厅之间进行沟通、协调的积极作用。1956—1974年，国土综合开发厅（简称“国土厅”）成立之前，首都圈整备委员会完成了第一次和第二次首都圈规划，在继承首都建设委员会规划设想的基础上，进一步建立了近郊绿地保护、指定城市开发区域、限制工业设施聚集等一系列

---

[1] 日本城市规划学会. 东京大都市圈——区域结构、规划历史、未来展望. 东京：彰国社，1992年。

[2] 王郁. 日本区域规划协调机制的形成和发展. 规划师，2005年。

[3] 三大都市圈政策形成史编辑委员会. 三大都市圈政策形成史——首都圈近畿圈中部圈. 东京：行政出版社，2002年。

规划制度和开发控制政策，促进了20世纪50～70年代首都圈的有序发展和城市建设。

随着日本经济发展进入高速增长期，快速的区域城市化和城市开发中暴露出来的各种问题使得综合性国土开发政策和区域性规划的编制和实施成了重要的政策课题。为了有效推动国土政策的制订和实施，有必要对相关行政机构及其职能进行重新整合和调整。当时考虑到如果将所有的相关职能和项目实施部门都整合为一个机构，将会出现项目规模大型化、权限过度集中等问题，因此，最终采取了统筹规划协调部门的方式，同时加强其有效协调项目实施的职能。

3. 国土综合开发厅❶

1974年，国土综合开发厅正式成立，作为总理府的下属机构，其长官由国务大臣担任。国土厅负责协调与国土开发政策有关的各省厅项目，并通过灵活的方法，全面、综合地推动各相关政策的实施。自此，包括首都圈整备委员会在内的各地方都市圈整备本部都被吸收进了新的国土厅内。其中，大都市圈整备局具体负责各大都市圈的区域规划编制和实施协调。与前期的三大都市圈整备委员会相比，大都市圈整备局的机构规模大幅度减小。虽然关于对项目的协调和实施起着关键作用的项目预算决定权等问题在国土厅时期仍然没得到解决，但由于国土厅设有专任大臣，大都市圈整备局的职能中增加了制订改善大都市功能政策的职能并且扩大了对大型开发项目的实施具有协调相关行政机关事务的权限。总的来看，国土厅大都市圈整备局的职能和权限较首都圈整备委员会还是有了一定程度的扩大。从1972年至2000年国土厅并入国土交通省为止，国土厅参与和完成了这一时期多次首都圈规划、相关立法和其他地方都市圈规划的编制，实施了规划编制的相关调查。从国土厅大都市圈

❶王郁．日本区域规划协调机制的形成和发展．规划师，2005年。

整备局与首都圈的关系来看，国土厅已经完全成了中央政府的一个部门，首都圈区域性规划的编制和规划协调只是其众多职能中的一小部分。从机构的规模和具体职能分配比例来看，大都市圈整备局对首都圈的区域性规划协调所起的作用具有一定的局限性。大都市圈整备局与首都圈内各级地方政府之间的关系也比前期有了较大的改变，以前作为地方政府与中央省厅之间的桥梁作用已经改变，过去与地方政府之间的平等关系也变成了上下级关系，这就必然影响到其制订政策时的定位。实际上也可以看出，作为中央级政府部门，大都市圈整备局在制订首都圈规划时，也比前期的机构更倾向于从国土开发的角度来确定首都圈的功能和发展方向。也就是说，这一时期的首都圈规划首先考虑的不仅仅是首都圈本身，而是在整个国土开发框架之中首都圈如何定位的问题。关于这一点，从第四次和第五次首都圈规划以及当时的国土综合开发规划在规划理念、区域定位、政策手段方面的一致性上就可以看出。

从初期的首都建设委员会到首都圈整备委员会再到国土厅，首都圈规划的组织协调机构经历了多次变化。从各个时期的组织结构、职能分配、组织关系、政策定位等可以看出，首都圈规划协调组织在初期采取咨询委员会的形式，但随着日本现代行政体制的逐渐建立，这一组织形式逐渐演变为行政委员会，最后彻底成了官僚体制中的一部分，初期的“咨询、建议、协商”逐渐消失，取而代之的是在行政体制内通过行政手段来完成区域性规划编制及协调功能的职能机构。

四、未来发展规划及发展动向

2014 年 7 月，国土交通省公布了《日本国土大规模综合规划 2050》，该规划对当前和未来一段时期日本面临的主要问题和发展思路进行了阐述，对首都圈未来的发展方向提供了参考。

（一）日本面临的时代潮流和主要挑战

日本在未来35年面临的最大问题是少子老龄化和自然灾害威胁。根据预测，未来35年，以1平方公里为尺度，日本人口减少至当前一半以下的地区占现在居住地域的60%以上，现居地的20%将无人居住。人口增加的地区仅约2%，且主要分布在大都市圈。人口急剧减少、不同维度的老龄化发展、城市间竞争不断激化的全球化进程、巨大灾害迫近的压力、基础设施老化、能源和环境限制等课题都将是未来日本必须面对的挑战。

（二）日本国土开发的未来发展方向

基于以上问题，《日本国土大规模综合规划2050》提出日本今后一段时期发展的关键词是Compact（紧凑）和Network（网络）。日本在历史上饱受“大城市病”困扰的背景下重提“紧凑”开发与其少子老龄化长期发展不无关系。只有“紧凑”开发，才能在人口减少的背景下提供各种有效率的服务，而单单实施紧凑开发会造成城市区域和市场的缩小，因此需要通过“网络化”确保与城市机能相适应的圈域人口规模，实现人、物、信息的高密度交流，提高创新能力。通过“紧凑化”和“网络化”形成提高全国生产性水平的国土结构。

所谓紧凑化和网络化是要通过交通革命、新信息革命克服距离的制约，并在此基础上实现实物空间、知识和信息空间的融合，实现不同地域间多样的活跃交流（“对流”），通过不同区域间的合作，促进人、物和信息的交流。对流的动力在于多样性，因此有必要常态化地培育地区多样性，在国土开发中，对各地域的多样性进行再构筑，充分利用各地自身资源，进而形成“对流促进型国土”。

1. 地域存续的小据点城市开发建设

将商店、诊所等日常生活不可缺少的设施和功能布设在步行可达范围内，形成“小据点”。通过交通系统与其他周边村落连接，推进持续的地域开发建设（图 6-26）。

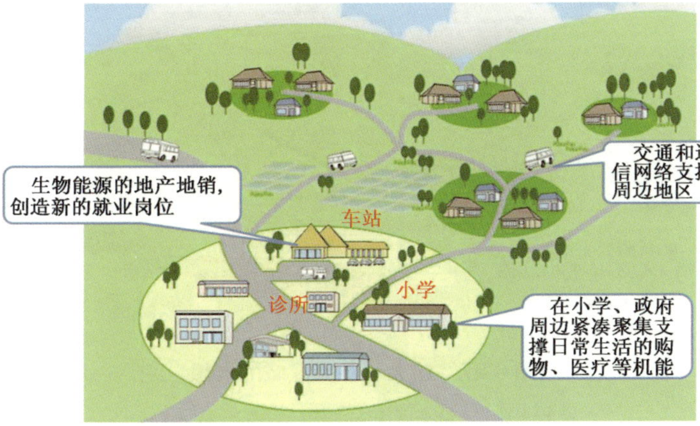

图 6-26　地域存续的小据点城市示意图

资料来源：《日本国土人规模综合规划 2050》。

2. 形成高度的地方城市联合，维持都市圈功能

在人口减少的大背景下，仅靠紧凑开发难以维持都市圈的城市功能。留住地区人口，使其在当地生活，进而培育本地区发展，需要各城市在“紧凑化”+“网络化”上相互协作，扩大城市圈域范围。

3. 通过磁浮中央新干线，促进超大、特大区域的形成

规划提到磁浮中央新干线的开通，将形成涵盖三大都市圈 6000 万人口的 1 小时交通圈，实现城际交通的同城化，城际长途旅行将“变为”城市内地铁出行。在三大都市圈有效利用、强化既有优势，建成带动日本经济的成长引擎，创造顺畅的国际人流、物流环境（门户功能强化），使外国人生活便捷，提高国际竞争力，形成集聚国内外人和物的核心，推动创新，进一步吸引全球的人、财、物和信息（图 6-27）。

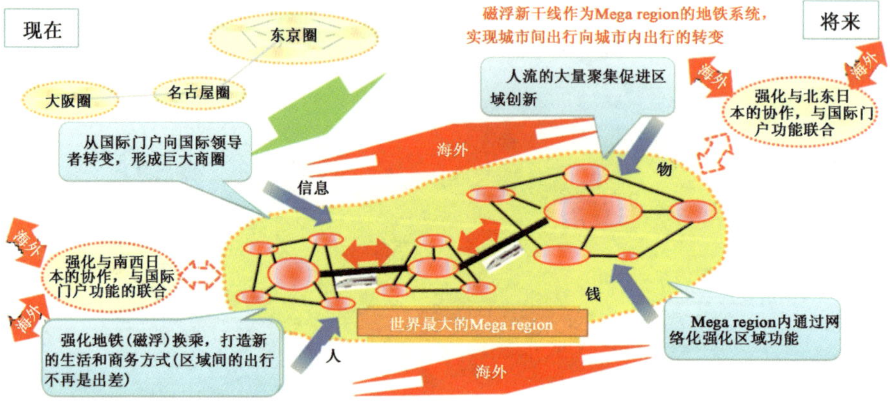

图 6-27　超大、特大区域的构想

资料来源：《日本国土大规模综合规划 2050》。

4. 灵活利用日本海和太平洋两侧国土

2011 年 3 月 11 日地震灾害后，在太平洋一侧国土的基础设施无法使用的情况下，日本海一侧国土的基础设施起了重要作用。日本海一侧和内陆部分的道路、铁路、港湾均可利用，确保了救援物资运输通道的畅通。

5. 发展智慧型、健康型住宅和城市

通过有效利用 PPP/PFI 模式，促进公有出租住宅团地的再生和集中化社区福利的建设。促进老旧住宅和住宅维修改造市场的活力，使住宅转让更加便利。实现住宅的多代循环使用，创建覆盖男女老幼、生气勃勃的社区。通过促进对 ICT、节能降碳和木材利用等技术的使用，建设、普及改善健康、环境友好的智慧型、健康型住宅。

6. 实现基础设施的充分利用

通过有效利用由 ITS 获得的大数据，实现交通量的精确控制。加强对网络的使用，利用 ITS 提供基础信息，实施适当的收费政策，进而实现高密度、稳定的交通流。

第三节 东京首都圈交通系统发展的主要做法和不足

东京首都圈发展取得了巨大成功，最重要的原因在于其构建了以轨道交通为主导，绿色、高效、便捷的综合交通运输系统，进而形成了以轨道交通为骨架支撑的世界最大的城市群。然而，东京首都圈尤其是东京都市圈的发展也暴露了一些弊端，主要表现为城市结构的单中心化、通勤半径过大，由此造成了居住与就业严重分离、通学通勤耗时巨大等问题。

一、东京首都圈交通系统发展的主要做法

（一）以完善的法律法规为保障

东京首都圈规划建设的成功在很大程度上得益于法律体系的保障。为保证规划顺利有效地实施，前后共制定了十几部相关法律。首都圈的规划是在1950年《首都圈建设法》和1956年《首都圈整备法》的基础上启动的。1956年将“首都建设委员会”更名为“首都圈整备委员会”，为制订和实施东京首都圈规划提供了坚实的法律依据和组织保障。

为了保证项目的顺利实施，还需要规划设计、建设、操作等层面的法律保障。具体包括《城市规划法》《建筑基准法》《土地基本法》，也包括与上述法律配套的相关法规和技术标准，以及相关的税收和资金政策方面的法律法规。例如，1953年颁布的《道路整治紧急措施法》提出征收“目的税”；1959年颁布的《首都高速公路公团法》提出道路建设的公团开发模式，从而保证了道路建设的财政资金来源，促进了道路交通设施的建设；1950年至1963年先后颁布的《住宅金融公库法》《公共住宅法》《住宅公团法》《新住宅区

开发法》也为住宅开发提供了一系列优惠政策，并提出了住宅公团开发的模式。[1]

（二）以区域综合协调机构为支撑

东京首都圈规划的主体从最初的首都建设委员会到首都圈整备委员会，再到 1974 年成立的国土综合开发厅，这在一定程度上避免了首都圈规划仅关注东京都的问题，而是将该区域作为整体来考虑。东京首都圈主要的区域协调机构成立时间见表 6-14。

东京首都圈主要的区域协调机构成立时间 表 6-14

年份（年）	相关机构
1951	日本首都建设委员会（总理府外局）
1952	日本首都建设委员会（建设府外局）
1966	日本首都圈整备促进协议会
1974	日本国土厅大都市圈整备局
1977	日本首都圈整备协会
1983	日本首都圈整备特别委员会

（三）以轨道交通为骨架布局城市、引导城市群发展

日本城市群发展模式的特点是，以轨道交通为骨架布局城市，引导城市群发展。由于日本城市人口密度较高，土地资源相对紧张，城市和区域的扩张主要沿着轨道交通等大容量、集约化交通线路呈高度聚集式发展。从日本东海道城市群的铁路线路布局与人口分布来看，无论是在都市圈还是在整个东海道城市群，其人口集中区基本都是沿着以轨道交通为主导的交通走廊分布。

从交通结构来看，也可以看出轨道交通在日本城市群客运出行中占据主导地位，公路则主要承担物流通道的角色。在东京都市圈

[1] 张良，吕斌．日本首都圈规划的主要进程及其历史经验．2009 年。

的通勤出行中，近一半为轨道交通出行，尤其是人口密度较高的中心区（东京都区部），轨道交通通勤出行比例高达 76%。

东海道城市群客货运输结构如图 6-28 所示，以通勤为目的的东京都市圈交通结构如图 6-29 所示。

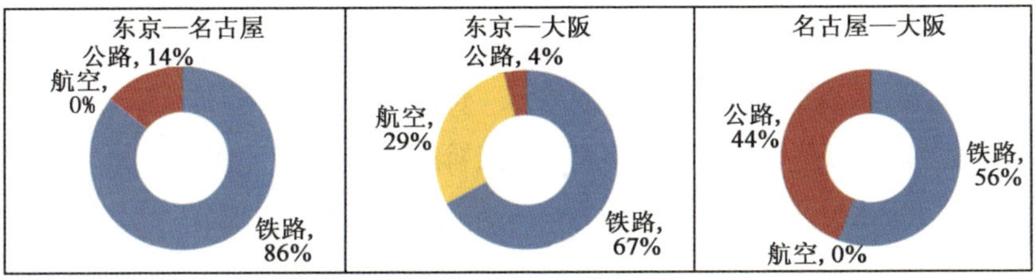

a) 东海道城市群各中心城市间的客运方式分担率

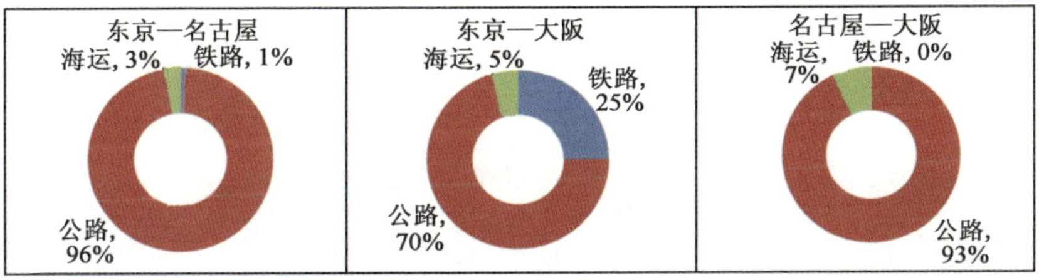

b) 东海道城市群各中心城市间的货运方式分担率

图 6-28　东海道城市群客货运输结构

资料来源：傅志寰，陆化普，等．中国工程院课题——城市群交通一体化研究．2015 年。

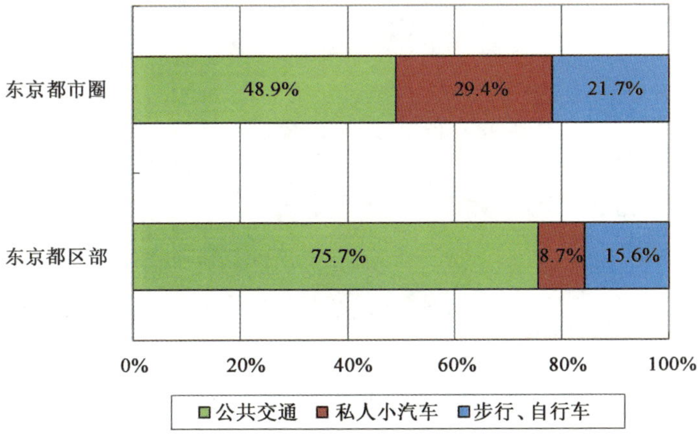

图 6-29　东京都市圈交通结构（通勤目的）

资料来源：傅志寰，陆化普，等．中国工程院课题——城市群交通一体化研究．2015 年。

（四）构建综合交通运输系统促进各种运输方式“无缝衔接”

东京的综合交通枢纽在微观层面将公共汽车站、出租汽车站、地下停车场以及商店、银行、商业街等布置在同一建筑物内，或用地下通道连为一体，出入口数量多、分布广。以新宿站为例，新宿站本身并没有引人注目的大型建筑，但通过充分利用地下空间，既实现了不同交通方式及不同线路的紧密衔接，又将交通功能与商业服务设施功能融为一体。在大约 2 平方公里面积内设置了 100 多个出入口，使乘坐轨道交通的出行者可以通过地下步道系统直接到达目的地，如图 6-30 所示。

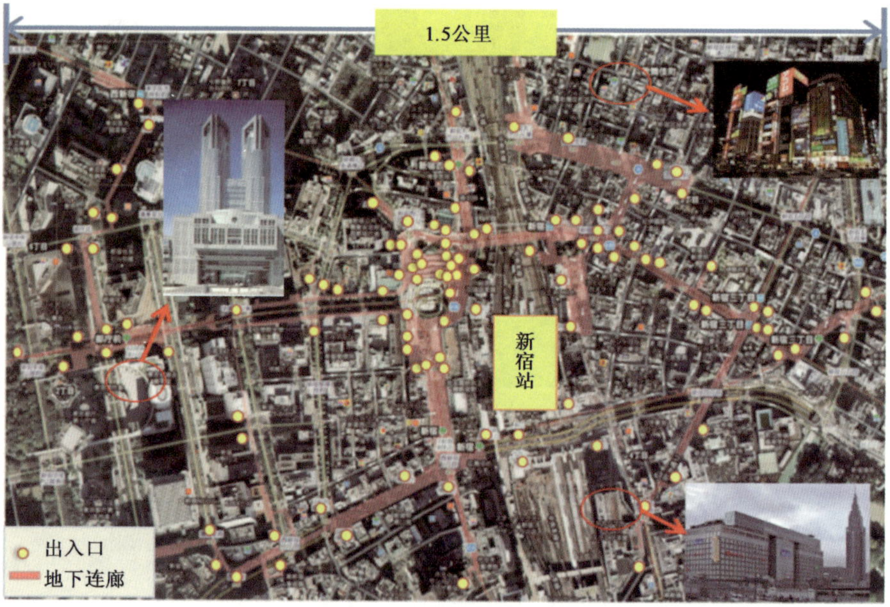

图 6-30　新宿站地下连廊及出入口分布示意图

资料来源：傅志寰，全永燊，陆化普．中国工程院重大咨询项目——城镇化进程中的综合交通运输问题研究．北京：中国建筑工业出版社，2013 年。

东京综合交通枢纽大多衔接城市群的区域铁路、市郊铁路和地铁。在进出站客流中，88.7%通过步行集散，如图6-31所示。市民从交通枢纽站下车后，通过步行即可到达单位、学校、商场等目的地，且90%左右的步行时间在10分钟内。

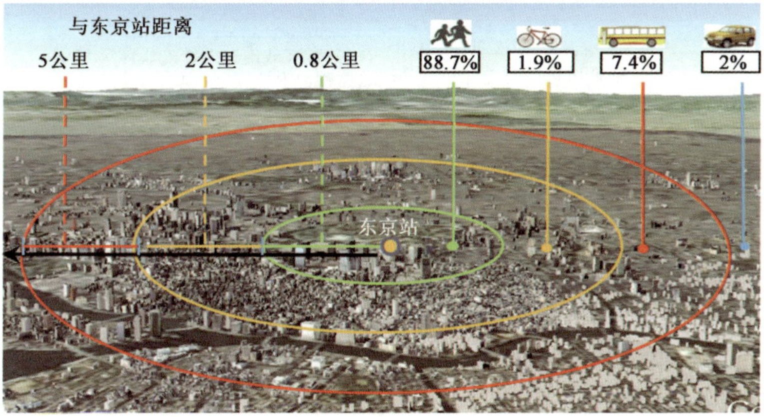

图6-31　东京站客流疏散交通方式

资料来源：傅志寰，全永燊，陆化普．中国工程院重大咨询项目——城镇化进程中的综合交通运输问题研究．北京：中国建筑工业出版社，2013年。

（五）政府与市场“两只手”合力促进交通与土地利用一体化开发

日本首都城市群之所以能够成功实现交通与土地使用的高度一体化，主要经验是建立了中央政府、地方政府、铁路公司和土地所有者的密切合作模式。政府不参与具体的开发建设，只负责制定开发标准并建立一体化开发的监督机制，交通系统与土地利用一体化开发则以轨道公司为开发主体，负责一体化规划设计、投融资、施工建设，最后获取开发收益。

在土地开发商通过市场手段取得轨道交通站点周边地块的土地所有权或使用权后，开发商必须根据政府公开的待开发地区土地性质、容积率、开发高度限制等各项区域开发标准，制订待开发地块的开发方案，之后交由区级政府判断是否需要开发许可，在确定需要许可证后征得其他相关机构的同意，最后开发商提交开发许可申请书，政府予以办理开发许可证，具体流程如图 6-32 所示。

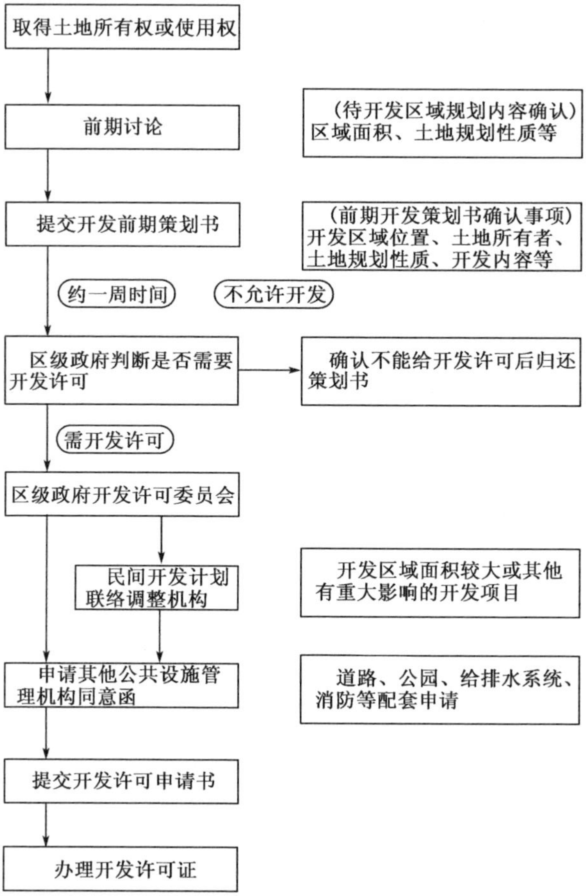

图 6-32　日本市场化主导模式下的一体化开发流程

（六）以立体模式提高整个区域交通的容量和竞争力

欧洲国家和日本、新加坡等非常重视交通与城市发展的协调互动关系，注重以公共交通为导向的城市空间拓展模式（TOD），推进交通与土地利用的一体化规划建设，从而建设生态城市，实现交通绿色发展。

东京以综合交通枢纽为中心，实施高强度开发策略，旨在提高土地使用的集约化程度。东京站、新宿站等综合交通枢纽周边建筑容积率超过10，如图6-33所示。交通枢纽将商业、办公、休闲娱乐等多种功能融于一体，既提高了城市土地空间的资源利用效率，也为多元运输方式的有机融合创造了极好条件。得益于这一建设模式，新宿、涩谷、池袋等综合交通枢纽周边成了东京交通运转效率最高且最具活力和商业价值的地区。

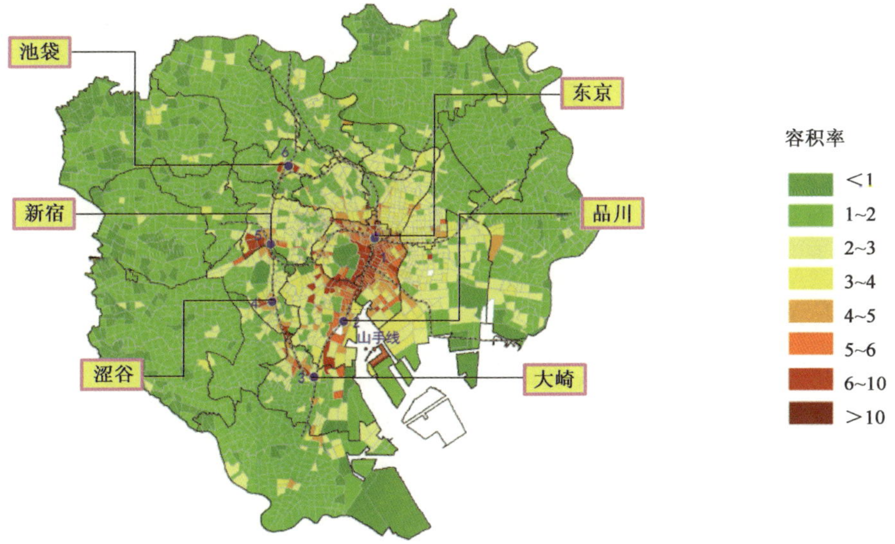

图6-33　东京都区部容积率分布图

资料来源：傅志寰，全永燊，陆化普．中国工程院重大咨询项目——城镇化进程中的综合交通运输问题研究．北京：中国建筑工业出版社，2013年。

在东京都最新一期的开发计划中，日本政府在东京站周边的CBD地区（大手町—丸之内—有乐町）进行了高强度开发，1.2平方公里的面积内容纳了4000个工作单位，就业人数达23.1万人，如图6-34所示。

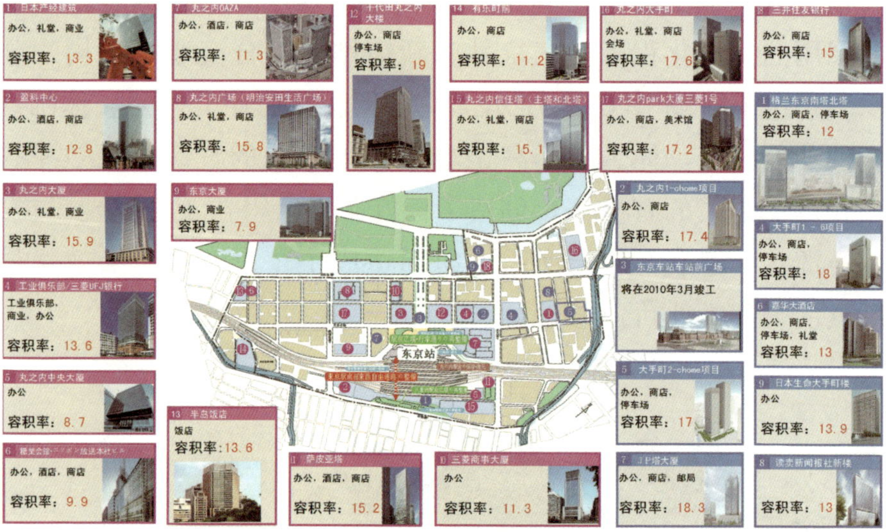

图 6-34　大手町—丸之内—有乐町地区改造计划

资料来源：傅志寰，全永燊，陆化普．中国工程院重大咨询项目——城镇化进程中的综合交通运输问题研究．北京：中国建筑工业出版社，2013 年。

（七）以可持续发展为原则坚持绿色交通主导

东京首都圈把可持续发展作为贯穿城市发展和交通发展的核心理念。各种规划和政策措施从论证、决策到实施、监督检查等各环节都保证了连续性、闭合反馈和及时调整，实现了政策措施及规划的可持续性。

在城市交通建设方面，东京在基础设施建设上虽然也有大规模投入，但更加注重挖掘城市潜在空间与能力，通过实施各种规划、设计和专项对策研究，对交通网络和设施进行精细化补充和完善。

对于全方式交通出行结构，在东京都区部绿色交通占绝对主导地位：小汽车和摩托车仅占 12%；公共交通占 51%，其中轨道交通占 48%，接近一半；慢行交通（自行车 + 步行）占 37%。范围扩大到东京都市圈后，小汽车出行比例增加到 29%，接近三成。2008 年东京都区部和东京都市圈出行结构见表 6-15 和表 6-16。

2008 年东京都区部和东京都市圈全方式交通结构　　表 6-15

区　域	轨道	公交	小汽车	摩托车	自行车	步行
东京都区部	48	3	11	1	14	23
东京都市圈	30	3	29	2	14	22

注：数据为最新一次（2008 年）东京都市圈出行调查数据。

2008 年东京都区部和东京都市圈出行结构比例　　表 6-16

类　别		东京都区部	东京都市圈
出行方式	公共交通	51%	33%
	小汽车交通	11%	29%
	慢行交通	37%	26%
公共交通结构	轨道交通	94%	91%
	地面公交	6%	9%

对比东京都市圈 30 年（1978—2008 年）的交通方式结构变化（表 6-17），可以发现：轨道交通持续缓慢增长，从 23% 增加到 30%，小汽车从 25% 增长到 29%，步行则从 34% 减少到 22%，自行车分担率保持稳定，摩托车和公交出行占比较小。

1978—2008 年东京都市圈全方式分担率随时间变化情况　　表 6-17

年份（年）	轨道	公交	小汽车	摩托车	自行车	步行
1978	23%	4%	24%	2%	13%	34%
1988	24%	3%	28%	3%	15%	27%
1998	26%	2%	33%	2%	15%	22%
2008	30%	3%	29%	2%	14%	22%

分区域分析，东京都区部基本形成了中长距离出行依靠轨道、短距离出行依靠步行和自行车的交通出行模式。

（八）以提供世界一流的交通服务为目标

东京都市圈以轨道交通为主导实现了高效、便捷、绿色的强大交通系统，其运输服务水平和效率之高与大规模的轨道交通基础设施和特殊的运营组织模式是分不开的。

据统计，东京都区部的轨道线网密度达到1.31公里/平方公里，轨道交通分担率高达48%。在东京都市圈各区域中，轨道交通设施的规模越大，其分担率也越高，如表6-18所示。

2014年东京都市圈道路与轨道交通基础设施对比　　表6-18

区　　域	道路密度（公里/平方公里）	轨道密度（公里/平方公里）	轨道交通全方式分担率	轨道机动化分担率
东京都区部	18.92	1.31	48%	76%
东京都（除区部）	9.35	0.26	27%	47%
东京都	12.67	0.62	43%	69%
东京都市圈（除东京都）	10.12	0.16	21%	33%
东京都市圈	10.40	0.21	30%	47%

注：轨道交通分担率数据为最新一次（2008年）东京首都圈居民出行调查数据。

与东京的出行时间、覆盖区域进行比较，北京的轨道交通系统30分钟、60分钟和90分钟出行时间的覆盖范围相对较小，如表6-19所示。

2015年北京与东京轨道交通不同出行时间覆盖范围对比（单位：公里）　　表6-19

城　　市	30分钟	60分钟	90分钟
北京	10	21	36
东京	20	40	65

（九）加强交通基础设施供给的同时同步实施交通需求管理

交通需求管理一方面是从源头上削减不必要的出行，另一方面则通过各种手段调节和改善出行需求的时空分布及出行方式构成，最大限度平抑出行需求峰值，并引导出行者尽可能地选择步行、自行车或公交方式。这是实现城市交通供需动态平衡不可或缺的关键环节。

东京都市圈在注重交通管理现代化的同时，制订了相应的交通需求管理措施。例如，通过经济杠杆（提高停车费用等）调节进入核心区的机动车需求，引导和鼓励居民使用公共交通系统，使得公共交通在城市交通中始终处于主导地位。

二、东京都市圈交通系统发展的不足

（一）居住与就业严重分离

目前，东京都市圈呈现“单中心”的城市结构和用地形态。其中，单中心是指东京都区部，它集中了大部分中枢功能。单中心的城市结构造成居住与就业的严重分离。例如，东京都心三区的职住不均衡现象十分严重，东京都心三区岗位人口比为6.4∶1。

居住与就业的严重分离又造成了都市圈外围与中心之间大规模的通勤通学出行。2010年，外围各县至东京都区部出行发生量中，通勤通学比例大多在60%以上，其中千叶县和埼玉县比例分别为65.2%和62%；东京多摩部和茨城县的比例分别为60.8%和67.5%；神奈川县本身就业功能相对强大，该比例（47.1%）低于外围其他各县。

在空间上，东京都区部通勤通学人群96%以上居住在以东京站为圆心的50公里范围内，通勤通学人群在距东京站30公里范围内分布广泛，而在30～50公里范围内主要集中在放射性轨道沿线，如图6-35所示。

（二）通勤交通耗时巨大

单中心的城市结构造成了长距离、大规模、潮汐式的通勤出行。据统计，2010年，东京首都圈通勤时间为68.8分钟，通学时间为76.9分钟，通勤加通学出行时间为70.4分钟。整个东京都区部至都心三区轨道通勤通学出行时间基本在30～60分钟，距东京站30

公里的区域基本在90分钟以内，距东京站30～60公里范围，除埼玉东部、千叶西部部分区域外，其他出行时间均大于90分钟。

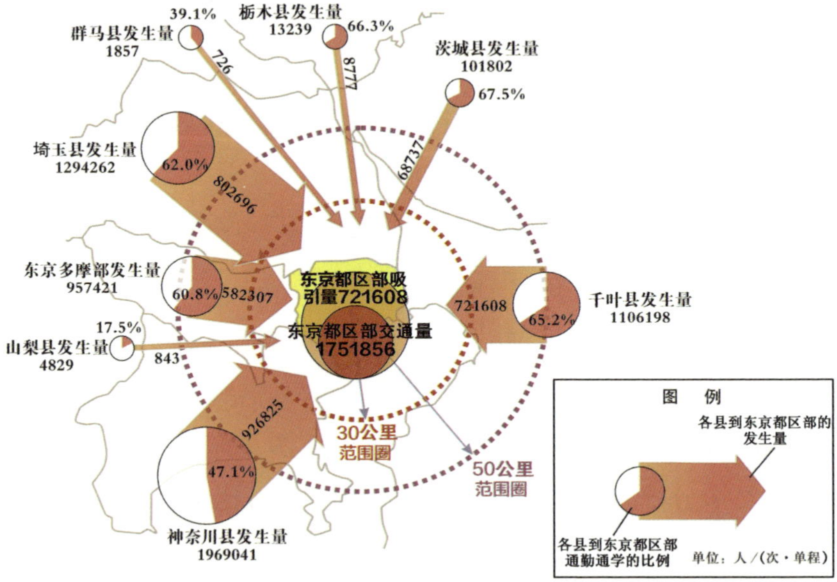

图6-35 东京首都圈各县至东京都区部出行总量与通勤通学出行量关系（2010年）

资料来源：《日本东京都市圈出行调查报告》，2010年。

（三）城市交通拥堵成本巨大

过长的通勤通学时间导致城市运行成本巨大，高峰期间的交通拥堵更加大了城市的运行成本，造成了社会资源的浪费。

2012年，高峰时段东京都区部主要道路平均车速为18.7公里/小时，东京都市圈平均车速为24.2公里/小时，低于日本平均水平35.1公里/小时。

2013年，东京都市圈轨道交通系统主要31个区间的高峰拥挤率为165%，如图6-36所示。而2012年，北京轨道交通系统高峰小时最大满载率为142%（15号线），线网平均拥挤率为105.2%。

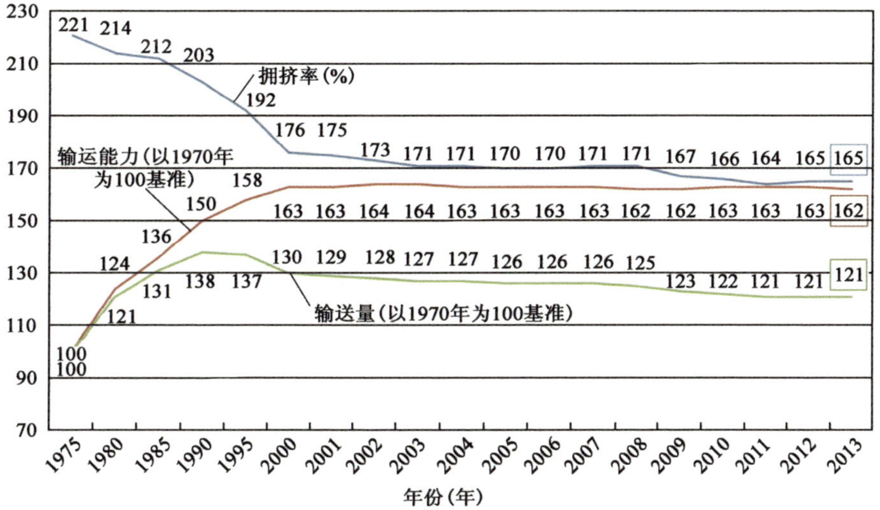

图 6-36　东京都市圈轨道交通系统主要 31 个区间的高峰拥挤率变化情况

资料来源：《日本都市交通事报》，2014 年。

第四节　京津冀交通系统现状和发展需求分析

一、公路交通

（一）基本情况

截至 2014 年年底，京津冀[1]地区公路网总里程达 21.7 万公里，占全国的 4.9%，其中高速公路总里程 7983 公里。京津冀地区公路网总体情况如图 6-37所示。其中，北京市公路总里程 21849 公里，高速

[1] 2015 年中共中央、国务院正式印发《京津冀协同发展规划纲要》，提出"支持山东德州建设京津冀产业承接、科技成果转化、优质农产品供应、劳动力输送基地和京津冀南部重要生态功能区"。但为了重点突出京津冀地区交通现状及问题，本研究中京津冀地区只包含北京市、天津市、河北省全域，不包含德州市。

公路总里程982公里❶；天津市公路总里程16110公里，高速公路总里程1113公里❷；河北省公路总里程17.9万公里，高速公路总里程5888公里❸。

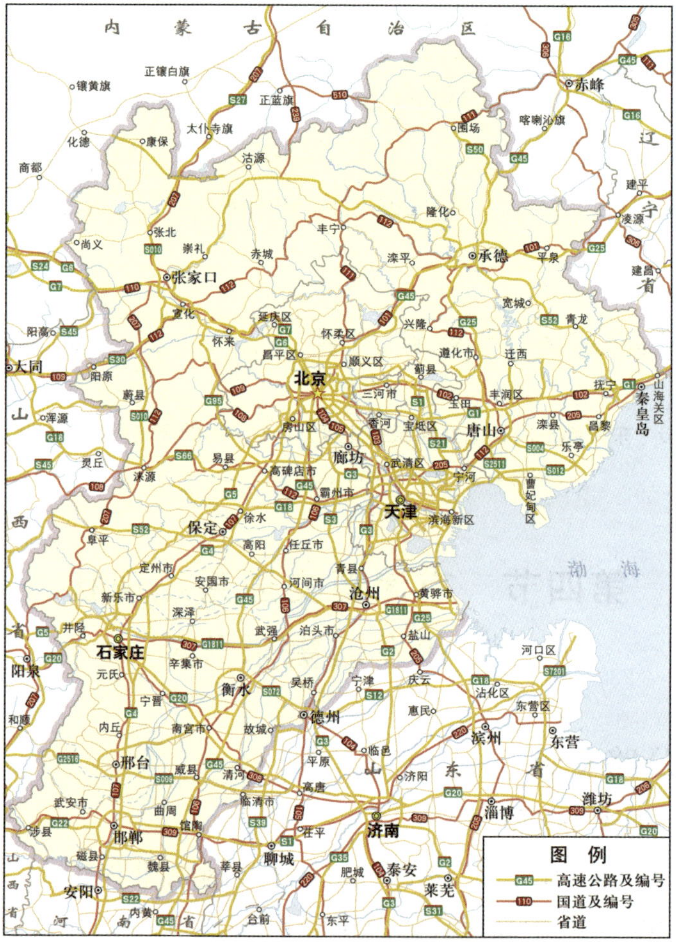

图6-37 京津冀公路网总体情况

❶《北京统计年鉴》，2015年。
❷《天津统计年鉴》，2015年。
❸《河北统计年鉴》，2015年。

截至2014年年底，京津冀地区公路网密度为99.5公里/百平方公里，达到全国公路网密度的2倍。与长三角、珠三角对比，京津冀公路网密度最低。对高速公路网密度进行比较，珠三角最低，京津冀略高于珠三角，长三角密度最高。相关指标如表6-20所示。

京津冀交通基础设施概况（公路）　　表6-20

区　域	面　积（万平方公里）	公　路		高速公路	
		里程（万公里）	密度（公里/百平方公里）	里程（公里）	密度（公里/百平方公里）
京津冀	21.6	21.7	100.0	7688	3.6
长三角	21.1	28.7	136.0	9197	4.4
珠三角（广东省）	18.0	21.2	117.8	6266	3.5

资料来源：《中国统计年鉴2015》。

（二）各城市客货运需求特性分析

比较各城市年均公路客运量，北京市最多，年客运量超过5亿人；其次是天津市，超过2亿人；此外，邯郸、保定、石家庄和唐山四市客运量超过1亿人；沧州、邢台和承德三市客运量在5000万~1亿人；低于5000万人的城市有张家口、衡水、廊坊和秦皇岛四市，其中秦皇岛最少，仅2110万人。京津冀各城市公路客运总量情况如表6-21所示。

2013年京津冀各城市客运量情况　　表6-21

城　市	客运量（万人）	城　市	客运量（万人）
北京	52354（2014年）	邢台	8126
天津	24483	承德	5567
邯郸	18372	张家口	4794
保定	13996	衡水	2588
石家庄	12206	廊坊	3127

续上表

城　市	客运量（万人）	城　市	客运量（万人）
唐山	13194	秦皇岛	2051
沧州	9890		

资料来源：《中国统计年鉴 2015》。

各城市日均公路客运发生量、吸引量情况与年均公路客运量情况基本一致，北京市一城独大，秦皇岛相对最小，具体统计见表6-22和图6-38。

京津冀各城市日均公路客运发生量和吸引量情况　　表6-22

城　市	日均发生量（万人）	日均吸引量（万人）	城　市	日均发生量（万人）	日均吸引量（万人）
北京	395.54	396.30	沧州	26.96	27.24
天津	75.21	75.85	邢台	25.68	25.72
邯郸	49.74	50.96	承德	16.27	16.23
保定	45.10	44.98	张家口	13.32	13.08
石家庄	40.80	40.47	廊坊	9.02	8.81
唐山	38.12	37.54	秦皇岛	7.58	7.62

（三）存在的主要问题

目前在公路交通方面存在的主要问题包括：京津冀区域公路网结构亟须优化完善；公路网分布不均匀，部分城市高等级公路网密度低，农村公路网不足；部分城市间公路通道联系不足，例如，天津和石家庄之间高等级公路通道不足；公路断头路较多，例如，G7京新高速公路、G5京昆高速公路等均为断头路；部分公路路段断面较窄，形成了瓶颈；高速公路服务水平较低，特别是在局部出入口方向，高速公路拥堵比较严重，尤其是进出京交通拥堵明显；过境高速公路建设滞后，须加快北京市高速过境通道的建设，引导过境交通绕行北京城区，减轻对城市交通的压力。

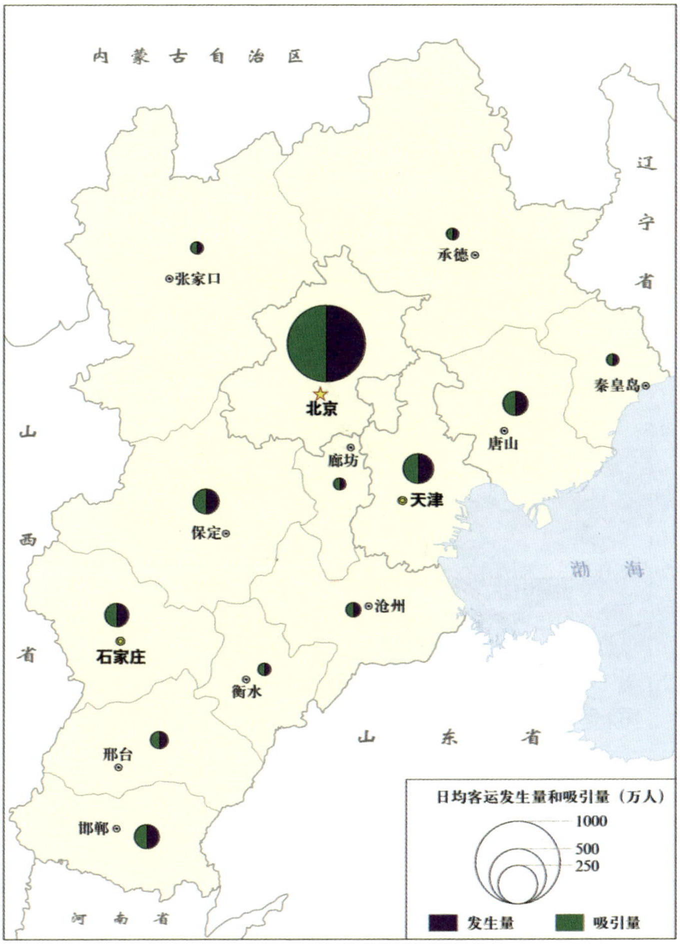

图 6-38　京津冀各城市日均公路客运发生量和吸引量分布图

二、铁路交通

（一）基本情况

截至 2014 年年底，京津冀区域内铁路运营总里程达 8508.5 公里，占全国的 7.6%，铁路线网密度 3.9 公里/百平方公里。其中，河北省铁路运营总里程 6252.8 公里，北京市铁路运营总里程 1284.8

公里，天津市铁路运营总里程 970.9 公里。京津冀地区铁路网现状如图 6-39 所示。

图 6-39　京津冀地区铁路网

2014 年，长三角地区铁路运营总里程达 5041.1 公里，铁路线网密度 2.4 公里/百平方公里；珠三角地区铁路运营总里程达 4027.0 公里，铁路线网密度 2.2 公里/百平方公里。由此可见，京津冀地区无论是铁路运营总里程还是铁路线网密度都领先于这两个城市群。

表 6-23 为国内三大区域铁路里程和线网密度情况。

2014 年国内三大区域铁路运营里程和线网密度情况　　表 6-23

区　　域	面积（万平方公里）	铁路运营里程（公里）	铁路线网密度（公里/百平方公里）
京津冀	21.6	8508.5	3.9
长三角	21.1	5041.1	2.4
珠三角（广东省）	18.0	4027.0	2.2

（二）各城市客货运需求特性分析

1. 京津冀范围内铁路客运情况

2014 年，京津冀区域内铁路总客运量 25967 万人，旅客周转量 127966 百万人公里。其中，北京年客运量最多，超过 1 亿人；其次是天津和保定，分别为 3687 万人和 1207 万人；客运量较少的城市是沧州和廊坊，只有 351 万人和 206 万人（表 6-24）。

2014 年京津冀各城市铁路客运量情况　　表 6-24

城　　市	客运量（万人）	城　　市	客运量（万人）
北京	12709	唐山	823
天津	3687	邢台	429
石家庄	1100	张家口	439
保定	1207	承德	368
衡水	830	沧州	351
邯郸	846	廊坊	206
秦皇岛	816		

资料来源：《中国统计年鉴 2014》。

从京津冀城市间列车开行数量可以看出，京津冀范围内的铁路客运形成了三个通道：第一通道为京津线（双向 247 列）；第二通道为京广线，它是京津冀向南的主要通道（最多段为双向 201 列）；第三通道在秦皇岛、唐山、天津和沧州四个城市之间（最多段为双向145列）[1]，如图6-40所示。

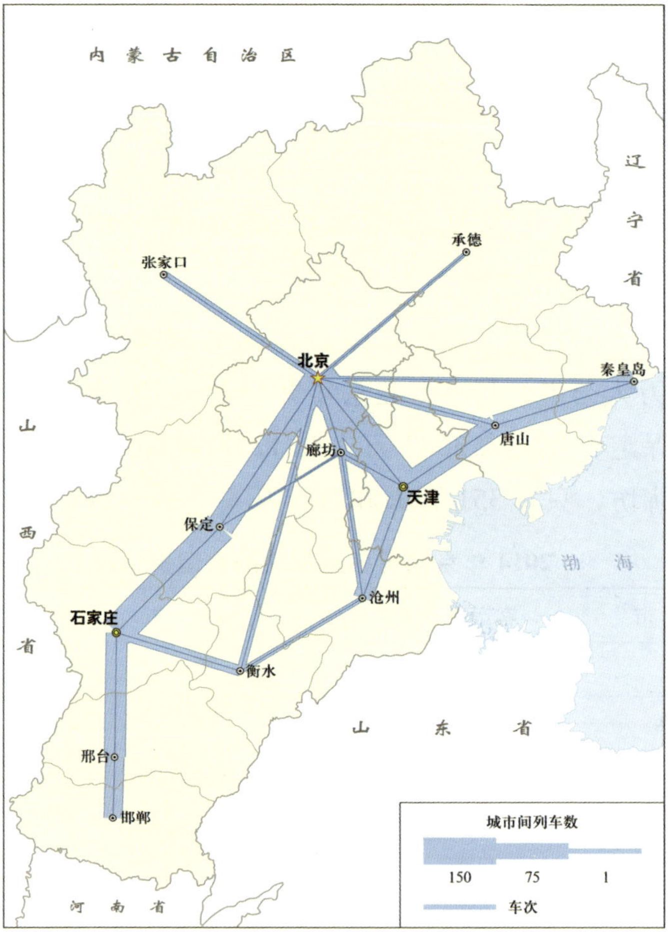

图6-40　京津冀各城市之间列车总车次

京津冀区域内大多数城市都已开通了高速列车，只有张家口、承德和衡水目前只通行普通列车。图6-41为京津冀各城市之间列车开行情况。

[1] 中国铁路客户服务中心，http：//www.12306.cn/mormhweb/。

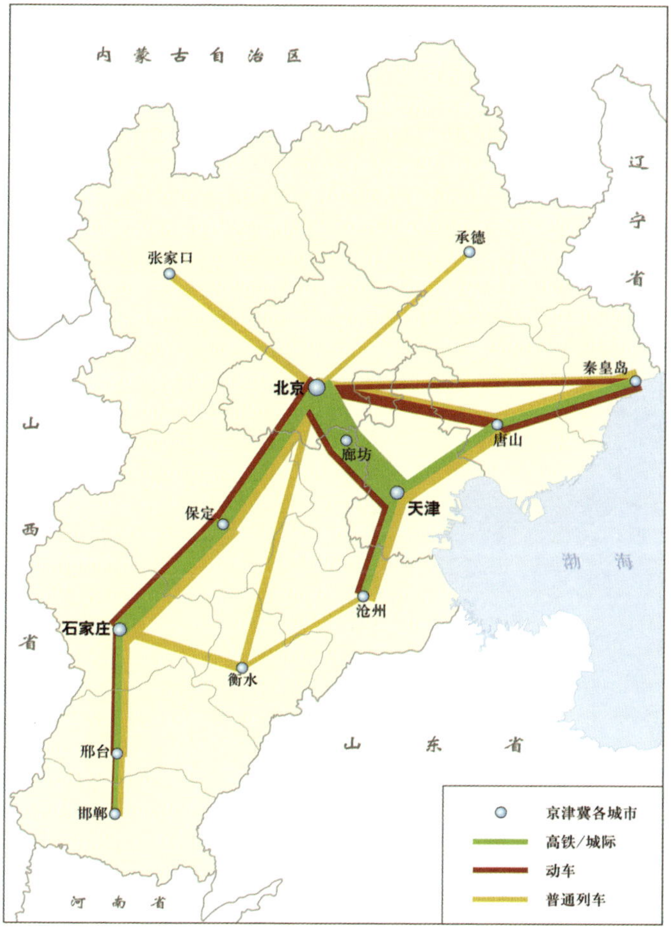

图6-41　京津冀各城市之间列车开行情况

北京与廊坊、保定、唐山之间已经开通高铁和动车，共160车次，形成了30～90分钟通达圈。其中，北京与保定之间有高铁、动车通行，高铁运行数低于北京与天津之间运行数，但高于其他城市，最快运行时间为41分钟，平均时间间隔为20～25分钟；北京与廊坊最快运行时间为20分钟；北京与唐山最快运行时间为70分钟。

天津与廊坊、唐山、沧州之间也已经开通高铁，共51车次，其中，天津与廊坊最快运行时间为18分钟，天津与沧州最快运行时间为22分钟，天津与唐山最快运行时间为32分钟；天津与廊坊、沧州之间也已开通动车，共27车次，开通普通列车共223车次。图6-42和图6-43为京津冀各城市之间高铁、动车联系强度。

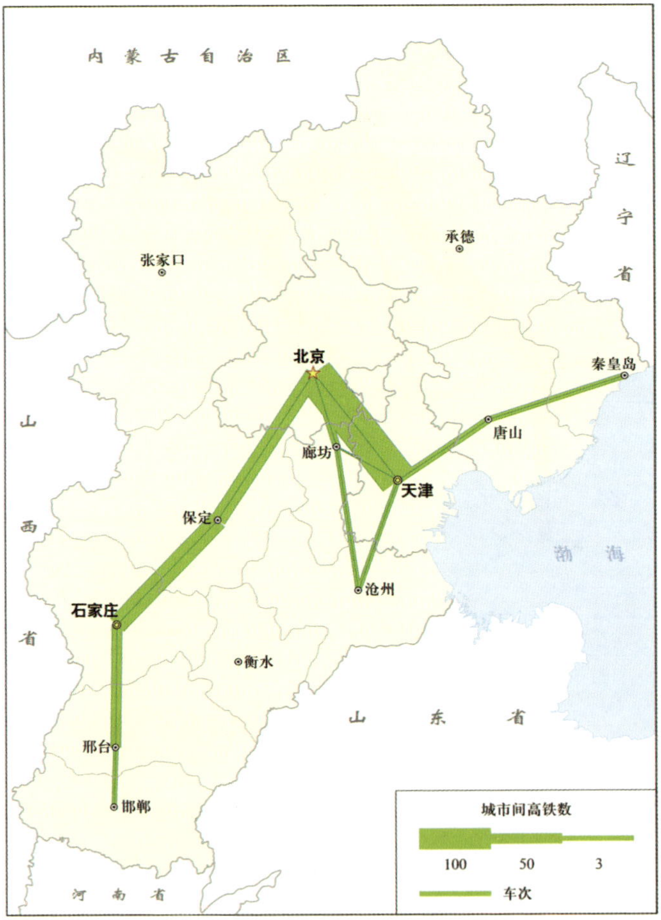

图6-42　京津冀各城市之间高铁联系强度

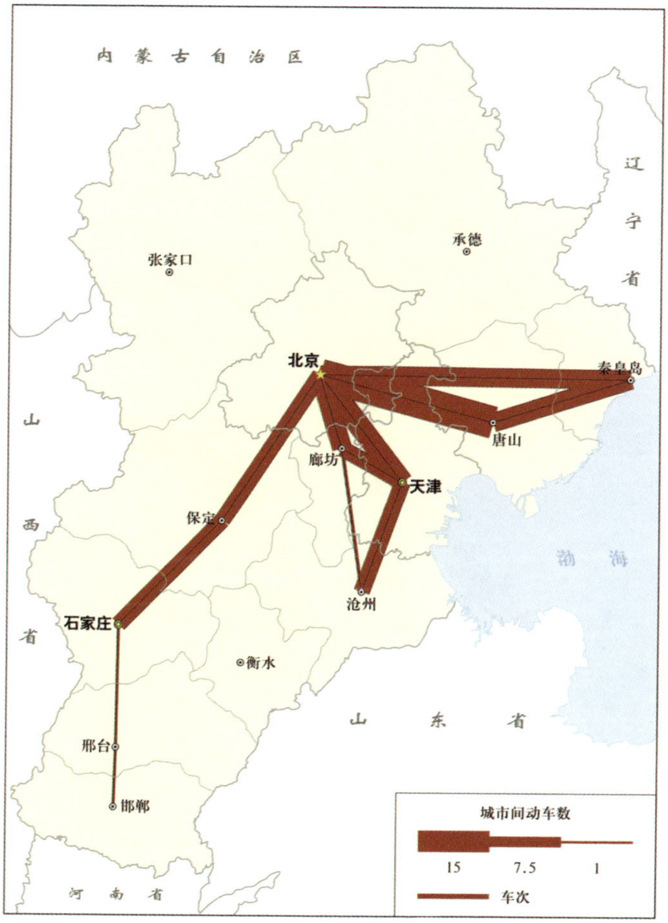

图 6-43　京津冀各城市之间动车联系强度

北京与张家口、承德、衡水之间目前尚未开通高速列车，仅有普通列车通行，共 58 车次，联系强度较弱，如图 6-44 所示。

从铁路客运交通分配图（图 6-45）中也可以看出，京津城际和京广客专已经成为京津冀区域内最重要的两条铁路客运走廊。

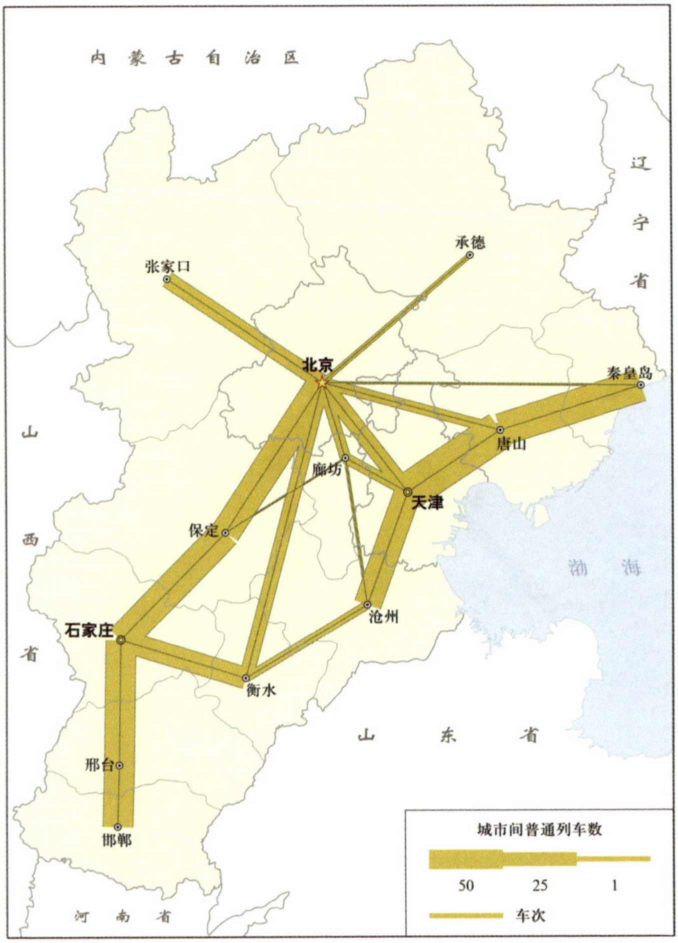

图6-44　京津冀各城市之间普通列车联系强度

2. 京津冀范围内铁路货运情况

2014年，京津冀区域内铁路总货运量26671万吨。其中，天津年货运量最多，为8446万吨；其次是张家口和唐山，货运量分别为3745万吨和3178万吨（表6-25）。

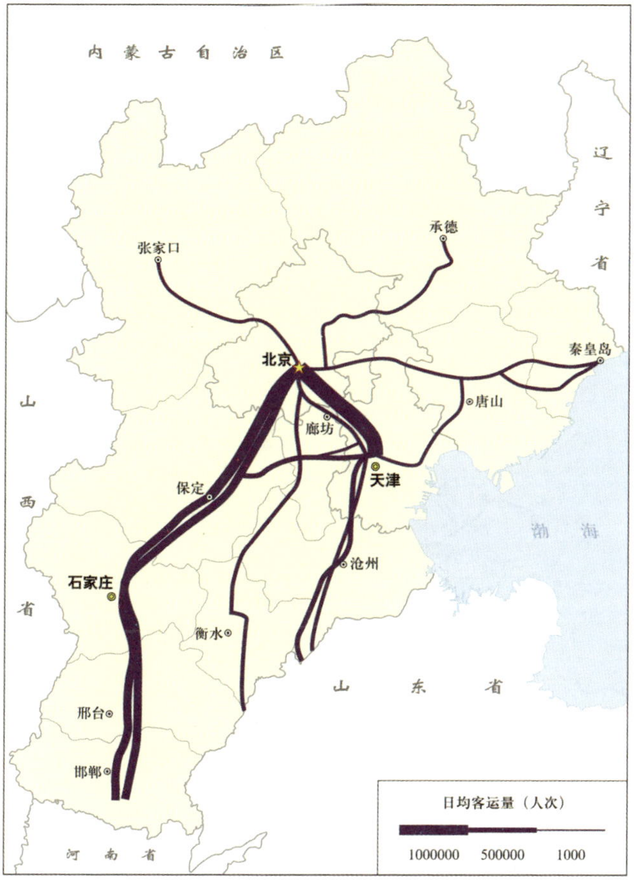

图 6-45　京津冀地区铁路客运交通分配图

2014 年京津冀各城市铁路货运量情况　　表 6-25

城　市	货运量（万吨）	城　市	货运量（万吨）
天津	8446	衡水	1145
张家口	3178	邢台	1105
唐山	3745	保定	810
邯郸	2391	承德	787
石家庄	1400	沧州	471
北京	1078	廊坊	754
秦皇岛	1361		

京津冀范围内承担货运任务的铁路干线共有 14 条，其中货运专线 2 条（大秦铁路和神黄铁路），主要以煤炭运输为主，是我国西煤东运的主要通道，其余均为客货兼顾铁路线（图 6-46）。

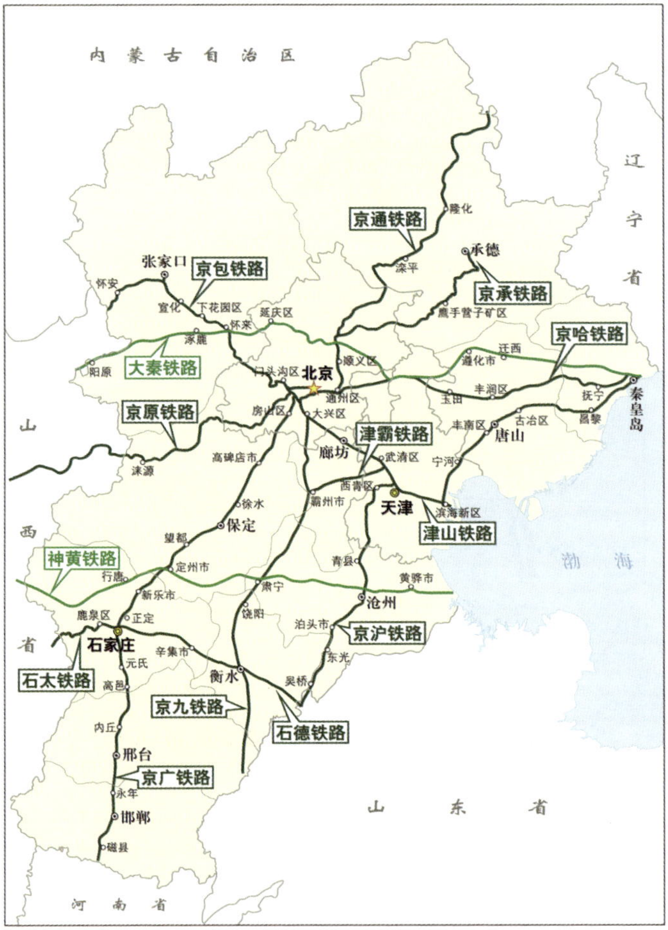

图 6-46　京津冀地区货运铁路网

从铁路货运交通分配图（图 6-47）中也可以看出，京包铁路是我国内陆地区到天津港的重要货运通道，津山铁路则是京津冀区域内两大港口——天津港和唐山港之间的重要货运通道。

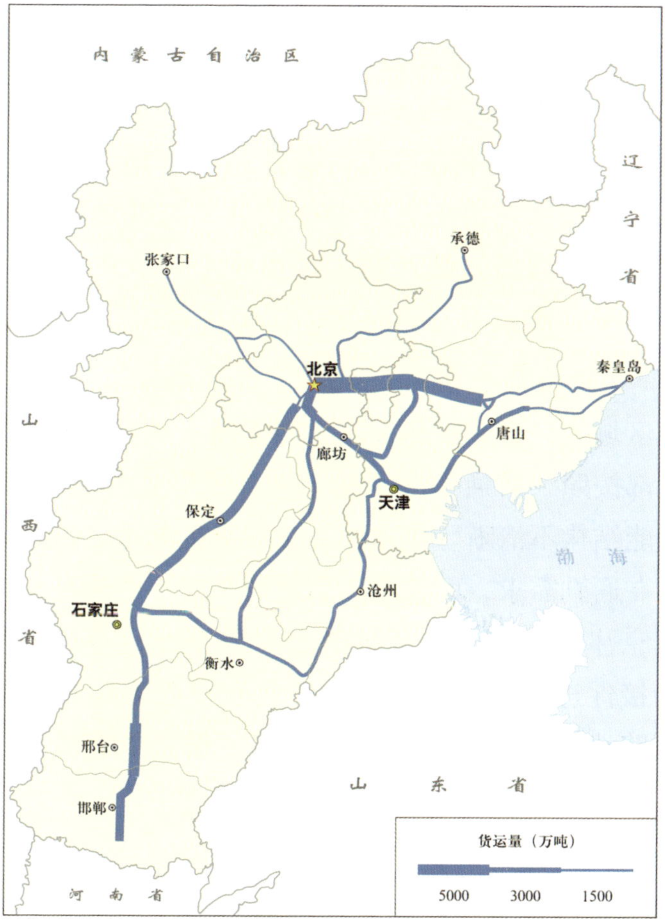

图6-47　京津冀地区铁路货运交通分配图

（三）存在的主要问题

1. 高铁、城际站与其他交通方式的衔接问题

京津冀范围内的高铁站分为两类，一类是利用原有的火车站进行改造的高铁站，如北京站、天津站；另一类是新建高铁站，如保定东站、邢台东站。随着城市的扩张，原有的火车站很多已被包含在市中心范围内，而新建的高铁站往往离市中心较远，例如，天津

南站和保定东站均距离市中心10公里左右，沧州西站和邯郸东站虽然离市中心只有4~5公里，但相比于沧州和邯郸的城市规模，距离也相对较远。

第一类高铁站离市中心很近，高铁站与其他交通方式的衔接很方便；而第二类高铁站由于离市中心较远，与其他交通方式的衔接较为不便。虽然各高铁站都开通了与市中心往来的公交线路，但公交车晚上停运早、准点率差等问题仍然困扰着出行旅客。

2. 铁路功能结构不清晰、与需求不匹配

京津冀区域内只有北京和天津之间开通了城际列车，其他城市之间不分远近都按照“普通列车+动车+高铁”的运营模式进行建设，造成铁路功能结构不清晰。北京作为京津冀的核心，和周围较近城市之间往往存在通勤需求，而长距离高速列车并不能满足此类需求。

目前，京津冀区域内很多城市之间没有开行直达列车，需要途经北京，间接促进了京津冀城市群中北京单独客运枢纽的形成，给各条进京铁路线和北京各个车站都造成了很大的客流压力，同时也增加了旅客乘车时间。

3. 线路客流时间“冷热不均”

京津冀区域内各条线路均存在节假日一票难求、平时空座率高的问题。北京作为京津冀区域内的客运枢纽，已呈现出类似东京都市圈的向心交通和潮汐交通。一到节假日尤其是春节期间，由北京开往全国各地的火车车票供不应求，但乘坐由全国各地开往北京列车的乘客却很少，到假期结束时又出现相反的情况。京津之间客流也有明显的时间差异，京津城际列车每天早晚高峰期间一票难求，黎明、中午和夜晚空座率较高。

4. 货运铁路布局和速度问题

在京津冀区域内14条承担货运任务的铁路线中，只有2条是货运专线，且基本以运煤为主，其他 12 条线路均为客货运兼顾铁路线。这造成了货运列车时常要给客运列车让线的问题，影响了货运速度，增加了货运时间。

客运列车经过技术创新，速度较以前有了明显提升，最高已达到 350 公里/小时。相比之下，货运列车速度的提升就缓慢得多，目前最高也只有 80 ~ 100 公里/小时。

三、机场与航空

（一）基本情况

机场是城市对外交通运输系统中一个重要的子系统，属于重要的城市基础设施。机场系统不仅可以带动城市经济社会发展，而且还会影响城市土地的用途区划、未来发展用地的选择和城市内部的道路系统规划。因此，有必要从城市的角度来考虑机场系统建设问题。

目前，京津冀地区共有民用机场 8 个，分别为北京首都国际机场、天津滨海国际机场、石家庄正定机场、北京南苑机场、邯郸机场、秦皇岛山海关机场、唐山三女河机场和张家口宁远机场。京津冀机场群分布如图 6-48 所示。表 6-26 为京津冀交通基础设施概况。

京津冀交通基础设施概况（机场）　　表 6-26

区　域	面　积（万平方公里）	机　场	
		个数（个）	密度（个/万平方公里）
京津冀	21.6	8	0.37
长三角	21.1	16	0.76
珠三角（广东省）	18.0	7	0.39

2015 年，京津冀机场群旅客吞吐量 1.16 亿人次，货邮吞吐量近 219 万吨，如表 6-27 所示。除了北京首都国际机场旅客量超过设计通行能力外，其余机场旅客量均未超过设计能力的一半。

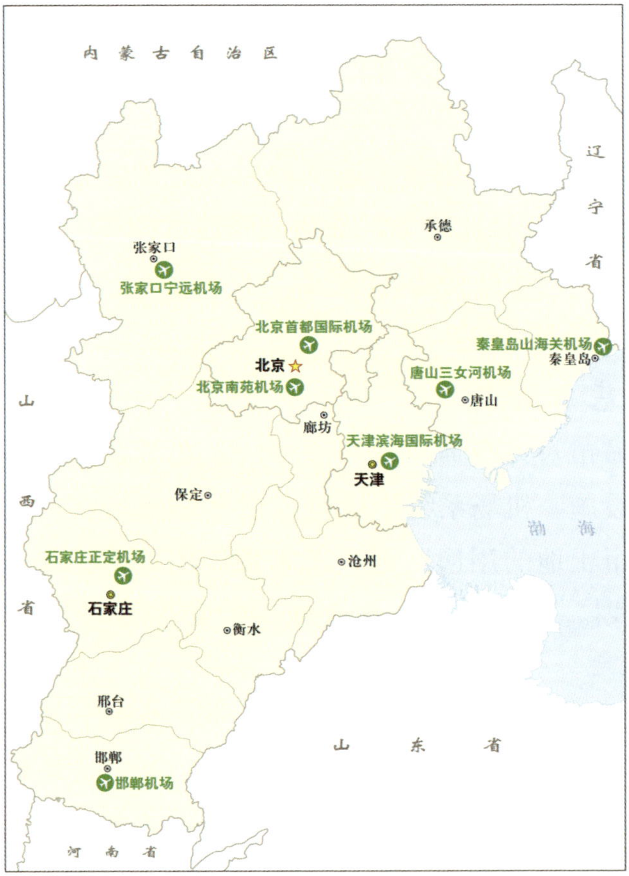

图6-48　京津冀机场群分布图

2015 年京津冀地区航空旅客、货邮吞吐量　　表 6-27

项　　目	北京首都国际机场	天津滨海国际机场	石家庄正定机场	北京南苑机场	邯郸机场	秦皇岛山海关机场	唐山三女河机场	张家口宁远机场	合计
旅客吞吐量（万人次/年）	8993	1431	598	526	24. 9	15. 5	25	20. 7	11634. 1
货邮吞吐量（万吨）	188. 90	21. 73	4. 46	3. 67	0. 0396	0. 0330	0. 0734	0. 0639	218. 97

资料来源：《2015 年全国机场生产统计公报》。

（二）存在的主要问题

近年来，京津冀地区的航空运输业实现了快速发展，民航基础设施逐步完善，机场吞吐量快速增长。尽管如此，京津冀地区的机场无论是从规划还是从运营方面，都没有形成一个有机的系统。在京津冀机场群的发展过程中，机场之间缺乏协调，机场之间恶性、无序竞争等问题，均是影响机场群更好发展的难点与障碍。

1. 缺乏统一协调的发展策略

从图6-49所示的2014年京津冀各机场旅客吞吐量、货邮吞吐量、起降架次所占比重中可以看出，首都机场占据巨大的市场份额。2014年，首都机场旅客吞吐量再次突破8000万人次，其规模和承载力已经难以满足目前的运输需求。然而京津冀机场群中其他机场所发挥的作用非常有限，并没有找到最适合自己的功能定位和发展出路，无论是从自身发展的角度还是对核心机场的辅助角度都没有达到最佳状态。另一方面，京津冀机场群的其他机场仍然具有巨大

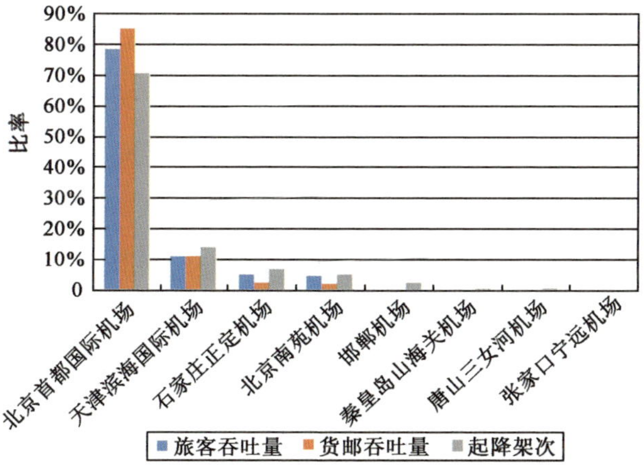

图6-49 京津冀各机场旅客吞吐量、货邮吞吐量、起降架次所占比重（2014年）

的发展潜力，京津冀地区拥有旺盛的航空运输需求，但是缺乏对机场群发展的统一协调和部署，难以改变目前无序竞争、难以协调合作的不良状态。[1]

2. 市场集中，分工不明确，缺乏整体规划

京津冀地区的核心机场几乎占据了整个区域的全部航空运输市场，甚至出现机场溢出现象，而其他机场发展空间狭小，开辟航线困难，无法保证自身发展。此外，缺乏对区域机场群整体发展的统筹规划，导致机场分工不明、航线网络重复、地方保护主义严重等诸多问题。

3. 缺少政府协调机构

京津冀区域内的机场隶属于不同的利益主体，协调起来难度较大。不同利益主体对各自机场有不同的发展战略和定位，相互尚未达成共识、形成有机的协调组织，这对一个机场群的协调发展十分不利。

4. 缺乏便捷的换乘系统

随着我国高铁事业的蓬勃发展，铁路网络不断完善，铁路运输在交通运输市场中所占的比重越来越大。机场系统由于距离市区较远、换乘不便、班机延误率较高等多种因素，导致飞机出行总时间过长，难以体现出飞机出行方式快速、便捷的优势。

绝大部分的机场旅客是向城市内集散，因此，机场与市内交通方式的便捷换乘是发挥机场交通便捷性优势的关键。目前首都国际机场有快轨、巴士、出租车、私家车等多种换乘方式，但快轨、巴士的服务范围较小，停靠点固定而且较少，给部分旅客造成了不便。

---

[1] 刘旭龙．京津冀区域机场系统协调发展研究．2014 年。

四、水运与港口

（一）基本情况

目前，京津冀港口群主要由河北港口集团和天津港集团组成。2013 年，河北港口集团拥有生产泊位 62 个❶，年设计通过能力 3.09 亿吨，主要布局在秦皇岛港、唐山曹妃甸港区、沧州黄骅港综合港区。河北港口集团 2013 年完成港口吞吐量 3.65 亿吨，是当今世界最大的干散货港口运输企业。

天津港是我国北方最大的综合性港口，2014 年货物吞吐量突破 5.4 亿吨❷，位居世界第 4 位；集装箱吞吐量突破 1400 万标准箱，位居世界第 10 位。图 6-50 所示为 2013 年京津冀港口货物吞吐量，图 6-51 所示为京津冀港口群分布。

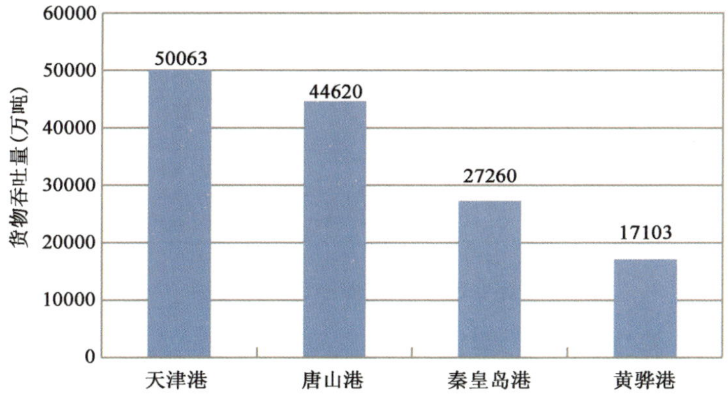

图 6-50　京津冀港口货物吞吐量（2013 年）

资料来源：《2014 年中国交通运输统计年鉴》。

❶河北港口集团有限公司，http://www.porthebei.com/index.php?option = com _ content&view = article&id = 226&Itemid = 511&lang = zh-cn。

❷天津港股份有限公司，http://www.tianjin-port.com/port/list.asp?id = 1165。

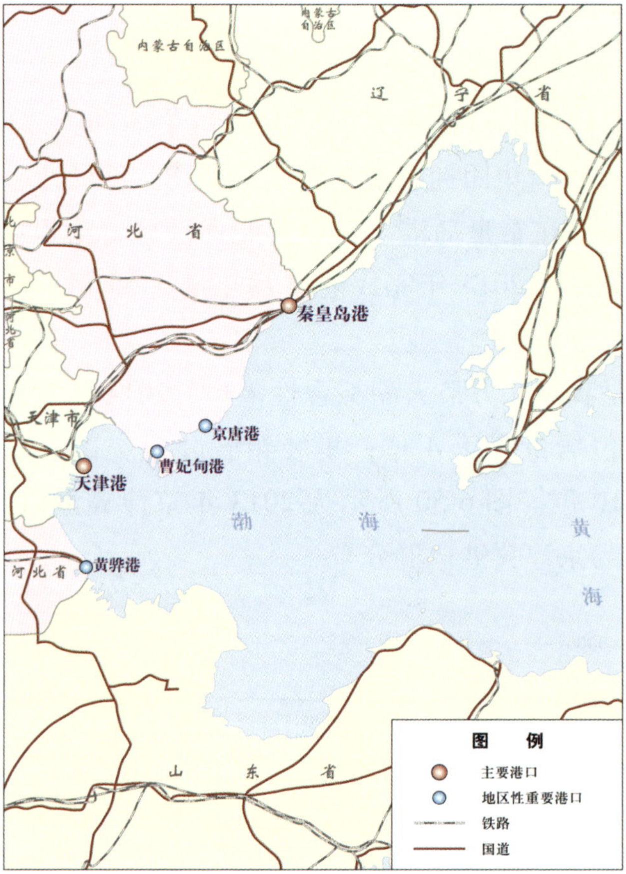

图 6-51　京津冀港口群分布图

（二）存在的主要问题

整体来看，京津冀港口群有一个共同特点，就是存在“腹地交叉”现象。对于港口来说，其经济腹地的影响力决定港口的生存与发展。对于同处京津冀经济圈的天津港、唐山港、秦皇岛港、黄骅港这四大港口来说，由此带来的竞争也异常激烈，同时也带来了很多问题。

1. 存在日益严重的“同质化竞争”

京津冀港口发展中缺少综合交通、水利和城市发展为一体的岸线规划及相应的港口群整体规划，存在日益严重的“同质化竞争”问题。以集装箱业务为例，近年来，河北几大港口都纷纷修建集装箱码头，与天津港形成竞争关系，津冀港口同质化竞争愈演愈烈。2013 年，天津港集装箱吞吐量为 1300 万标准箱，秦皇岛港、唐山港、黄骅港的吞吐量分别达到 38.78 万标准箱、59.1 万标准箱、23.04 万标准箱（图 6-52），虽然在吞吐量上与天津相去甚远，但河北三大港口都在加大对集装箱业务的投入，都把加大集装箱吞吐量当成发展目标，与天津港形成竞争关系。

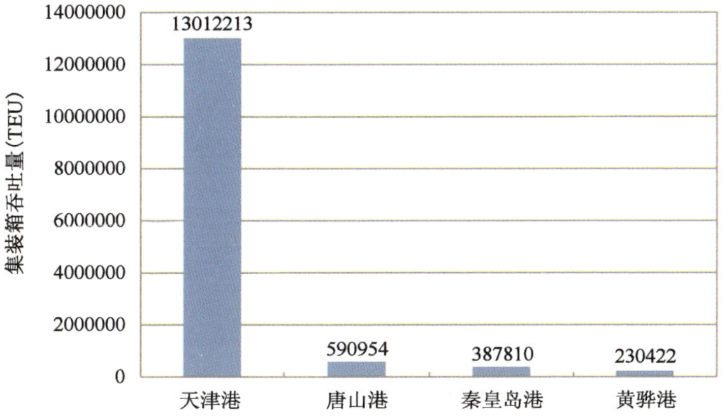

图 6-52　各港口集装箱吞吐量（2013 年）

资料来源：《2014 年中国交通运输统计年鉴》。

例如，在煤炭方面，天津港、秦皇岛港、唐山港、黄骅港的竞争已经形成。秦皇岛港的煤炭运量在 2007 年就有 2.14 亿吨，而天津港的煤炭运量也有数千万吨。唐山港、黄骅港也都在运煤，四大港口缺少统筹。图 6-53 所示为 2013 年各港口煤炭吞吐量。

铁矿石也一样，目前曹妃甸的铁矿石业务已经超过天津港，天津正在进一步增强矿石接卸能力，第一个 30 万吨级专业化矿石码头已经在天津港远航矿石码头正式建成投产。图 6-54 所示为 2013 年各港口金属矿石吞吐量。

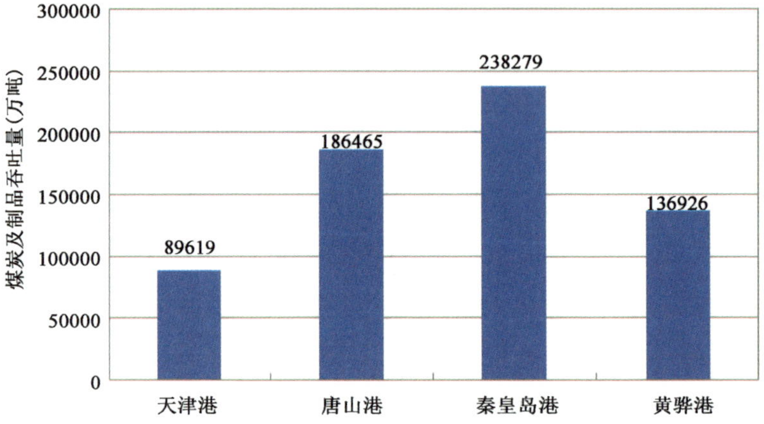

图 6-53 各港口煤炭及制品吞吐量（2013 年）

资料来源：《2014 年中国交通运输统计年鉴》。

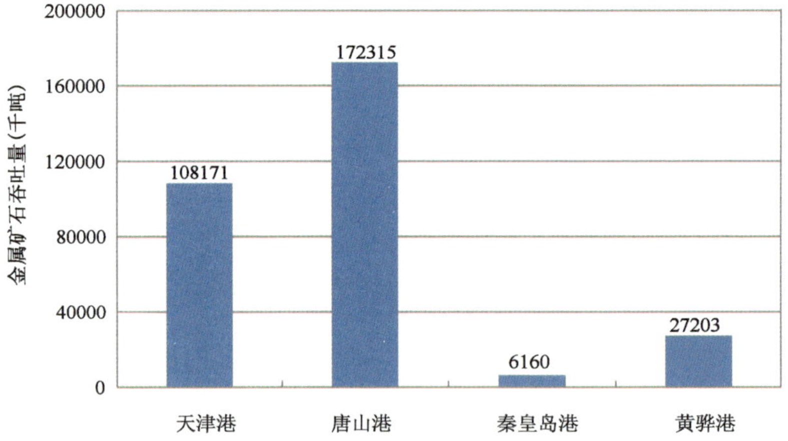

图 6-54 各港口金属矿石吞吐量（2013 年）

资料来源：《2014 年中国交通运输统计年鉴》。

2. 各港口职能分工不明确

各港口各有利益取向，因此造成京津冀港口群内各主要港口职能分工不明确，缺乏合理的协作。

秦皇岛港岸线资源已经被充分开发，缺乏长期增长能力；曹妃甸港自然条件优越，建设大型泊位的成本相比行业均值可以节约近2000万元/吨；天津港和黄骅港的泥沙回淤严重，疏浚成本较大。天津港应提升业务层次，把重心放在高端业务上；京津冀四大港口均应根据现实条件，尽快优化港口的分工协作。

第五节　京津冀协同发展交通一体化政策建议

京津冀地区是我国交通网络最为密集的区域之一，是航空、海运、铁路、公路和管道网络的枢纽地带。京津冀地区实现区域交通一体化，必须建立一个以联合运输为主要内容的综合运输网络。从国内外交通运输业发展的实践经验看，建立综合运输网络的关键是实现合理的综合枢纽布局。综合枢纽不仅是各种运输干线的汇集点，大宗客货中转、换乘、换装与集疏的场所，也是联运生产的主要基地。它决定了不同运输方式间联运换装地点的分布，而且还会对主要客货流的运输路径、运输效率和物资运转速度产生重要影响。

一、完善京津冀协同发展的体制机制

逐步形成京津冀协同发展的法律体系，制定指导和规范京津冀协同发展建设的专项法规，陆续制定京津冀协同发展不同领域的技术规范与标准。

在城市群协同发展一体化体制机制保障下，明确规划管理机制与管理责任体系。制定京津冀协同发展的综合交通系统规划及各专项交通规划。

二、建立城市群交通运输系统与土地利用一体化的开发模式

研究制定城市群交通系统与土地利用一体化发展的相关法规、

标准、政策、措施。推动交通系统与土地一体化开发，建立土地增值利益返还和回哺公共交通的利益分配机制模式，鼓励合理的多元化经营模式。

高度重视交通系统与土地开发的建设时序，重视公交发展要优先于道路基础设施建设的原则和重要经验，科学制定城市群、都市圈、各城市不同层面的建设实施规划。

三、增加城市群交通一体化建设投融资渠道，建立可持续的综合交通投融资机制

研究制定鼓励政府、铁路公司、地方政府和民营企业共同参与城市群交通一体化开发的法规与条例等。发挥市场机制作用，大力引进社会资本，增加融资渠道，发挥各级融资平台作用，逐步建立起可持续发展的综合交通投融资机制。

四、建立促进城市群交通一体化的交通智能化战略与政策

制定京津冀协同发展智慧城市实施规范，制定相关规划。建立城市群综合交通信息整合与共享机制，建设城市群一体化综合交通信息服务系统；建立交通信息标准化体系，建立城市群、都市圈的综合信息共享服务平台；建立广泛共享的综合交通信息采集系统；建立统一的多方式信息发布与服务平台；建立动态全过程跟踪的智能物流系统，实现区域物流信息深层次共享，实现多层次、专业化、一体化智能物流服务管理；建立区域范围实时动态的交通需求态势分析与决策支持系统。

五、建立京津冀城市群交通服务一体化体系

建立京津冀交通服务一体化标准要求与指南。创新空铁联运、建立一票到底等交通服务一体化的运营管理模式。推动建立城市交通一卡通在不同区域、不同方式、不同终端上的通用制度，使交通

一卡通能够在区域范围内各城市的干线铁路、城际铁路、市域铁路、城市轨道、常规公交、出租车等不同交通方式以及停车收费、商店消费、日常缴费等便民服务方面实现通用。

六、加强多种交通方式联运一体化发展

从顶层设计角度，明确港口、机场等交通运输系统内部各枢纽的功能分工，加强协调整合，达到资源利用效率最大化和运输成本最具竞争力。明确铁公水空多种运输方式一体化运营模式，并针对不同类型城市制定联运标准与要求。制定综合交通运输系统的集疏运与接驳的技术规范要求。

第七章　我国迈向世界交通运输强国的建议

通过与世界一流交通运输强国对标，可以看出，我国交通运输发展已经具有良好的基础——总体靠前的交通基础设施规模，庞大的运输需求，高速铁路、港口作业、桥梁建造等领域的技术优势，同时也存在从交通运输大国迈向交通运输强国的“短板”和“障碍”。建设交通运输强国是一项长期任务和系统工程。要在遵循交通运输发展规律的基础上，客观审视我国交通运输发展所处的阶段，系统总结我国交通运输发展实践经验，以国际视野和战略眼光，深入推进交通运输转型升级、提质增效，全面提升现代治理能力，加快推动我国交通运输向世界一流水平迈进。

第一节　深化交通运输大部门制改革

生产关系要适应生产力发展要求。纵观国内外交通运输发展历程，交通运输业发展到一定阶段，必然要由各种运输方式分散发展、分散管理，向综合发展、综合管理转变，进入综合交通运输体系发展阶段，这是现代交通运输业发展的基本规律，也是美国、欧洲等发达国家和地区已经走过的道路。目前，大多数国家都采取了综合运输管理体制，部分发达国家更是采取了超越交通运输领域的更为广泛的综合管理体制。我国经过多年的改革发展，交通运输业已经实现由“瓶颈制约”向“基本适应”转变，各种运输方式都达到了一定的规模和水平，交通基础设施正在加快成网，交通运输业进入了转型升级、提质增效的新阶段。这要求我们要遵循世界交通运输发展普遍规律，借鉴国际有益经验，进一步深化交通运输大部门制改革，加快推进各种运输方式统筹、协调、融合发展。

从当前来看，交通运输领域经过两次大部门制改革，已初步构建起综合交通运输管理体制的框架，但管理体制机制需进一步理顺，各种运输方式分割管理问题仍然突出，规划不统筹、建设不同步、信息不联通、标准不统一等问题依然存在。要通过深化改革，尽快建立责权分明的管理机制，加强综合交通规划、建设、运营管理等方面的统筹，实现规划建设一盘棋、运行管理一张网、出行服务一张图。

综合交通运输运行机制和协调机制仍不完善，仍然存在着行业分割和部门化倾向，是影响大部门制改革向纵深推进的又一重大障碍。要围绕综合交通运输体系建设，在重大项目的规划、资金筹集、建设、管理等方面，加强交通运输部门与发改、财政、住建、国土、环境与安全等有关部门的沟通协调，建立适应综合交通运输体系发展的工作机制。

第二节　制定交通运输发展战略

战略是事关行业发展的根本性问题。战略上判断准确，谋划科学，赢得主动，才能确保交通运输事业健康可持续发展，始终走在世界前列。

要尽快把建成交通运输强国作为国家现代化建设的一项战略任务。到第二个百年目标实现时，要建成一个更加安全、便捷、高效、绿色和更具国际竞争力的现代综合交通运输体系，在基础设施、运输服务、装备技术等硬实力方面位居世界前列，还要拥有与硬实力相匹配的交通运输软实力。

当前和今后一段时期，交通运输行业必须自觉对标国际先进水平，抓紧制定交通运输强国的路线图。要学习借鉴美国等发达国家滚动编制 30 年、50 年交通战略的做法，根据世情、国情及行业发展阶段，研究制定“中国交通 2030”“中国交通 2049”战略计划。要立足服务国土开发、国家安全、社会进步等功能定位，树立全球战略思维与国际空间思维，发挥交通运输基础性、先导性、战略性作用，在基础设施、运输服务、技术装备、制度标准、安全应急等方面，分别提出强国目标，积极抢占国际制高点。

战略制定中要实行价值目标导向。这一点，我们可以借鉴美国。近 20 年来，美国的交通运输发展一直在围绕联邦运输部提出的“3S”交通（安全 Safer、便捷 Simpler、智慧 Smarter），“4I”交通（国际 International in Reach，综合 Intermodal in Form，智能 Intelligent in Character，包容 Inclusive in Nature）来开展，持续推进交通运输在提高机动能力、保持经济活力、保障运输安全、增进国家安全、保护生态环境等方面的重点战略。这种价值导向与管理方法，体现了世界交通发展的一般规律与总体趋同。在上述分析中，我们认为，应将保障性、安全性、经济性、引领性、可持续性等价值导向，作为衡量交通运输发展的结果指向，确立战略目标与战略实施重点。

第三节　制定“全链条”交通运输产业政策

产业政策具有宏观导向作用，对保障交通运输供给和需求总量平衡意义重大。要按照国家有关产业政策设计的要求，全面制定交通运输布局政策、结构政策、组织政策、技术政策，明确国家支持发展什么、鼓励发展什么、限制发展什么、禁止发展什么，包括原则性与约束性要求，通过明确具体、富有刚性的产业政策，促进行业加快转方式、调结构、提质增效。

产业政策制定要充分考虑产业的整个链条，不仅要实现交通运输行业自身的建设、养护、管理、服务、安全、环保等领域的全覆盖，还要覆盖交通运输关联产业，如：车船、高端装备制造、通信信息及新能源、新材料等产业。加强交通运输与物流业融合发展，构建社会物流运输全链条，促进物流业降本增效。加强与制造业联动发展，促进装备制造业转型升级。加强综合交通运输与旅游业联动发展，完善旅游交通服务。

产业政策的落地离不开载体支撑。要正确把握产业政策载体，学习借鉴美国、欧盟、日本的做法，每年发布增补性、调整性、修正性的《交通运输政策白皮书》。

第四节　提高"软实力"建设的精细化水平

对行业而言，软实力既包括体制、战略、政策、法制、标准，也包括行业文化、精神价值、新闻舆论等。改革开放以来，我国交通基础设施建设取得重大成就，硬实力建设已达到一个相对较高的水平，但长期以来，软实力建设相对滞后。比如：行业治理体系和治理能力还跟不上交通基础设施高速增长步伐；交通运输建设的巨大成就尚未转化为社会的认可度和行业的美誉度。对此，我们要高度重视、认清差距，综合施策，实现"硬建设"与"软建设"同步推进、相互促进，以软实力的提升促进综合实力的全面增强。

行业软实力建设要抓住重点，要把管理的精细化水平作为主攻方向。目前，尽管我国交通运输领域已具有相对全面的法规、标准，但是，相关法规、标准的明确性、具体性、实用性还比较差，与对标国家相比，行业管理的规范化、精细化水平不高，需要进一步加强和提升。

行业智库建设是强化软实力建设的重要因素。相比硬科学（自然科学），软科学更复杂，研究人员需掌握交通运输、管理、经济、法律等多学科知识，需全面深入了解国家大政方针、交通运输实际情况，需长期潜心研究、多年积累。目前，行业软科学研究缺少专业化的研究队伍、高端智库，人才起不来、留不住，人员不专不精、队伍不稳不强的问题比较突出，已成为完善行业现代治理体系、提高行业现代治理能力的薄弱环节。

第五节　聚焦“短板”持续深入推进发展

对标表明，我国交通运输基础设施、运输装备、运输总量等数量规模已居世界前列，但在城乡均衡、地区均衡等方面差距很大，交通运输服务的质量水平、效率效益、安全水平、节能环保等方面差距更大，需更多聚焦这些“短板”，精准发力，加快发展。

大力实施交通建设扶贫工程。深入贯彻落实《集中连片特困地区交通建设扶贫规划纲要（2011—2020年）》，加快构建集中连片特困地区联通内外、覆盖城乡的交通运输基础设施网络。完善客、货运及物流服务网络，提升片区运输服务能力和水平。加大片区城乡客运服务政策支持和资金支持，提高对城乡客运服务政策性盈亏的补贴。

有序推进城乡交通基本公共服务均等化。加强农村公路建设，加快乡镇、建制村通沥青（水泥）路建设，同步建设必要的安全防护设施。加强农村客运场站建设，有序推进农村客运线路公交化改造，提升农村自然村的通客车率。明确运输组织模式、票价定制、安全监管、线网布局等措施，规范农村公路客运运营组织管理。推进农村生产生活资料配送网络建设，推进农村货运与物流服务发展，为当地群众提供安全、便捷、经济的出行服务。

稳步提升城市公交服务品质。落实公共财政保障、公交用地综合开发等政策，创新公共交通服务方式。优化城市公交基础设施，以安全、舒适、易于搭乘为目标，改善人们公交出行中每个环节及不同运输方式间的衔接。提升公交信息服务的质量和实用性，及时、灵活地为百姓提供正确、可靠且易于理解的出行路线信息，提供价格合理、购买方便、便于衔接、舒适安全的交通选择。大力推进公交一卡通服务，实现区域公交的同城化，多种运输方式的一卡通行，尽快实现“全国出行一张卡”，方便百姓出行需求。

提高交通运输安全水平，全面开展公共交通危险源辨识，对风险进行控制。加强车辆、渡船等交通工具的检查、维修与管理，有效控制和逐步消除各种不安全因素，降低事故发生的概率。完善交通安全应急救援机制，加强应急演练，提升应急处置能力。建立专业化的交通安全应急救援队伍，加强交通运输应急保障能力建设，保障各种突发应急事件中的交通疏导与应急物资运输。加强交通安全的行为及知识教育，提升个人交通文明程度及安全意识，将安全教育作为长期工作常抓不懈。

切实做好行业节能减排。提升交通用能效率，提升运输装备的专业化、标准化、大型化水平，加快淘汰老旧车船，大力发展甩挂运输、多式联运等高效运输组织方式。优化交通运输用能结构，优先发展公共交通，推进新能源、天然气在城市交通中的应用。强化基础设施生态保护，在建设、运营、养护全过程中贯彻生态保护理念。应用先进的生态工程技术，严格落实生态保护和水土保持措施，加强植被保护与恢复，提升交通基础设施景观服务品质。做好大气污染防治等方面的政策储备研究，积极有效应对国际社会对交通大气污染的各种规则、制度的制定，积极参与国际规则制定。

加快推进行业转型升级、提质增效。历次技术革命都带来了交通运输发展质的飞跃。如今，以互联网技术为主的新一轮科技革命热潮正在到来，我们应积极抢抓机遇，借助互联网、大数据、云计算等信息技术加快互联网与交通运输领域的深度融合，带动交通运输产业转型升级。通过对基础设施、运载工具、运行信息等互联网化，推进基于互联网平台的便捷化交通运输服务发展，显著提高交通运输资源利用效率和精细化管理水平，全面提升交通运输行业服务品质。

积极参与交通运输国际事务。积极培育交通运输发展所需要的高层次人才，提升我国交通运输人才在相应领域的技术水平，在技术层面能够与国际同行进行同等对话，在相关技术领域发出中国的声音。制定交通运输人才进入国际组织的专项计划，针对国际组织的要求培养相应的人才，积极为我国交通运输人才进入国际组织创造外围条件。通过人才输送，熟悉掌握国际组织的业务流程和规则制定，为提升我国在国际组织中的影响力奠定基础。

参 考 文 献

[1] 白寿彝. 中国交通史. 北京：团结出版社，2013.

[2] 魏礼群. 由经济大国到经济强国的发展战略. 北京：中国言实出版社，2014.

[3] 世界银行，国务院发展研究中心. 2030 年的中国. 北京：中国财政经济出版社，2013.

[4] 胡鞍钢，石宝林. 中国交通革命：跨越式发展之路. 北京：人民交通出版社，2009.

[5]《发展现代交通运输业——新时期公路水路交通发展的新战略》编写组. 发展现代交通运输业——新时期公路水路交通发展的新战略. 北京：人民交通出版社，2008.

[6] 刘仲藜. 奠基——新中国经济五十年. 北京：中国财政经济出版社，1999.

[7] 中华人民共和国交通运输部. 中国交通运输 60 年. 北京：人民交通出版社，2009.

[8]《交通部行政史》编写组. 交通部行政史. 北京：人民交通出版社，2008.

[9]《中国铁路建设史》编委会. 中国铁路建设史. 北京：中国铁道出版社，2003.

[10] 中共中央党史研究室. 中国共产党历史 第二卷（1949—1978）. 北京：中共党史出版社，2011.

[11] 罗仁坚，宿凤鸣，等. “十三五”和“十四五”交通建设发展与投资需求. 北京：人民交通出版社，2013.

[12] 综合交通运输管理体制研究项目组. 综合交通运输管理体制研究. 北京：中国铁道出版社，2014.

[13] 乔纳森·休斯，路易斯·P·凯恩．美国经济史．邸晓燕，邢露，等，译．7 版. 北京：北京大学出版社，2011.

[14] U. S. Department of Transportation. Beyond Traffic 2045：Trends and Choices. http://www. dot. gov.

[15] 杨雪英，刘晓菲，等．美国联邦运输部 2014—2018 年战略计划．交通运输部科学研究院，2014.

[16] 王先进，徐萍，等．美国国家地面运输政策和收入研究委员会．未来运输报告．交通运输部科学研究院，2010.

[17] 李聪，王显光，孙小年．德国交通管理体制变迁及特点．工程研究：跨学科视野中的工程，2013，5（4）.

[18] 杨雪英，谭君崇．欧洲一体化交通区域路线图．交通运输部科学研究院，2011.

[19] 杨雪英，闫磊．日本交通政策基本计划（2014—2020）．交通运输部科学研究院，2015.

[20] 交通运输部综合规划司，交通运输部科学研究院交通信息中心．2014 世界主要国家交通运输统计资料.

[21] 邹朋．道路客运市场化水平测度方法构建及实证分析．西安：长安大学. 2012.

后 记

Afterword

党中央、国务院始终高度重视和关心交通运输工作。在革命、建设和改革的各个历史时期，中央做出一系列重大决策和战略部署，加快推进交通运输业发展，充分发挥交通运输在经济社会发展中的“先行官”作用。党的十八大以来，习近平总书记对交通运输工作做出重要指示批示，明确提出“十三五”是交通基础设施发展、服务水平提高和转型发展的黄金时期，要求交通运输行业抓住这一时期，加快发展，不辱使命，为实现中华民族伟大复兴的中国梦发挥更大作用。系统回顾和总结我国交通运输发展实践经验，对标国际一流水平，对于我们正确把握交通运输工作的客观规律，更好地落实习近平总书记重要指示精神，加快实现建设交通运输强国目标，具有重要意义。

本书是2015年度交通运输部重大政策研究项目“我国交通运输发展与国际一流水平对标研究”的核心成果。课题研究由交通运输部政策研究室、科技司牵头，交通运输部科学研究院、水运科学研究院和清华大学交通研究所承担，分设海运强国、大都市圈、综合交通、智慧交通、绿色交通、平安交通、城市交通、现代物流等专题。本书内容主要摘取课题研究总成果，以及海运强国对标、东京首都圈与京津冀对标两个专题研究成果。在编写过程中，我们在最大化利用课题研究成果的基础上，进一步搜集、查阅国内外文献资料，力求事例准确、脉络清晰、语言通俗，以期向全社会宣传、介绍交通运输工作，推动社会各有关方面更加关心和支持我国交通运输事业发展。

交通运输部党组对本书编写高度重视，部有关司局给予了大力支持和热心帮助。交通运输部政策研究室和交通运输部科学研究院有关同志参加了后期编写和审核工作。人民交通出版社为本书出版做了大量的工作。此处一并表示衷心感谢。

由于水平有限，数据资料不足，欢迎读者批评指正。

作　者

2016 年 12 月